云南师范大学

教育学一流学科建设成果

美国教育转折点丛书

陈瑶　张斌贤　主编

法律判例与美国教育变迁

祝　贺

——等著

河北大学出版社

·保定·

出 版 人：朱文富
选题策划：何　东
责任编辑：冯喆圆
文字编辑：李天雪
装帧设计：赵　谦
责任校对：李　易
责任印制：常　凯

图书在版编目（CIP）数据

法律判例与美国教育变迁 / 祝贺等著．-- 保定 ：河北大学出版社，2024.2
（美国教育转折点丛书 / 陈瑶，张斌贤主编）
ISBN 978-7-5666-2252-5

Ⅰ．①法… Ⅱ．①祝… Ⅲ．①教育研究－美国 Ⅳ．①G571.2

中国国家版本馆 CIP 数据核字（2023）第 232690 号

法律判例与美国教育变迁
FALÜ PANLI YU MEIGUO JIAOYU BIANQIAN

出版发行：河北大学出版社
地址：河北省保定市七一东路2666号　邮编：071000
电话：0312-5073003　0312-5073029
网址：www.hbdxcbs.com
邮箱：hbdxcbs818@163.com
印　　刷：保定市正大印刷有限公司
幅面尺寸：170 mm × 240 mm
字　　数：215千字
印　　张：15.25
版　　次：2024年2月第1版
印　　次：2024年2月第1次印刷
书　　号：ISBN 978-7-5666-2252-5
定　　价：55.00 元

如发现印装质量问题，影响阅读，请与本社联系。
电话：0312-5073023

总　序

自中国开展现代意义的教育研究以来的100多年间，美国教育一直是中国教育研究的重要领域。尤其是近三四十年以来，关于美国教育历史与现状的研究更是受到教育学不同分支学科的关注，研究成果数量众多，涉及的范围也非常广泛。

然而，通过对学术史的梳理可以清晰地看到，在美国教育的研究领域，长期以来一直存在着两个突出的问题：一是对“宏大叙事”的选题偏好，二是以追求系统性和完整性为目的的“教科书”式的研究路径。这些问题共同造成的结果是，虽然研究成果数量众多，但鲜有富有新意和创见的成果。

为探索更加合理的研究路径，10余年来，来自北京师范大学、华东师范大学、浙江大学、首都师范大学、浙江师范大学、云南师范大学等高校的部分学者组成的团队一直致力于对美国教育史开展微观的个案研究，即精心选择一些对美国教育历史演变具有重要影响的事件，或者对著名教育家思想的形成，即美国教育历史中的“转折点”进行多方面的挖掘，通过“小题大做”，以小见大，从新的角度重新审视美国教育的历史演变。我们认为，这种尝试一方面有助于在学理上厘清美国教育发展的关键环节和基本线索，把握美国教育发展的整体脉络，另一方面的意义则在于尝试探索美国教育研究的新思路、新视角和新方法，消除沿袭已久的教育思想史与制度史、实践史之间的隔阂。“美国教育转折点丛书”就是在这方面初步探讨的成果。

本丛书编写的另一个目的是为教育专业的本科生和研究生提供一个学习和研究的辅助工具。对年轻学子而言，固然需要从整体上了解美国教育演变的基本过程和基本线索，但通过对不同“转折点”的微观认识，可以更加具体和深入地把握美国教育在关键时期发生的重大转变。只有通过宏观了解与微观把握的有机结合，同学们才能更加完整地认识和了解美国教育的过去和现在。希望通过我们的努力，能对同学们的学习有所助益。

本丛书共收录了5种著作。北京师范大学陈露茜教授等撰写的《思想流变与美国教育》旨在对杰斐逊、贺拉斯·曼、哈里斯、埃利奥特、帕克、桑代克、杜威、霍尔、布鲁纳、科南特这10位美国著名教育家的教育观和社会观进行历史梳理，以便于更好地厘清美国教育与整体社会之间的互动。该书力求既清晰地勾勒美国著名教育家的“教育”观，更重要的是体现孕育这些“教育”观的整体社会哲学、社会变革和社会情境，以及这些“教育观”在产生、发展变迁中所遭遇的种种问题及其应对举措。

华东师范大学祝贺副教授等撰写的《法律判例与美国教育变迁》通过对达特茅斯学院董事会诉伍德沃德案、查尔斯·斯图亚特等诉卡拉马祖案第一学区案、普莱西诉弗格森案、麦诺斯维尔诉戈比蒂斯案、布朗诉教育委员会案、恩格尔诉瓦伊塔尔案、米尔斯诉哥伦比亚特区教育委员会案、加州大学董事会诉巴基案、杰弗里斯诉哈勒斯顿案、俄亥俄州教育券案这10个著名判例的梳理，旨在对美国教育史上著名教育判例的缘起、审理过程及社会影响进行历史分析，以便更好地厘清美国教育与法院判例之间的互动。

浙江师范大学於荣教授、浙江大学王慧敏副教授等撰写的《联邦立法与美国教育演进》选取美国历史上对美国教育发展产生重要影响的 10 个法案，分别对每个法案的立法背景和过程、法案的主要内容、法案的实施和修订，以及法案对美国教育发展的影响等进行了叙述和分析。对这 10 个联邦教育立法的研究不仅有助于更清晰地了解教育立法与教育发展之间的关系，而且有利于更深入地理解教育与政府、教育与社会之间的关系。

首都师范大学原副教授、独立学者林伟博士等撰写的《著名报告与美国教育嬗变》选取美国教育史上相继出现的 10 份具有里程碑意义的重要报告，即《耶鲁报告》《十人委员会报告》《弗莱克斯纳报告》《中等教育的基本原则》《科学：无止境的前沿》《自由社会中的通识教育》《为美国民主的高等教育》《今日美国高中》《科尔曼报告》《国家处于危机之中》，叙述分析了报告面世的背景和原因，探讨了报告着重提出的问题和解决问题的路径及其对美国教育发展所产生的重大影响。

云南师范大学陈瑶教授等撰写的《社会运动与美国教育改革》选取公立学校运动、工业教育运动、综合中学运动、教育科学化运动、进步主义教育运动、初级学院运动、生活适应运动、教育民权运动、“回归基础”教育运动、学校选择运动这 10 个在美国教育史上产生过重要影响的教育运动进行研究，力求以教育运动的线索考察美国教育的历史，不仅梳理了各个运动的背景、起源、过程和结果，而且具体分析了运动在美国教育变革中的影响和意义。

本丛书为云南师范大学教育学部省级重点支持一流学科（教育学）项目建设成果。云南师范大学教育学部陈瑶教授和北京师范大学张斌贤教授共同负责该建设成果的实施工作。感谢云南师范大学教育学部为本丛书出版提供的大力支持。

在丛书出版之际，衷心感谢各位主编和作者付出的辛勤劳动。同时，向河北大学出版社朱文富社长、何东主任和各位责任编辑提供的支持和帮助表示崇高的敬意和诚挚的谢忱。

陈瑶 張斌賢

2023 年 6 月

目　录

前　言

美国是一个崇尚法制的国家，诉诸法庭是美国人解决教育中重大矛盾与冲突的基本方法之一。在教育事务由州负责、法院判决遵循已有判例，且联邦最高法院拥有自由裁量权的传统之下，只有具有重大意义的、对美国联邦法律或者宪法的基本原则提出质疑的教育案件才能被联邦最高法院受理并判决，成为著名的教育判例。这些判例虽然以个案的形式反映了美国特定时期、特定领域的教育问题，但从独特的角度展现了美国教育在不同历史时期的侧重点和主要矛盾，同时深刻影响了美国教育的后续发展并为其提供了指导原则，因而具有普遍意义，在美国教育史、法律史上具有里程碑式的重要地位。

一、走近教育判例：美国司法体系的架构与教育案件的诉讼程序

美国是联邦制国家，在二元化的司法体系之下，整个国家的法院系统分为联邦法院和州法院两个子系统。由于美国的司法制度源于英国，其法院系统中的每个子系统也仿照英国法院分为三级。如此一来就形成了美国法院系统的基本格局：在联邦层面有联邦地区法院（United States District Court）、联邦上诉法院或联邦巡回法院（United States Court of Appeals for the Federal Circuit）以及联邦最高法院（The United States Supreme Court）；在州层面，法院的名称虽因州而

异，但一般情况下都可以称为初审法院（Trial Courts）、上诉法院（Courts of Appeals）和州最高法院（State Supreme Courts）。其中，联邦最高法院既属于联邦法院系统中的第二级上诉法院，也处于美国整个法院系统的顶端，经州最高法院审理之后的案件亦可上诉至联邦最高法院。联邦法院系统和州法院系统平行并存，受理的案件范围有一定的区别：一般情况下，联邦法院审理涉及联邦法律和美国宪法的案件，而州法院系统审理涉及州法律和州宪法的案件。在美国，教育事务属于各州的管理范围，因此在一般情况下，涉及教育的案件一开始大多数在州法院系统审理。①

即使如此，美国历史上仍有不少教育案件最终上诉至联邦最高法院。这些案件或是突破了各州相关法律的局限、对美国联邦法律或者宪法的基本原则提出了质疑，因此直接在联邦法院系统进行审理，最终上诉至最高法院；或是在州最高法院审理之后继续上诉至联邦最高法院。联邦最高法院在美国拥有至高无上的地位和择案而审的权力，因此，只有那些对美国社会具有足够重要性和影响力的教育案件才会被最高法院受理并进行判决。在联邦最高法院的权威性以及美国的判例法传统之下，最高法院裁决的教育判例具有广泛的社会影响，深刻影响了美国教育的后续发展并为其提供了指导原则，其意义和影响远远超出案件本身，往往成为后续教育法案、教育运动、教育实践产生的导火索和奠基石。

二、研究教育判例：原因、必要性与意义

本书通过美国联邦最高法院裁决的著名教育判例来展现美国教育的发展历程，这一研究视角的选择有着深刻的原因、必要性与意义。

---

① 方鲲鹏. 美国打官司实录［M］. 上海：学林出版社，2010：23-25.

首先，研究美国著名教育判例是目前美国教育史领域较为新颖的研究视角之一，国内的美国教育史研究者较少通过法庭判例的角度来展现美国教育的发展历程。对著名教育判例的研究能够丰富国内学界对于美国教育史、教育发展历程、相关教育法案、教育运动的认识和理解。一方面，美国历史上的著名教育判例本身就属于美国教育史研究的一部分，与教育法案的出台、教育运动的开展、教育改革的进行有着多重联系，本应受到教育史研究者的重视。但在我国，由于美国教育史研究者对美国法院系统架构、法学原理、法律条文、案件审理过程等相关内容重视程度不够、了解程度不深，他们往往认为这些重要的判例“属于法律史的研究领域”“与教育史研究无关”，仅把它们视为简单的、一锤定音的法庭审判，或者是其他教育法案、教育改革产生的背景和前提，却忽视了判例本身对于教育史研究的意义，这使判例本身较少成为美国教育史研究的着眼点。由美国法院系统的架构和运作方式可知，如果一个教育案件没有突破各州相关法律的框架，或者在当时不具有重大社会意义和影响力的话，那么很难一步步上诉至联邦最高法院并最终被受理。此外，逐级上诉的过程并不是一帆风顺的坦途，联邦最高法院也不是以法理思辨为唯一准绳的象牙塔，上诉和审理的过程中不仅有利益既得者的阻挠，也有申诉者的不懈努力；既有双方律师的辩护，也有联邦最高法院9大法官基于美国经济、政治和社会整体形势进行的思考、权衡与博弈。各方力量的斡旋始终存在于案件上诉、审理、审判和执行的过程当中。那么在这个过程中，都有哪些力量参与进来，为什么要推动或者阻挠案件的审理，都采取了什么样的手段或者方式，最终导致了怎样的结果，这些本身就是美国教育史研究领域极具吸引力的内容。另一方面，研究美国历史上著名的教育判例有利于进一步深刻理解美国教育史上其他重要事件的产生背景。美国历史上许多重要教育法案的出台、教育运动的开展、教育改革的进行都与一些著名的教育判例有着密切的关系。只有深刻理解了这些判例的起因、过程与影响，才能更加深刻地理解和掌握相关教育法案、运动或改革的背景。

其次，通过对著名教育判例的个案分析梳理美国教育发展过程中重大问题的变迁，从而把握相关教育问题的发展趋势和普遍规律。做出这一判断的逻辑前提是：所有独特的教育判例都是社会历史文化形塑的结果，美国联邦最高法院判决的著名教育判例与其所产生的时代、当时美国社会的整体结构息息相关。因此，揭示这种机制便可达到对普遍性结论的获得，也就是达到建立微观事件的宏观基础。这些著名教育判例立足于宏观，进而考虑微观的教育现象是如何被宏观的社会结构所形塑，“从大观小”，故而具有“走出个案”的可行性。① 再者，美国法制特别重视判例，联邦最高法院在进行判决的时候刻意保持一定的模糊性，这就导致不断有同一主题的案件向联邦最高法院上诉，上诉者期望随着时间的推移和社会形势的变化，联邦最高法院会推翻原有判例，做出有利于自己一方的判决。② 遇到这种情况时，联邦最高法院则根据整个社会的总体情况，选择受理这些案件或者将其驳回至下一级法院，要求下一级法院在先前判例的指导下重新审理。因此，这些著名教育判例不仅是作为个案而存在，也是美国教育相关问题发展的风向标。

最后，从著名教育判例的角度梳理美国教育发展过程，有利于为我国加快教育法制建设进程提供有益的借鉴。目前我国的教育法制化进程正在快速推进，如何用法律确保教育中各主体的正当权利、尽可能地保障教育过程中的公平与公正，既是教育法制建设的核心精神所在，也是教育立法者为之奋斗的目标。这些来自美国最高法院的著名判例虽然产生于不同的时代和社会背景，判例中涉及的教育问题和教

---

① 张立昌，南纪稳．“走出个案”：含义、逻辑和策略［J］．教育研究，2015，36(12)：99-104，134.

② 秦梦群．美国教育法与判例［M］．北京：北京大学出版社，2006：前言．

育法律与我国目前教育中面临的问题也有着不少差异，但法律条文表层之下一些恒定的内容，一些渗透于法律之中、支撑着法律的道理是中外皆通、古今同理的。这些道理往往不是抽象的，无法通过相关理论的讲解直接获得；而是需要通过对具体案例的阐释和分析继而获得辩证的思考——法律教育中一直以来倡导的“案例教学法”（case method）即是如此。[①] 因此，只有通过对这些著名教育判例的回顾、分析和理解，才能获得对我国教育法制进程建设的借鉴意义。

三、选择教育判例：本书的内容与思路

可以说，由美国联邦最高法院判决或指导判决的著名教育判例都有着重要的社会意义和研究价值，但仅通过一本书将所有判例一一进行详尽的研究显然是不可能的。在考虑判例所涉及的时代、重点讨论的教育问题、产生的教育意义、在美国社会上的影响力等多重因素下，本书在最高法院判决的，或者在最高法院指导下判决的案例中选取了以下 10 个进行研究，分别是达特茅斯学院董事会诉伍德沃德案（Trustees of Dartmouth College v. Woodward，17 U. S. 481，1819）、查尔斯·斯图亚特等诉卡拉马祖案第一学区案（Charles E. Stuart and others v. School District No. 1 of the Village of Kalamazoo and others，30 Mich 69，1874）、普莱西诉弗格森案（Plessy v. Ferguson，163 U. S. 537，1896）、麦诺斯维尔诉戈比蒂斯案（Minersville School District v. Gobitis，310 U. S. 586，1940）、布朗诉教育委员会案（Brown v. Board of Education of Topeka，et al. 347 U. S. 483，1954）、恩格尔诉瓦伊塔尔案（Engel v. Vitale，370 U. S. 421，1962）、米尔斯诉哥伦比

① 北京大学法学院司法研究中心编. 宪法的精神：美国联邦最高法院 200 年经典判例选读 [M]. 邓海平，史大晓，汪庆华，等译. 北京：中国方正出版社，2003：前言.

亚特区教育委员会案（Mills v. Board of Education of the District of Columbia，348 F. Supp. 866，1972）、加州大学董事会诉巴基案（Regents of the University of California v. Bakke，438 U. S. 265，1978）、杰弗里斯诉哈勒斯顿案（Jeffries v. Harleston，52 F. 3d 9 ，2d Cir，1995）和俄亥俄州教育券案（Zelman v. Simmons-Harris，536 U. S. 639，2002）。

总的而言，本书所选择的这 10 个判例主要涉及美国教育历史发展中颇具时代特征的重大问题，主要包括大学自治、国家的教育责任、不同种族的教育平等权利、爱国主义教育与宗教自由、政教分离原则、特殊儿童的教育权利、学术自由、教育选择权这样几个宏大主题。虽然这些主题并不能完全涵盖美国教育历史中所有的重大问题，但这些主题都带有鲜明的时代特征，对这些判例的梳理有助于我们从司法的层面进一步加深对这些问题的认识。在这 10 个判例中，除了杰弗里斯诉哈勒斯顿案之外，其余 9 个全都是由联邦最高法院亲自做出的判决，在美国社会中具有极大的影响力。杰弗里斯诉哈勒斯顿案是在联邦最高法院的指导下，发回原巡回上诉法院重审的判例，主要涉及学术自由问题。其实美国历史上与学术自由相关的最高法院判例还有不少，之所以选择杰弗里斯案，主要是考虑到该案在发生于 20 世纪末的一系列与学术自由相关的教育判例中最为典型、影响力最大。以该案件为例对学术自由判例进行整体分析，不仅能够回顾学术自由判例的发展历程，同时也能够更好地展望相关判例的发展趋势。此外，本书并非就判例而论判例，而是以这些著名教育判例为切入点和辐射点，以点带面，对美国相关教育问题进行系统的回溯与展望。

具体而言，这些著名判例研究了美国公共教育和高等教育历史发展过程中的基本问题：达特茅斯学院董事会诉伍德沃德案在重申契约原则、学院财产权和自治权的保护方面有着重要的意义，探讨了高等院校如何与政府正确相处；查尔斯·斯图亚特等诉卡拉马祖案第一学区案不仅明确了中等学校的资助职责，标志着学区有权使用公共税收资助开办公立中学，还意味着公立中学在美国公共教育系统中获得合法地位；普莱西诉弗格森案通过大量确凿的数据和史实向人们证明，这一判例确立的“隔离但平等”的原则虽然没能保障美国黑人享有和白人真正平等的教育权利，但从纵向上而言却提升了黑人的受教育程度，因而具有重要的历史意义；麦诺斯维尔诉戈比蒂斯案讨论了美国公共教育中爱国教育与宗教自由之间的冲突，打破了各州对宗教自由判例的绝对控制权；布朗诉教育委员会案着眼于美国南方教育历史发展的大背景下黑人对于教育平等权利的追求，研究布朗案的审判过程与后续社会影响，继而反思最高法院对这一“世纪之案”的判决以及教育平等权利的保护；恩格尔诉瓦伊塔尔案让公众开始谨慎地思考学校教育与宗教祈祷的关系，进而明确教育领域的政教界限问题，探讨美国教育政教分离的基本原则；米尔斯诉哥伦比亚特区教育委员会案聚焦于特殊儿童的教育问题，通过该判例，与特殊教育相关的一系列问题，诸如如何将特殊教育纳入公立教育系统、以何种方式分配地方教育资金和资源、提供特殊班级还是回归主流等问题相继浮出水面；加州大学董事会诉巴基案处理的是围绕教育领域“肯定性行动”政策施行过程中的、针对白人的“反向歧视”问题，并由此引发人们对于教育中教育公平界限的深思；杰弗里斯诉哈勒斯顿案探讨了新的历史时期中学术自由的相关问题，代表着与学术自由相关的案件在20世纪末的发展趋势；俄亥俄州教育券案探讨了在20世纪下半叶美国公共教育系统面临着来自多方面批评的背景下，政府公共经费用于宗教学校的合宪性问题，象征着最高法院在学校选择问题上风向的变化。由于这10个判例各有其具体内容和主旨，我们在为这本书拟一个醒目且能概括其中心思想的书名时也经过了慎重的考量。无论这些判例处理的是哪一方面的具体教育问题，最终都是希望通过法庭诉讼的手段规范教育中各行为主体间的权利和义务，而法庭在这其中扮演的角色就是一个仲裁者。追求教育的公平和正义是法庭进行裁决的核心思想和必然追求，尽管这种公平和正义不是绝对的，而是与当时的时代背景、社会环境、教育发展水平有着密切的关系。

本书的作者是国内高校美国教育史研究领域有一定研究基础和研究心得的青年学者。按照文章出现的顺序，他们分别是：浙江大学教育学院王慧敏副教授、中央民族大学历史文化学院高玲博士、北京外国语大学国际教育学院杨帆博士、杭州师范大学经亨颐教育学院钱晓菲博士、华东师范大学教育学部祝贺副教授、陕西师范大学教育学部吴婵副教授、扬州大学教育科学学院曹春平博士、北京师范大学教育学部王珊同学、北京体育大学郑菲遐老师、南京师范大学教育科学学院王慧敏博士，祝贺对全书进行统稿并撰写前言。书中的部分案例曾在《教育研究》《清华大学教育研究》《教育科学研究》等国内重要学术期刊上发表，但在选入本书的时候都做了扩充、修订和改动。虽然在编写这本书之前对基本的写作思路进行了统一和规范，书稿完成后我也对书中的每一个判例都做了修改、润色和补充，但由于每个判例可获得的材料多寡不同，且不同作者在材料选择、判例分析、语言偏好等方面都有所不同，写作风格和内容侧重难免有所差异。本书所有作者在撰写稿件时都本着严谨、负责的学术态度悉心写作并多次认真修改，期望能为这一领域的学术研究添砖加瓦。但毕竟学识、时间和精力有限，且更偏重教育史研究，书中难免存在缺点和疏漏，敬请方家批评指正。

祝 贺

2023 年 6 月于华东师范大学

第一章　产权保护以及政府和学院的相处之道——达特茅斯学院董事会诉伍德沃德案（1819）

达特茅斯学院（Dartmouth College）创建于1768年，是英属北美殖民地时期建立的最后一所高等院校。学院建立后，美国很快就迎来了独立战争，在从殖民地到新国家的过渡过程中，学院不断探索如何与政府相处，它们之间的关系也经历了不同阶段的变化。19世纪初，校长与学院董事会之间的矛盾日益加剧，最终对簿公堂，并演化成学院董事会和州政府之间围绕学院管理权而展开的一场斗争——达特茅斯学院董事会诉伍德沃德案（以下简称“达特茅斯学院案”）。该案在重申契约原则、学院财产权和自治权的保护方面有着重要的意义，并对美国高等教育史的发展产生了深远的影响。其中，产权保护是这场案件的焦点所在，与此同时，围绕着达特茅斯学院案，新国家的学院和政府也开始思考双方都无法回避的一个重要议题，即如何从殖民地向新国家的过渡中协调相互之间的关系。

一、蜜月：达特茅斯学院与政府的早期关系

与其他殖民地学院一样，以利亚撒·惠洛克（Eleazar Wheelock）在建立达特茅斯学院之初就得到了新罕布什尔殖民地政府的大力支持，约翰·温特沃思（John Wentworth）总督甚至亲自陪同以利亚撒·惠

洛克前往伦敦为学院争取宪章。虽然学院的“神职人员普遍被认为是教育机构最好的委托人和管理者”①，但半数的董事会成员都兼有政府官员的身份，在独立战争爆发前的短短几年中，学院除了接受殖民地政府的拨地外，还接受了多达 2776 英磅的财政资助。②

1777 年，与新罕布什尔州相邻的佛蒙特宣布独立并成立共和国，而学院正好地处两地交界的康涅狄格河东岸的河谷地带。以利亚撒·惠洛克校长觉得河谷市镇应该归属佛蒙特，但他对于佛蒙特宪法中关于“在议会的指导下应该建立一所大学”③ 的条款非常担心，他不希望他的学院得到一个有政府支持的竞争对手。1778 年 6 月 15 日，佛蒙特议会接受了以利亚撒·惠洛克的呼吁，暂时不另建新大学，而将达特茅斯学院置于政府的资助之下。④ 次年 6 月，河谷两岸的市镇同意加入佛蒙特，以利亚撒·惠洛克也为他的学院会在佛蒙特成为政府的宠儿而感到欣喜。但新罕布什尔州却向当时的大陆会议抱怨这是佛蒙特的“吞并”行为。1778 年底，佛蒙特不得不与河谷的市镇划清界限，次年，这些市镇被划入新罕布什尔州。由于达特茅斯学院在之前加入佛蒙特的过程中起到了重要的政治作用，以利亚撒·惠洛克非常担忧学院今后与新罕布什尔州政府之间的关系。第二年，他就在担忧中去世了，校长职位由他年仅 25 岁的儿子约翰·惠洛克（John Wheelock）接任。可是，新校长上任后的第一件事就是鼓动河谷市镇重回佛蒙特。

---

① SMITH B P. The history of Dartmouth College[M]. Boston:Houghton,Osgood and Company,1878:48.

② MCANEAR B. The raising of funds by the colonial colleges[J]. The Mississippi Valley historical review,1952,38(4):591-612.

③ THORPE F N. The federal and state constitutions, colonial charters, and other organic laws of the states, territories and colonies now or heretofore forming the United States of America[G]. Vol. VI. Washington, D. C. :Government Printing Office,1909:3748.

④ LINDSAY J I. Tradition looks forward, The University of Vermont:a history,1791-1904[M]. Burlington:The University of Vermont and State Agricultural College,1954:8.

一直到 1782 年，佛蒙特议会为了加入美利坚合众国而做出决议，正式放弃了对这些市镇的政治权力。在这 4 年左右的时间里，一方面，学院未被战火波及却被政治缠身，一直在佛蒙特和新罕布什尔州之间摇摆不定，“惠洛克父子的行为在当时看来更像是下了一把大的政治赌注，这场游戏的目的就是从政府那里获得急需的资金和阻止竞争对手的出现”①；另一方面，学院非常重视与地方政府的紧密关系，政府是学院发展的重要依靠，惠洛克父子的努力是为了寻求与政府更加稳固的联系。

当领土问题尘埃落定之后，达特茅斯学院得到了新罕布什尔州和佛蒙特两个政府的垂青。1785 年初，新罕布什尔州政府为学院集资 3000 英镑。② 同年 6 月 14 日，佛蒙特也向学院赠予 23 040 英亩③永久免税的土地。④ 不仅如此，约翰·惠洛克还挫败了佛蒙特议会建立一所大学的动议，使得 1786 年修订的佛蒙特宪法中删去了 1777 年宪法中关于建立一所大学的规定。⑤ 虽然达特茅斯学院已经不属于佛蒙特，但是约翰·惠洛克依然要垄断佛蒙特的高等教育和享受佛蒙特政府的资助。与此同时，学院也主动表示希望新罕布什尔州政府参与学院的管理。1788 年 9 月，学院董事会请求新罕布什尔州议会拨地，同时还提醒州长约翰·惠洛克在学院董事会中仍占有一个席位并期盼约翰·惠洛克

---

① LINDSAY J I. Tradition looks forward, The University of Vermont: a history, 1791-1904[M]. Burlington: The University of Vermont and State Agricultural College, 1954: 9.

② CHASE F. A history of Dartmouth College and the town of Hanover, New Hampshire. [M]. Vol. 1. Cambridge: John Wilson and Son, 1891: 575.

③ 1 英亩=40.468 6 公亩=4 046.86 平方米。

④ WHEELOCK J. Sketches of the history of Dartmouth College and Moors' Charity School, with a particular account of some late remarkable proceedings of the board of trustees, from the year 1779 to the year 1815[M]. Hanover, 1815: 30.

⑤ LINDSAY J I. Tradition looks forward, The University of Vermont: a history, 1791-1904[M]. Burlington: The University of Vermont and State Agricultural College, 1954: 11.

早日出席董事会议。[①] 1789 年初，新罕布什尔州议会又向学院一次性划拨了 42 000 英亩的土地，而学院也向新罕布什尔和佛蒙特的最高行政长官颁发了荣誉学位。

在政府的资助和扶持下，达特茅斯学院取得了重大发展。学院的学生数从 1780 年的 30 人增长到 1790 年的 160 人，1791 年达特茅斯学院的毕业生数达到 49 人，而同一年哈佛大学、耶鲁大学和新泽西学院都只有 27 人毕业。1791—1800 年的 10 年中，从达特茅斯学院毕业的学生总数达到 362 人，仅次于哈佛大学的 394 人；而同时期耶鲁大学仅 295 人，新泽西学院仅 240 人。[②] 在独立战争爆发后的 20 多年里，尤其是 18 世纪的最后 10 年，达特茅斯学院在学生数和毕业生数上的增长幅度是当时美国所有高等教育机构中最大的，此前没有一所学院能在建立之初的 30 年中就有如此大的发展。[③] 1806 年 9 月，学院董事会向州议会呼吁，希望扩大学院董事会，邀请州议会参众两院的议长、州高等法院大法官以及州政府的其他官员加入董事会，[④] 主动与州政府分享学院的管理权。次年 6 月，州议会接受了这一提议并向学院拨款赠地，并一直保持对学院的资助政策。与政府和谐相处是学院发展的重要保障，但是学院内部的纠纷却打破了这一和谐的气氛。

---

① WHITEHEAD J S. The separation of college and state: Columbia, Dartmouth, Harvard, and Yale, 1776-1876[M]. New Heaven and London: Yale University Press, 1973: 34-35.

② CHASE F. A history of Dartmouth College and the town of Hanover, New Hampshire [M]. Vol. 1. Cambridge: John Wilson and Son, 1891: 615.

③ CHASE F. A history of Dartmouth College and the town of Hanover, New Hampshire [M]. Vol. 1. Cambridge: John Wilson and Son, 1891: 615.

④ WHITEHEAD J S. The separation of college and state: Columbia, Dartmouth, Harvard, and Yale, 1776-1876[M]. New Heaven and London: Yale University Press, 1973: 35.

二、冲突：学院内部的权力争执和州政府的干预

约翰·惠洛克在继任校长职务之前曾在新罕布什尔议会和大陆军中任职，他对学院管理完全没有经验，做事独断专行。他的风格在时局动荡的战争时期可能有利于学院的稳定发展，他与政府官员之间的良好关系对于学院的繁荣也有益处，但他的处事风格与董事会格格不入。1793 年，大法官纳撒尼尔·奈尔斯（Nathaniel Niles）入选学院董事会，他对约翰·惠洛克非常不满，怀疑他的学识，尤其不满他在学院管理上的独断专行。①

从 1804 年开始，约翰·惠洛克在董事会中逐渐失去了多数支持，失去了学院的人事权和学院内部的惩戒权，1814 年又被剥夺了给高年级学生上课的权利，此时的约翰·惠洛克已几乎完全丧失了对学院的控制权，甚至是作为一名管理者的基本权利。1815 年 5 月，约翰·惠洛克出版了一本小册子《达特茅斯学院和莫尔慈善学校简史》（*A History of Dartmouth College and the Moor's Charity School*），回顾了他们父子二人对学院所做的贡献并细数了当前董事会是如何在人事安排和学院管理上侵犯他的校长职权的，他认为“董事会已经完全背离了他们前辈的道路”，而且“学院的职员已经受到学院的无序状态的恶劣影响……这种情况也已经严重威胁到了学院的最大利益”。② 1815 年 6 月，约翰·惠洛克直接向新罕布什尔州议会发出呼吁以寻求政府援助，他指责学院董事会“将学院的财产应用在与捐赠者意愿完全不相

---

① TICKNOR G. Life, letters and journals of George Ticknor[G]. Vol. I. Boston: James R. Osgood and Company, 1876: 248-260.

② WHEELOCK J. Sketches of the history of Dartmouth College and Moors' Charity School, with a particular account of some late remarkable proceedings of the board of trustees, from the year 1779 to the year 1815[M]. Hanover, 1815: 14-19.

干的事情上……他们破坏学院宪章、逾越自己的权限"①。约翰·惠洛克认为董事会的所作所为已经违背了学院的公共职责。

州议会指派了一个委员会介入调查，但是约翰·惠洛克的固执使董事会也开始采取强硬态度。1815 年 8 月 24 日，董事会严厉批驳了约翰·惠洛克的污蔑之词，认为他的小册子完全是对学院的诽谤。董事会随即以绝对多数通过决议解除了约翰·惠洛克的校长职务。9 月，董事会也出版了一本小册子对约翰·惠洛克进行全面反驳，逐条指出了约翰·惠洛克言词的不实之处以证明学院事务的管理是有序的，并指出"达特茅斯学院在早期曾是新英格兰地区最富有的大学之一，而如今，尽管它还很努力但已经沦落为最穷困的学校之一"②，学院的年收入甚至比约翰·惠洛克校长的个人收入还要低。

这件事情本应属于学院内部的冲突，州政府只能算是一个旁观者。但是，随着威廉·普卢默（William Plumer）在 1816 年 3 月出任新罕布什尔州州长，情况开始变得不同。普卢默认为，"一个有效的政府需要一个受过教育的公民团体……任何阻止或威胁对教育的公共控制的事情都是对美利坚合众国的进步的威胁"③，他不仅要解决约翰·惠洛克与董事会之间的矛盾或者恢复约翰·惠洛克的校长职务，更"要建立议会对学院的权力和权威，为人们寻求建立这所学院的真正目标，并在政府与学院之间形成一种有用的联结"④。州政府对达特茅斯学院的控制权问题随之也成为公众和新一届政府的重要话题。1816 年 6 月 6

① SMITH B P. The history of Dartmouth College [M]. Boston: Houghton, Osgood and Company, 1878: 90-91.

② Dartmouth College Trustees. A vindication of the official conduct of the trustees of Dartmouth College[M]. Concord:George Hough,1815:81-82.

③ STITES F N. Private interest & public gain:the Dartmouth College Case,1819[M]. Amherst:The University of Massachusetts Press,1972:24-25.

④ STITES F N. Private interest & public gain:the Dartmouth College Case,1819[M]. Amherst:The University of Massachusetts Press,1972:26.

日，普卢默在州议会的演说中强调，对州政府来说，资助和支持文学和科学更多的是出于责任而不是利益，他指出，达特茅斯学院是为了公共利益才建立的，而不是为了董事会的利益，因此政府保留有修改其章程的权力并有必要采取这一措施来保障人民的利益。6 月 26 日，州议会迅速通过了一份解除当前董事会和将学院更名为“达特茅斯大学”（Dartmouth University）的提案，重申了政府对于教育和学院的职责，将董事会由原来的 12 人增加到 21 人，由校长全面主管学校的管理和教学并担任董事会主席，校长每年需向州长汇报学校的教学和管理状况；此外，再组织一个由 25 位政府官员组成的监事会，对学校的人事和管理有最高决定权；校长和教授在上任之前还必须宣誓忠于州宪法。这份法案无疑是为达特茅斯学院颁布了一份新的章程，州政府将实现对学院的最高控制权。虽然学院董事会不同意，但州议会宣布，“达特茅斯大学”的任何教学和管理人员都必须认可和服从州议会的法案，否则要处以 500 美元的罚款。董事会不得不向州议会妥协，默认这一结果，此时他们既没有意愿也没有足够的资金来通过诉讼维护自己的权益。[①] 而州政府没有想到的是，随着事态的发展，这一迎合当时政治氛围的立法举动竟使自己和学院站到了对立面。

三、争执：从州高等法院到联邦高等法院

1817 年 1 月，商人约翰·惠勒（John Wheeler）向学院董事会表示：“如果董事会愿意通过法律途径以诉讼的方式维护他们的权利并且需要资助的话，我愿意奉上 1000 美元。”[②] 2 月 8 日，学院董事会终于

---

① WHITEHEAD J S. The separation of college and state: Columbia, Dartmouth, Harvard, and Yale, 1776-1876[M]. New Heaven and London: Yale University Press, 1973: 65.

② LORD J K. A history of Dartmouth College, 1815-1909[M]. Concord: The Rumford Press, 1913: 100.

提起诉讼状告达特茅斯学院董事会成员兼财务主管威廉·H. 伍德沃德（William H. Woodward），因为改组达特茅斯学院的法案在州议会获得通过并经由州长签署生效，伍德沃德就被任命为新组建的“达特茅斯大学”的财务主管，伍德沃德欣然接受了这一任命，这就意味着他承认了州政府对学院的改革并与原来的学院董事会站到了对立面。这在学院董事会看来则是不合法的任命，是对学院财产的不合理占有，因此他们要求伍德沃德退还学校财产并赔偿5万美元的损失。由此，达特茅斯学院案拉开了帷幕，案件随后就被移至州高等法院审理。学院内部的管理权冲突，最终演化成了学院和州政府的对簿公堂。只是未等开庭，约翰·惠洛克就于4月4日离开了人世，学院内部的争执已不重要，学院与政府的冲突成为案件的焦点。

1817年9月19日，新罕布什尔州高等法院开庭审理此案，作为原告方的学院董事会聘请了实力强大的三人律师阵容，分别是丹尼尔·韦伯斯特（Daniel Webster）、耶利米·梅森（Jeremiah Mason）和耶利米·史密斯（Jeremiah Smith）。梅森和史密斯紧紧抓住案件的核心问题——学院的财产权或合法权利不可被侵犯这一原则——进行辩护。梅森在长达两个小时的慷慨陈词中认为，学院董事会没有义务接受州议会的改革法案，“法案确实在很多方面从根本上影响和变更了董事会的集体和个人的权利和权力，但这些变更和限制都是被强加的”①。梅森进一步认为，对个体和机构的合法权利的保护是一个自由政府最有价值和最重要的原则，学院董事会的权力最初虽然也是殖民地议会通过法案赋予的，但是被赋予的权力不可以随意被剥夺，“政府没有权力借口说他们是公共性质的董事会而干涉私立机构”②。州政府对学院做

① FARRAR T. Report of the case of the trustees of Dartmouth College against William H. Woodward[G]. Portsmouth：John W. Foster，1819：29-31.

② FARRAR T. Report of the case of the trustees of Dartmouth College against William H. Woodward[G]. Portsmouth：John W. Foster，1819：38-45.

出的改革违反了州宪法和合众国宪法的基本原则。

然而被告方却以学院的公立性质来为自己辩护，被告方辩护律师伊卡博德·巴特利特（Ichabod Bartlett）和乔治·沙利文（George Sullivan）坚称达特茅斯学院不是私立机构而是公共机构。沙利文认为，学院由政府还是个人创立和资助并不能成为判断学院是公立性质还是私立性质的依据："一个机构如果是为了其成员自身的利益而建立，并为了他们自身的利益而占有财产和履行权力的话，那么它就是私立的……如果一个机构是为了整个州或领地的全体居民利益而建立，为了全体居民利益而据有财产和履行权力，那么它就是一个公立机构。"① 换句话说，学院的公私性质是由其目的来决定的。根据新罕布什尔殖民地议会颁布的达特茅斯学院章程，沙利文指出该学院明显是一所公立机构，既然如此，州议会就有权根据公共利益的需要对其行使管理权。巴特利特也试图引用以往的判例说明，州议会通过法案以新董事会代替旧董事会并改革其管理模式并没有影响达特茅斯学院原来的合法权力和权利，即学院的合法权利不会因为改革而受侵犯。州最高法院首席大法官威廉·理查森（William Richardson）认可了以目的的性质来判断机构公私性质的观点："一个机构权力的履行完全是为了公共的目的，那么它就是一个公共机构。"② 理查森认为，达特茅斯学院最初的章程表明它的建立是为了在印第安人中传播福音与知识，以及为新罕布什尔带来最好的教育方式，"这些目的都完全是公共性的"③，由于目的的公共性，学院就是一个公共机构，州议会依据公共利益做出

---

① FARRAR T. Report of the case of the trustees of Dartmouth College against William H. Woodward[G]. Portsmouth: John W. Foster, 1819: 71-72.

② FARRAR T. Report of the case of the trustees of Dartmouth College against William H. Woodward[G]. Portsmouth: John W. Foster, 1819: 212.

③ FARRAR T. Report of the case of the trustees of Dartmouth College against William H. Woodward[G]. Portsmouth: John W. Foster, 1819: 234.

的改革法案就不存在违宪的问题。由此，新罕布什尔州高等法院认可了州议会对达特茅斯学院管理制度的改革，宣布学院董事会败诉。

1818 年初，学院董事会又上诉至联邦最高法院，丹尼尔·韦伯斯特独自担任达特茅斯学院的辩护律师。当案件被上诉到联邦最高法院的时候，焦点集中在新罕布什尔州对达特茅斯学院管理权的干预是否合法，这将是对殖民地时期以来政府干预高等教育的方式以及政府与学院的关系模式的一次判决。

1818 年 3 月 10 日，联邦最高法院开庭审理此案，丹尼尔·韦伯斯特开始了他著名的辩护。丹尼尔·韦伯斯特认为在学院章程的规定中，董事会是学院唯一合法的拥有者，具有最高的行政管理权，其权力由章程赋予，不受任何其他的约束，董事会的新成员也是由董事会自身来选举和指定的，学院已经照此章程运行了半个世纪，因此现在新罕布什尔州议会在没有征得董事会同意的情况下擅自组成新的董事会并颁布法案将其变为一所公立大学等一系列行为都是无效的，州议会的行为违反了新罕布什尔州宪法的规定。丹尼尔·韦伯斯特重新审视了学院的章程和学院的性质，达特茅斯学院“是一所私人的慈善机构，它由个体出资创办……一所学院就像一座医院一样是一个私人机构，尤其是当学院是由私人赞助的时候”①。尽管它在功能上是公共性的，但是这并不能改变它在财产所有权和资金管理权上的私人性质，新罕布什尔州的法案剥夺了学院董事会对学院的控制权和管理权，违背了州宪法对私人财产权的保护。丹尼尔·韦伯斯特考察了 1769 年学院章程后发现这是一份授予学院的创建者和管理者完全的管理权和监督权的文件，它是一份契约、一份约定，州议会的法律已经明显地触犯了契约的核心内容。他认为，“本案所影响的不仅仅是这一所学院，而是

---

① HOFSTADTER R，SMITH W. American higher education：a documentary history [G]. Chicago：The University of Chicago Press，1961：204-205.

每一所学院，以及这个国家的所有文化机构。迄今为止，它们繁荣发展，受到高度尊重并有益于社会。它们都具有一个基本的存在原则，那就是它们章程的不可侵犯性。把这些机构置于政党势力的起落和政治观点的波动之下是一件最危险的实验”①。最后，丹尼尔·韦伯斯特呼吁道，这件案子不仅关系到国家的每一所学院、每一所文化机构、每一所慈善机构，“在某种程度上它还关乎我们每一个拥有财产而又有可能被剥夺财产的人，这里的问题很简单：是否允许我们的州议会获取本不属于他们的东西，使其改变原来的功用，并把它随意用于他们认为适合的目的！……我知道，这所学院只是我们国家文学的地平线上一束无关紧要的光线。你可能会将它抹去。但是，如果你这么做了，你还会继续做下去！你会一个接一个地扑灭所有那些重要的已经照耀我们这片土地一个多世纪的科学之光！是的，就像我说的，这是一所小学院。但是，我们爱着它”②！

这一次，联邦最高法院站在了学院董事会一边，1819 年 2 月 2 日，联邦最高法院以 5∶1 的投票（另有 1 票弃权），最终认定新罕布什尔州议会的法案违宪，推翻了此前新罕布什尔州高等法院以机构目的判断机构性质的意见，即如果学院不是政府机构，那就不应该是公共机构。首席大法官约翰·马歇尔（John Marshall）宣布，达特茅斯学院的章程是一份受联邦宪法保护的契约：“简单地说，这最先是一份捐赠者、董事会和英国（其权利与义务已由新罕布什尔州继承）之间的契约。这是一份经过深思熟虑后制定的契约。这是一份关于保护财产和处置财产的契约。这是一份个人财产向该学院表现出的信念的契约。因此

① HOFSTADTER R，SMITH W. American higher education：a documentary history [G]. Chicago：The University of Chicago Press，1961：211.

② HOFSTADTER R，SMITH W. American higher education：a documentary history [G]. Chicago：The University of Chicago Press，1961：212.

这是一份包含在宪法的文字和精神中的契约。"[①] 1816 年新罕布什尔州议会通过的法案对学院进行了重组，与建立之初的学院已经完全不同，以州政府的意愿代替了当初捐赠者的意愿，"这对于这所学院来说也许是有利的，对于知识的普遍发展也许是有利的，但违背了捐赠者的意愿，破坏了基于他们被赠予的财产的信念之上的契约"[②]，也就是说从根本上改变了这份契约的性质，是对契约精神的侵犯。因此，新罕布什尔州政府对达特茅斯学院的干预和改革是不合法的，达特茅斯学院的所有财产和权力又重新回到了学院董事会手中，新罕布什尔州试图将其转变为一所州立大学的努力也化为泡影。

在从州高等法院到联邦高等法院的争执中，学院和政府围绕着管理权问题从原先的"伙伴"变成了"对手"。最后的判决宣布了州政府不应该插手学院的管理权，否则就是违法的，而经过这番冲突，学院和政府的关系也走向冷却。

四、冷却：胜诉后的学院与政府

学院董事会虽然赢得了诉讼，学院上下也陷入一片欢庆之中，但是丹尼尔·韦伯斯特只管打赢官司，不用考虑学院的今后发展，马歇尔的判决保护了董事会的权利，但不能保证学院的前景。新罕布什尔州对学院的改革只是希望高等教育可以更好地适应民主国家和世俗社会的发展需求，但联邦最高法院的判决无疑让学院完全站到了州政府甚至是公众的对立面，从而失去了最重要的资金来源和公共支持。

其实，在某种程度上说，达特茅斯学院自身也未真正认可联邦最

---

① HOFSTADTER R, SMITH W. American higher education: a documentary history [G]. Chicago: The University of Chicago Press, 1961: 216-217.

② FARRAR T. Report of the case of the trustees of Dartmouth College against William H. Woodward[G]. Portsmouth: John W. Foster, 1819: 329.

高法院对于学院性质的界定和对政府不得染指学院事务的判决。1821年6月，达特茅斯学院的财务主管米尔斯·奥尔科特（Mills Olcott）和董事会成员伊奇基尔·韦伯斯特（Ezekiel Webster）致信丹尼尔·韦伯斯特："达特茅斯学院的一些支持者们认为学院的真正利益应该是来自州议会的资助……他们也考虑设立一个由州长、参众两院的议长以及其他由州长指定的人员组成的20人监事会……达特茅斯学院在今后10年中每年可以获得5000美元的资助。"① 这等于认可了案件之前州议会的学院改革方案，但丹尼尔·韦伯斯特对此却不以为意："我真怀疑这样做能否带来一些好处……到目前为止，大体上它给我的感觉就是这么做只是为了得到钱，这是不实际的，而且充满危险。"② 对于身为律师的丹尼尔·韦伯斯特，原则甚至要比生死重要得多，"如果学院一定要走向死亡的话，最好就是自然死亡"③，在他看来，学院宁可关闭也不能向政府退让，不能靠分享管理权换取资助。但是从此前学院和政府相处的经历来看，这一直是双方和谐共处的方式，分享管理权甚至是学院的主动行为，而这种方式并没有伤害到学院的独立地位。

尽管达特茅斯学院还想与州政府重修旧好，但此前的诉讼与判决确实伤害了民众和州政府对达特茅斯学院的感情。1821年4月30日，《新罕布什尔爱国者报和政府公报》（*New Hampshire Patriot & State Gazette*）载文描述了达特茅斯学院的困境后转而表示："我们对这所学院不会表示同情，它已被法庭裁决为一所私立机构。"④ 5月28号，该

---

① LORD J K. A history of Dartmouth College, 1815-1909[M]. Concord: The Rumford Press, 1913: 188.

② WEBSTER F. The private correspondence of Daniel Webster[G]. Vol. I. Boston: Little, Brown and Company, 1857: 314-315.

③ LORD J K. A history of Dartmouth College, 1815-1909[M]. Concord: The Rumford Press, 1913: 188-189.

④ Dartmouth College[N]. New Hampshire patriot & state gazette, 1821-04-30(2).

报更是直接声称这是一所“毫无希望的”学院。[①] 6 月 29 日，新罕布什尔州议会通过一份法案设立了一个用银行税收支持的“文化基金”以按照州宪法的规定促进本州高等教育事业的发展，但是明确规定基金“不得用于任何不受州政府指导和控制的机构”[②]，将达特茅斯学院排除在外。同时，新罕布什尔州还从国会那里依据《西北土地法令》（*The Northwest Ordinance*）争取到了大学赠地，准备新建一所由州政府控制的“新罕布什尔大学”（University of New Hampshire）。

达特茅斯学院的入学人数在 19 世纪 20 年代相较于 19 世纪第一个 10 年几乎没有增长。惠勒当初捐赠了 1000 美元鼓励董事会通过法律途径维护权益，但是到联邦最高法院判决之后，董事会的总开支已经超过了 6000 美元，给学院带来的损失将近 9000 美元，学院的负债更是高达 17 000 美元。[③] 更重要的是，此前学院与政府的密切关系被彻底打破了，此后州政府刻意与学院保持距离。1822 年，董事会成员约翰 · M. 丘奇（John M. Church）表示：“我并不想把学院置于政府的控制之下……但是如果我们能够不断努力巩固与政府的关系并从政府那里获得资助的话，我觉得这很重要而且也可以达到。”[④] 1823 年，学院董事会的名单中出现了州长和其他州政府官员的名字。但是，1825 年，学院董事会努力推动的一份《关于修改达特茅斯学院章程并为之提供资助的议案》（*A Bill to Amend and Fund the Dartmouth College Charter*）未获州议会通过；1827 年，州政府组建“新罕布什尔大学”的计划失

---

① New Hampshire patriot & state gazette[N]. 1821-05-28(2).

② Library of Congress. Monthly check-list of state publications[M]//Laws of New Hampshire including public and private acts, resolves, votes, etc. Vol. 9. Concord: Evans Printing Co. ,1921:38.

③ RICHARDSON L B. History of Dartmouth College[M]. Vol. 2. Hanover: Dartmouth College Publications,1932:369-370.

④ WHITEHEAD J S. The separation of college and state: Columbia, Dartmouth, Harvard,and Yale,1776-1876[M]. New Heaven and London: Yale University Press,1973:79.

败后，把总额 50 000 美元的文化基金转而支持初、中等公立学校的发展；1828 年，学院董事会再次向州议会申请资助无果。正如时任校长的贝内特·泰勒（Bennett Tyler）所说："很多人还没有忘记原来的冲突……他们不想为学院做任何事情。"① 一直要到 19 世纪末，达特茅斯学院才受惠于《莫雷尔法案》（*The Morrill Act*）重新受到州政府的常规资助，这是当初学院董事会、丹尼尔·韦伯斯特和马歇尔都不曾预料到的。

五、回望：建国初期政府和学院关系的困惑

自殖民地时期以来的很长一段时间里，地方政府都依赖并支持当地的高等院校来满足公众的教育需求，而达特茅斯学院案所呈现的就是对这一传统的质疑：政府通过立法方式肆意干预学院管理是否合法。独立战争爆发后，州政府都希望借高等教育普及民众以启发民智和维护共和制度，但政府权力在高等教育领域的扩张引来了关于集权的批评；政府在将机构与公共利益紧密联系的时候必须考虑如何平衡公权力与个体自由，这是引发达特茅斯学院案的一个重要根源，也是达特茅斯学院案所反映的时代困惑。虽然最后的判决让达特茅斯学院和州政府的关系从最初的蜜月走向了很长一段时间的冷却，但是，"马歇尔大法官并没有终结学院和政府关系的延续。毫不奇怪的是，学院生活和公共生活中实事求是的人们在很长一段时间内都在寻求两者之间的一种平衡或者和解，而不是彻底分裂"②，最后的判决只能看作是"联邦最高法院对自殖民地时期以来一直到早期的国家主义时代关于建立

---

① WHITEHEAD J S. The separation of college and state: Columbia, Dartmouth, Harvard, and Yale, 1776-1876[M]. New Heaven and London: Yale University Press, 1973: 80.

② JOHNSON E L. The Dartmouth College Case: the neglected educational meaning [J]. Journal of the early Republic, 1983, 3(1): 45-67.

和控制学院的美国经验的一次评估”[①]，这次评估否定的不是政府对高等教育的干预权，而是新国家对自殖民地时期以来的传统政府和学院关系的延续。在传统关系中，政府、学院和教会是整合在一起的，学院中的冲突大多来自宗教观点、教派利益或政治原则的争执，冲突并没有使任何一方获益。而达特茅斯学院案毫无疑问地宣布时代已经不同了，这是一个新的共和法治社会，政府与学院的关系必须要在一个法律体系中被重新考虑，双方有特定的法律地位以及相应的权利和义务，哪怕是通过立法的途径也不能侵犯作为学院法人的自然权利，政府对学院的干预方式和手段必须调整。

从更大的范围来看，“达特茅斯学院案的判决发生在美国高等教育形成时期的文化和机构的激荡之中”[②]，它是从殖民地向新国家过渡时期社会和文化转型的一个缩影。经过独立战争的洗礼后，学院和政府的关系不再那么简单，政府矛盾于是否应该干预高等教育，一方面，殖民地时期的经验和独立革命“让美利坚国家认识到在一个教育系统中充分浸染民主原则的必要性”[③]，也要求政府应该承担起高等教育的职责；另一方面，这个新国家和它的民众都对政府权力保持着警觉，稍有越位的迹象就会招来关于集权、专制的批评。因此在建国初期的各州宪法中，只有马萨诸塞州和新罕布什尔州明确把发展高等教育视为自己的“职责”，其他州宪法只是规定政府对教育事业发展要起到一定的作用，可见州政府在与高等教育应建立何种联系方面仍然是困惑的，政府和学院之间的关系存在着一种张力，达特茅斯学院案就是一

---

① CAMPBELL B A. Dartmouth College as a civil liberties case: the formation of constitutional policy[J]. Kentucky law journal, 1982, 70(3): 643-706.

② JOHNSON E L. The Dartmouth College Case: the neglected educational meaning [J]. Journal of the early Republic, 1983, 3(1): 45-67.

③ HANSEN A O. Liberalism and American education in the eighteenth century[M]. New York: The MacMillan Company, 1926: 40-41.

个例证。尽管如此，“在互相激荡冲撞的理念中，它在全国范围内所引起的注意力和产生的重要性，以及对于政府与私立和公立高等教育的关系的影响上，达特茅斯学院案是一个或许还未得到充分探讨的重要转折点和美国教育史上的分水岭”①，在独立革命为美国创造了一套全新的政治体制和政治话语后，学院和政府的相处模式也需要创新，政府在高等教育中的权力行使以及政府与学院和大学的关系仍要在实践中不断摸索。

主要参考文献

[1] WHITEHEAD J S. The separation of college and state：Columbia，Dartmouth，Harvard，and Yale，1776-1876[M]. New Heaven and London：Yale University Press，1973.

[2] TEWKSBURY D G. The founding of American colleges and universities before the Civil War[M]. New York：Archon Books，1965.

[3] SMITH B P. The history of Dartmouth College[M]. Boston：Houghton，Osgood and Company，1878.

[4] STITES F N. Private interest & public gain：the Dartmouth College Case，1819 [M]. Amherst：The University of Massachusetts Press，1972.

[5] LORD J K. A history of Dartmouth College，1815-1909[M]. Concord：The Rumford Press，1913.

[6] RUDOLPH F. The American college and university：a history [M]. New York：Alfred A. Knopf，1962.

[7] HERBST J. From crisis to crisis：American college government，

① JOHNSON E L. The Dartmouth College Case：the neglected educational meaning [J]. Journal of the early Republic，1983，3(1)：45-67.

1636-1819[M]. Cambridge：Harvard University Press,1982.

[8] HOFSTADTER R,SMITH W. American higher education：a documentary history[G]. Chicago:The University of Chicago Press,1961.

[9] FARRAR T. Report of the case of the trustees of Dartmouth College against William H. Woodward[G]. Portsmouth:John W. Foster,1819.

[10] HANSEN A O. Liberalism and American education in the eighteenth century[M]. New York:The MacMillan Company,1926.

第二章　检验公立中学合法性的尺度
——查尔斯·斯图亚特等诉
卡拉马祖案第一学区案
（1874）

一直以来，公立中学在美国公共教育的发展中占据重要的一环。从殖民地时期以来，以本杰明·富兰克林（Benjamin Franklin）为代表的教育领军人物就在北美地区尝试建立了不同形式的中等教育机构；早期共和时期，具有美国现代中学特征的中等教育机构于1821年在波士顿建立，即美国第一所公立中学——英语古典学校（English Classical School）。从第一所公立中学建立至1918年全美教育协会（National Education Association）发布《中等教育基本原则》（*The Cardinal Principles of Secondary Education*），倡导推行六三三学制的近百年时间里，美国一直在探索界定公立中学的发展问题——中学的功能、中学的课程、中学的资助，等等。作为新英格兰地区的典型代表，马萨诸塞州最高法院早在其他判决中就表示过支持公共经费资助开办中等教育，但其影响更主要地体现在新英格兰地区公立中学地位的确立。本章所要探讨的密歇根州最高法院于1874年判决的查尔斯·斯图亚特等诉卡拉马祖案第一学区案（以下简称“卡拉马祖案”）则对中西部公立中学地位的确立产生了深远的影响。该案件的判决在美国公共教育发展历史上具有里程碑式的意义，不仅为中西部地区人们长期争论的中学资助职责问题画上了句号，标志着学区有权使用公共税收资助开办公立中学，还意味着公立中学获得合法地位，成为美国公共教育系统中的重要组成部分。

一、学校教育使用税收的限度：卡拉马祖案的缘起

随着第一次工业革命的开展推广，美国不断地在各个地区形成各具特色的经济发展模式：以纺织与制鞋等工厂发展模式为主的东北部，以烟草、棉花、大米等农业经济作物为支柱的南部，以农业、造船、船运为主要发展特色的中西部。经济发展的需求、移民的归化诉求等使得美国人的教育需求不断增加。18 世纪与 19 世纪之交，在美国乡村、城镇地区，学区学校制度得到推广和发展。随着学校教育的规范化，越来越多的学生注册入学，与当地社区紧密联系、由当地管理的学区学校在很大程度上满足了乡村地区对初等教育的需求。然而在城市地区，学校类型则较为繁多，独立付费学校、宗教开办的免费慈善学校、学徒制等均是人们获取教育的途径。19 世纪初，只有少数人将大众学校教育视为社会稳定的途径，不过在对抗贵族精英式教育的过程中，大众教育逐渐地广泛传播，成为主流的改革观点。① 随着 19 世纪 30 年代公立学校运动的兴起，美国的公共教育取得了极大的进展，公立初等学校教育像"空气"一样面向公众开展——美国中西部和东北部大多建立起全州性资助开办的公立学校②；南部开展的公立小学则主要面向贫穷的白人。一向推崇教育的美国人并没有止步于公立初等教育制度，随着社会的不断发展，公立中学的合法地位亦成为探讨公共教育界限的重要主题。

19 世纪四五十年代，密歇根州在全美公立学校运动的浪潮下也依

① KAESTLE C F. Pillars of the republic: common schools and American society, 1780-1860[M]. New York: Hill and Wang, 1983: 29-33.

② 公立学校主要指初等学校层次，亦有部分学校涵盖中学层次。

据1835年宪法第10条和1837年立法建立起公立学校制度。其公立学校制度的主要框架则由第一任督学约翰·皮尔斯（John D. Pierce）规划搭建，主要包含公立（初等）学校制度和公立高等教育——密歇根大学（University of Michigan）[①]。1837年3月，密歇根大学初次获得该州立法批准，并有权成立具有中等教育性质的大学分支机构，以衔接公立初等学校和大学。密歇根州从一定程度上形成了一贯的公共教育体系。至1847年时，位于怀特皮金、罗密欧、蒂卡姆西、卡拉马祖的4个分支机构共有287名学生入读，其中有126名是女性。然而由于财政紧缩，密歇根大学董事会于1848年召开会议指出不再对这些分支机构进行拨款或建立新的分支机构，导致密歇根大学分支机构被迫关闭。这虽然在一定程度上导致了密歇根州公共教育制度的割裂，但反过来又在一定程度上促进了文实学校和神学院的发展。[②] 19世纪五六十年代，人们对中等教育应成为州公立学校制度的一部分还是由私人独立开办并没有达成一致意见。虽然弗朗西斯·谢尔曼（Francis W. Shearman）督学曾试图建议密歇根州继续回归开办大学分支机构或建立公立中学，艾拉·梅休（Ira Mayhew）督学也建议把不同类型的文实学校和神学院纳入州教育资助范围，从而为培养学生进入大学做准备，但这均未被立法机关采纳；文实学校和神学院等私立中等学校也在不断地停办解散。西进运动中创办学院的热情，以及新时期人们对更高层次教育的诉求，与现实中运行的中等教育机构形成极大的反差。与此同时，于密歇根州乡村地区建立起来的联合学校不断开办公立中学，开始引起人们广泛的关注，并不断地增长。早在1847—1848年，

---

① 密歇根大学的前身为1817年于底特律创建的学术大统殿（Catholepistemiad或称University of Michigania），于1837年密歇根州成立之年迁至安娜堡，称为密歇根大学。

② Michigan Department of Public Instruction. Annual report of superintendent of public instruction of the state of Michigan for the year 1880[R]. Lansing: W. S. George & CO., State Printers and Binders, 1881: 335-341.

梅休就在年度报告中指出联合学校具有重大意义，“作为连接公立初等学校和州立大学的纽带，联合学校很快地吸引人们的注意并获得认可。甚至有的学校已经获得与传统各州的学术性学校机构同等的地位”①。谢尔曼在 1852 年也指出，这类学校不仅可以促使公立初等学校更有效地开展，同时还可以比先前的大学分支机构更好地辅助其发展，以最令人满意的方式向大学提供新生候选人。② 只不过，这类公立学校使用公共税收的事实却引起大量的反对，关于公立中学的资助问题也并未有定论。也正是在这样的背景下，关于公立中学合法性地位的卡拉马祖案的导火索——卡拉马祖③联合学校的中学部于 1858 年落成并正式开学。

早在 1833 年 9 月 1 日，卡拉马祖县成立卡拉马祖第一学区时，它还是美国这片年轻土地上的无名之地，随后几十年在教育上的发展也和其他地区并无二致。作为初等学校学区，由 21 岁及以上的白人男性选出学区官员。卡拉马祖村（时称“布朗森村”）是卡拉马祖县首府所在地，第一学区涵盖卡拉马祖村在内的几个地区。1833—1848 年，由于人口增长以及对教育需求的变化，卡拉马祖第一学区先后扩展为 4

---

① Michigan Department of Public Instruction. Eleventh report of the superintendent of public instruction for the year 1847[R]. Lansing: Michigan State Printers, 1848: 101-107; Michigan Department of Public Instruction. Twelfth report of the superintendent of public instruction for the year 1848[R]. Lansing: Michigan State Printers, 1849: 28-29.

② Michigan Department of Public Instruction. Eleventh report of the superintendent of public instruction for the year 1852[R]. Lansing: Michigan State Printers, 1853: 18.

③ 卡拉马祖最早以其第一个外来定居者泰特斯·布朗森（Titus Bronson）的名字命名——布朗森于 1829 年购买一片土地，并于 1831 年 3 月登记为布朗森村（Village of Bronson），成为县政府所在地。1836 年，布朗森村更名为卡拉马祖（阿尔冈昆部落语）。1840 年波塔瓦托米人（Pottawatomie）被迫搬迁后，卡拉马祖的人口组成发生重大变化，开始以纽约人、新英格兰人占主导。Kalamazoo City Offices. About Kalamazoo[EB/OL]. [2023-06-29]. https://www.kalamazoocity.org/Community/About-Kalamazoo; SAMUEL W D. History of Kalamazoo County, Michigan[M]. Philadelphia: Everts & Abbott, 1880: 101.

个学区：第一学区、第二学区（1837 年，后更名为第八学区）、第十一学区（1846 年）和第十二学区（1848 年）。在此期间，每个学区相互独立，拥有独立的官员、校舍、教师，互不干涉。不过，这 4 个学区于 1851 年 10 月 23 日整合合并，并再次定名为第一学区。卡拉马祖第一学区的发展变化也从一个侧面反映出美国学区学校建立、拓展与合并过程。完成合并后，学区人口总数大增，为分级学校以及中学的开办奠定了基础。

合并后的第一学区负责人由纳撒尼尔·巴奇（Nathaniel A. Batch）出任。他上任后开始均衡原先各个学区的教育发展，使得整个学区的教育发展趋于一致。至 1853 年 10 月德怀特·梅（Dwight May，任职至 1856 年 6 月）接任负责人时，卡拉马祖第一学区的学龄儿童已达到 925 名，但校舍条件还停留在合并前各个学区的单室学校的水平。梅上任后率先租下浸信会老教堂，将其分成两间教室——成为卡拉马祖学区的首个分级学校，且在其任职的近三年时间里，卡拉马祖第一学区是否应该建立联合学校这一议题频频被提及、讨论。早在 1847 年 6 月召集的监事会会议上，这一议题就曾商讨过，但在次年的年会上又被推翻而不了了之。时隔 6 年，1853 年秋，卡拉马祖第一学区是否应该建立联合学校的动议再次被提起，并多次在公共会议上讨论、投票，后又撤回。其中关于联合学校的一个主要争议就是选址问题，意见的分歧导致监事会迟迟未能达成三分之二的投票比例。

1855 年，立法机构更新立法，赋予学区董事会成员在选民未达成一致意见的条件下具有选址的权力。这使得联合学校问题得到了转机。1857 年初，在选民仍未能就联合学校校址达成一致意见的情况下，卡拉马祖学区监事会决定使用 6500 美元购买 5 英亩土地，并于当年 6 月动工。次年 12 月 6 日，联合学校完工，中学部于学校的第三层开学，即卡拉马祖联合中学（Kalamazoo Union High School），后改为卡拉马祖中央中学（Kalamazoo Central High School）。1859 年 1 月 27 日，联合学校的整栋建筑投入使用、完全开放，共耗资4.5万美元。此时的卡拉马祖第一学区负责人称谓已于1856年更换为“学监”(superintendent of schools)，丹尼尔·帕特南（Daniel Putnam）接替弗兰克·李特尔（Frank Little），负责第一学区事务。①

1858年7月14日，任职一年后的帕特南向学区监事会提交了关于学校组织、分级的详细报告，建议把联合学校划分成4个部门：初等学校、中间学校、文法学校和中学，并于16日采纳通过。随后，密歇根州立法机关又先后通过了几项公立学校立法，从一定程度上规范了联合中学的发展。1859年2月12日，立法机关以专项法的形式对卡拉马祖第一学区进行了如下规定：第一，学区学校的管理由乡村董事会转交至6人组成的教育董事会。第二，教育董事会有权对学校进行分级，依据需要规定学习科目和教材。第三，学区选民有权通过征税来获得足够的收入，资助学校免费向当地居民孩子教授英语相关科目。1859年2月14日，密歇根州州长摩西·威斯纳（Moses Wisner）签署通过一项普通法，即“一项建立分级学校和中学的立法”，对密歇根州的公立教育发展进行了规范。该法第1条规定：任何具有100个5—20岁学龄儿童的学区可以选举成立一个6人组成的学区教育董事会，经由三分之二参加年度会议的市民投票通过即可。第3条规定：董事会的6位理事有权对该区的学生进行划分、分级，令学生就读于他们认为有利的学校或部门；经由该区年度会议投票通过后，董事会有权建立一所中学，并决定入读该校的资格条件，以及支付的学费数额；董事会有权雇佣教师；董事会有权规定所学科目及使用教材，并制定有效管理学校、保护该区财产的规则规定；董事会有权决定非本学区居民子女就

---

① Kalamazoo Board of Education. “Narrative history of the public schools of Kalamazoo”, in triennial exhibit of the public schools of Kalamazoo, for the years 1874-5; 75-6; 76-7, containing a history of the schools, report of the superintendent, revised courses of study, laws of organization, and rules and regulations[M]. United States: Board of Education, 1877: 3-6.

学应支付的学费数额。[1] 可以说，这项普通法在很大程度上促进密歇根州各个学区竞相开办中学部，以补充发展各区的学校教育，为公立中学的发展奠定了良好的基础。但质疑使用公共税收开办中学的合法性、合宪性亦使得这项法律成为那些公立中学反对者的攻击对象。一旦它是违法的，那么这些公立学校的地位则是无依据的，则要面临解散的危险。

1861 年，密歇根州立法机关再次以专项法的形式规范卡拉马祖第一学区的学校发展，在很大程度上与 1859 年的两项法案一并为以卡拉马祖联合中学为代表的公立中学发展提供了法律依据。公正地说，相较于当时以开办免费初等学校为主的美国大部分地区而言，卡拉马祖联合学校使用公共资金开办中学的尝试不可不谓是一大创举；相较于当时普遍教授基础性读、写、算科目的公立学校而言，联合中学所教授的拉丁语、法语、希腊语、德语、高级数学、自然哲学和化学等科目亦是被众人视为超出公立学校职责范围的。虽然说关于中学资助等多个问题的争论仍在持续，但以卡拉马祖联合学校为代表的公立中学还是得以相安无事地开办了下来，直至 1873 年被诉讼至卡拉马祖第九巡回上诉法院。

1873 年 1 月，以查尔斯·斯图亚特（Charles E. Stuart）、西奥多·谢尔顿（Theodore P. Sheldon）和亨利·布利斯（Henry Brees）为代表的地方名士将卡拉马祖第一学区董事会上告至位于卡拉马祖的第九巡回上诉法院，对董事会使用税收资助开办中学的权力进行质疑，这就是卡拉马祖案。斯图亚特等人主要质疑如下几个方面：第一，中学的合法性地位。1850 年宪法等法律并未规定使用税收资助开办初等

---

① DEWEY J S. The compiled laws of the state of Michigan: compiled and arranged under an act of the legislature, approved January 25, 1871[M]. Lansing, Mich: W. S. George & Co., State Printers and Binders, 1872: 1228-1229.

学校以上的教育；1872 年学区划拨 18 310 美元用于中学是不合法的。中学教授的内容不属于基本教育范畴，开办中学所需资金应由那些就读的人出资，而非使用纳税人的税金。第二，中学教授拉丁语、希腊语、德语、化学等科目的合法性。法律只规定教授与英语相关的初等科目。第三，“一项建立分级学校和中学的立法”的合宪性。即便是合宪的，它也不能运用到卡拉马祖第一学区，因为联合中学的开办并不是建立在纳税人投票通过的基础上的。第四，卡拉马祖教育董事会没有合法的权力去雇佣一名学监。

作为当地的著名人士，斯图亚特等人在当地的知名度将卡拉马祖案推至舆论的顶端。斯图亚特在 19 世纪 50 年代的美国政坛具有广泛的影响力，他于 1835 年从纽约搬至密歇根后，定居卡拉马祖，先后在律师行业、立法机构、美国国会等任职；谢尔顿也是卡拉马祖地区的早期定居者，于 1834 年从美国土地办公室卸任后搬至当时还被称为布朗森村的卡拉马祖；布利斯与谢尔顿一样，同为银行家，同在卡拉马祖坐拥大量的房产、土地。由他们三人作为原告的卡拉马祖案件引起了本州及州外人的普遍关注，为一直未有定论的是否税收资助开办中学这一问题提供了以法律的形式进行合理解决的契机。19 世纪 30 年代以来公立学校运动中确立的公共税收资助开办初等学校的模式是否可以运用到中学层次，从而建立起小学—中学—大学的“公立学校系统”的争论一直没有定论。早在 1819 年、1846 年，马萨诸塞州最高法院就先后在判决中表示支持公共经费资助开办中等教育，但它主要是在一定程度上解决了新英格兰地区关于公立中学的资助开办问题，使得该地区后来鲜见相关的案件诉讼。① 而在中西部地区，关于公共税收资助开办中学的争论却持续不断，因此以卡拉马祖案为代表的公立中学案

---

① BURRELL B J, ECKELBERRY R H. The high-school question before the courts in the Post-Civil-War period[J]. The school review, 1934, 42(4): 255-256.

件则具有里程碑式的意义，它的判决不仅事关卡拉马祖联合中学的存废，更关系到公立中学的合法性地位的问题。

二、基于教育立法史与现实的判决：卡拉马祖案的审理

从 1873 年 1 月上诉至 1874 年 2 月宣判期间，卡拉马祖联合中学不仅没有停办，1873—1874 学年注册入学的学生数量保持稳定，达到 109 人（36 名男生，73 名女生）。[①] 1874 年 1 月 31 日，在巡回法院宣判卡拉马祖案前夕，《卡拉马祖日讯报》（*Kalamazoo Daily Telegraph*）以“中学教育税案”（The High School Tax Case）为题对该案的审理进展进行了较为详细的报道总结，涉及案件原告和被告的陈词、辩解，以及查尔斯·布朗（Charles R. Brown）等法官的态度。[②]

《卡拉马祖日讯报》首先指出案件的由来，斯图亚特等原告将联合学区诉诸法庭的目的是阻止学区非法征税，质疑学区董事会聘用学监和使用税收开办中学的行为。原告辩词具体如下：第一，1850 年州宪法规定卡拉马祖学区董事会无偿执行一定的任务，因此董事会聘用的学监不应使用学区纳税人的税金来支付其报酬。第二，法律规定可以开办初等学校（包括分级学校）和中学这两类学校，但只有在学区的孩子达到一定数量且投票通过的条件下才能建立中学。第三，宪法（第 3 章第 4 条）、1859 年普通法以及卡拉马祖村章程仅授权董事会在年度会议投票通过的条件下，规定使用英语教授、收取学费，但卡拉马祖学区在未投票的条件下建立中学并教授非英语方面的科目。因此，原告总结得出，法律仅仅明确规定开办初等学校教育；即便是在建立

---

① Michigan Department of Public Instruction. Thirty-eighth annual report of superintendent of public instruction of the state of Michigan for the year 1874[R]. Ann Arbor: University of Michigan, 1875: 294.

② The high school tax case [N]. Kalamazoo daily telegraph, 1874-01-31 (1).

中学上可以妥协让步，但它的额外支出应该由学费冲抵而非税收。

对于原告的控诉，学区董事会的辩护指出：第一，关于聘用学监，1850年州宪法赋予董事会聘用人事的权力，以及支付所有费用的权力，那么聘用的权力自然包括支付所聘人员薪资的权力。即便后来关于这项聘用权力的规定被删除，但1859年和1861年的法律规定所有普通法和专项法都适用于学区，所以董事会的权力并未受到影响。第二，虽然卡拉马祖第一学区没有中学，但其章程赋予学区董事会将学校分级，并规定教授任何其认为合适的科目的权力；对学校进行分级、建立中学只是为了更加便于安排大量入学的孩子；密歇根州没有法律规定应在学校教授何种科目，也未规定应该教授从字母到专业知识（除神学外）之间的哪些内容。因此，卡拉马祖第一学区董事会对学校进行了分级，并在中学教授高级知识科目，毕业生可以在免试的条件下进入大学，是完全符合规定的。该中学自然也是可以使用税收资助开办的，且学区董事会没有征收学费的权力，因此学校必须由税收资助。第三，组建中学一事不应该通过当前这种途径受到抨击，而是应该由首席检察官来责问其“依据”①。最后，董事会引用詹姆斯·坎贝尔（James V. Campbell）法官于1871年安娜堡的演说总结道，中学可以弥合初等学校和大学之间的鸿沟，可以成为密歇根学制的一部分，它不仅可以为大学注入活力，还具有实际效用。双方各执己见，巡回法院不得不在庭审最后宣布推迟判决。

《卡拉马祖日讯报》的这篇报道刊登后不久便被《密歇根阿格斯新闻报》（*Michigan Argus*）于1874年2月6日以卡拉马祖案为题名进行了全文转载。② 1874年2月9日，正在人们翘首以盼案件审理结果时，布朗法官宣布了巡回法院对卡拉马祖案的判决：驳回原告的诉讼。判

① 原文使用的quo warranto，指的是（旧时英国法庭）责问某人根据什么行使职权（或享受特权）的令状。

② The Kalamazoo school case[N]. Michigan Argus, 1874-02-06.

决理由如下：第一，卡拉马祖第一学区的公立学校是一个分级学校，设有一个中学部；并没有在分级学校之外建立起独立的公立中学。第二，1850 年立法机关通过的专项法赋予卡拉马祖第一学区不同于所在行政区域其他学区的特殊权力——它由董事会全权管理，董事会有权划分或合并学区，并有权雇佣下属职员来行使权力和履行义务。第三，1855 年，卡拉马祖第一学区的选民投票通过购买一处联合学校校址的决议；1856 年通过建址决定；1858 年建成联合学校校址并投入使用。第四，1859 年专项法规定成立由 6 人组成的教育董事会，负责管理联合学校。第五，卡拉马祖第一学区主要开办了中学、文法学校、中间学校、初等学校、有色人种学校等学校类型。这些学校免费向当地居民子女开放，非本地居民则需要交纳一定的学费。基于上述事实，布朗法官指出，1848 年、1859 年、1861 年通过的专项法和普通法都赋予卡拉马祖教育董事会使用税收资金建立中学、聘用学监的权力；学区征税等问题也都符合 1850 年州宪法的规定。最后，他总结指出，“鉴于此案涉及公众利益，且该案的真正目的是建立公立学校的合法地位，那么双方都不会判处诉讼费”①。不论斯图亚特等生活优渥的地方名士是出于布朗法官所述的公共利益——检验学区董事会使用税收开办中学的合法性，还是因为他们不满于其纳税资金的不当使用，认为公立初等学校已经足以达到大众需求，卡拉马祖案自其诉讼之日起就已带有关乎公共事务的普遍性意义。

败诉后的斯图亚特等人遂将案件上诉至密歇根州最高法院，要求法院就公众征税以资助开办的中学，以及教授英语等语言科目的问题进行司法判决。然而，1874 年 7 月 21 日，经过长达 5 个月的审理和 7 月 10 日、7 月 15 日连续听证后，密歇根州最高法院一致通过维持巡回

---

① Michigan Department of Public Instruction. Thirty-seventh annual report of superintendent of public instruction of the state of Michigan: with accompanying documents, for the year 1873[R]. Lansing: W. S. George & CO., State Printers and Binders, 1874: 406-407.

法院判决的决议，支持卡拉马祖联合中学使用公共税收开办运行。密歇根州最高法院判决由该州著名的法理学家托马斯·库利（Thomas M. Cooley）法官执笔撰写。

密歇根州最高法院在卡拉马祖案判决书正文之前对案件做如下总结：第一，维持联合中学学区的学校权威部门向大众征税资助开办中学，并向说英语之外语言的孩子开展免费教学的权力。第二，一个连续13年有权根据规定组建法人团体（corporation）的学区却不能规范自身发展及享有其行动依据的法律所赋予的权力，已经在随后的私人诉讼中遭到了质疑。第三，有鉴于该案件中受到质疑的并非是学区这个组织，而是学区建立中学并征税的权力，限制法令（statute of limitations）① 从严格意义上来说是适用于该案件的。第四，该组织由该区宣称为一个联合学区，其法人权力的行使人对该组织的设想必须与其表示的一致；无论两年法定期间的默许能否推导出它是正规组织，但13年的默许则自然可以。第五，通过回顾并思量从1817年至现行宪法的颁布期间密歇根州关于教育方面的政策，以及在建州前的领土政策，得出结论——只要该区的投票人通过常规形式同意承担费用并纳税，州政策、州宪法和法律等都未限制过初等学校学区所授知识或教育教学的级别层次，或阻止学校里教授古典语言或现代语言。第六，联合学区聘任学监是学区董事会自身附带的权力。第七，本案中原告要求制止学区征收其1872年学校教育税用于资助中学和支付学监工资的诉讼，予以驳回。②

在判决书正文中，密歇根州最高法院主要分析了卡拉马祖案件的

---

① 限制法令指的是由立法机关在普通法系统下通过的法律，用以设定一个事件发生后可以启动法定程序的最长时限。简单地说，是指进行诉讼的期限。

② POST H. Report of cases determined in the supreme court of Michigan, July 14, 1874-January 6, 1875[R]. Detroit: Richmond, Backus & CO., Printers and Binders, 1883: 69-70.

地位、意义，以及其做出判决的法律依据。[①] 密歇根州最高法院指出，本案意在制止征收原告 1872 年用于资助中学和支付学监工资的学校教育税，但却具有更为普遍、广泛的意义，即通过司法途径裁定学区的权力限度——此案中的联合学区是否有权向大众征税资助开办中学，或开展英语相关学科之外的教学。

密歇根州最高法院基于本州的教育立法发展历程做出了分析和判决。其中，作为最早关于国土的法令，1787 年《西北土地法令》规定"应该永远鼓励开展学校教育及其他形式的教育"。1817 年 8 月 26 日密歇根领地通过"建立学术大统殿或密歇根尼亚大学"的相关法令，赋予大学教学董事会、以"规范该机构的发展，制定相关规定"的权力，规定大学"在符合美国、密歇根的立法的条件下，建立学院、文实学校、中小学、图书馆、博物馆、文艺馆、植物园、实验室等具有实际效用的文化科学机构"。为了资助大学的开办运行，密歇根将当时的公共税收提高了 15%。该法令还希望日后继续制定相关法律，将其"整个教育制度"（whole educational system）都交由有学识的人管理，意在从总体上建立一个自由教育制度，由公共出资资助，以全民的利益为目的。该法令于 1821 年废除，取而代之的是"建立一所大学"的法令，密歇根尼亚大学的权力也旋即缩小，仅被赋予"建立依附于该大学的学院、文实学校和中小学"的权力。不过，这些学校、分支机构在公立中学建立前起到了很大的衔接作用，弥补了初等学校和大学的鸿沟。[②]

① POST H. Report of cases determined in the supreme court of Michigan, July 14, 1874-January 6, 1875[R]. Detroit: Richmond, Backus & CO., Printers and Binders, 1883: 70-84.

② POST H. Report of cases determined in the supreme court of Michigan, July 14, 1874-January 6, 1875[R]. Detroit: Richmond, Backus & CO., Printers and Binders, 1883: 75-76.

1827 年 4 月 12 日，密歇根地区立法会制定颁布了第一个关于建立公共学校的立法。作为密歇根地区的第一个公共教育立法，它标志着开办教育由个体职责转变为大众共同承担之责。该法对不同大小乡镇应建立的学校类型进行了明确地规定：第一，每个居住 50 户及以上家庭的乡镇都应该配备一位品行良好的教师，每年有 6 个月的时间用来教孩子们读、写，并指导孩子们学习英语或法语、算术、正确拼写。第二，每个居住 100 户家庭的乡镇，应在每所学校配备一位上述教师，常年在校。第三，每个具有 150 户及以上家庭的乡镇，每年应配备 6 个月在职的上述教师，另外配备一位常年在职的、符合上述标准的教师来教授英语。第四，每个居住 200 户及以上家庭的乡镇，应配备一位品行良好的文法教师，精通拉丁语、法语和英语，同时配备一位上述教师教授英语，各自的任期均为每所学校每年 12 个月。若执行不力，该乡镇则受到重罚。这项普通法同时规定了初等学校教育和文法学校的开办，文法学校意味着可以教授古典学科和一些低年级不常教授的高级学科知识。因此，州最高法院推论指出，原告认为“立法中所用公立学校或初等学校一词具有确切意义，普通学区仅限于开设此类学校；立法权力部门征税资助开办初等学校，不能开办教授更高层次知识的学校”① 是说不通的。虽然该法于 1833 年废除，新法也未明确地规定建立中等学校，只是规定学校负责人每年至少开设 3 个月的学校，但它并没有限定负责人的权力。

在代理地方长官史蒂文斯·梅森（Stevens T. Mason）授权下，密歇根地区于 1835 年颁布宪法并组建州政府（1837 年正式加入美国）。其中在教育方面，1835 年宪法规定立法机构运用所有合理方式和途径去提升智识、科学、农业的发展，并对平民学校、大学的开办进行了

① POST H. Report of cases determined in the supreme court of Michigan, July 14, 1874-January 6, 1875[R]. Detroit: Richmond, Backus & CO., Printers and Binders, 1883: 78.

相应的规定。宪法规定，考虑州颁布立法规定建立“完善的教育系统”（complete system of instruction），起于初等学校，止于大学；立法机关应立法规定资助学区学校每年开展至少 3 个月的教育。州最高法院发现并指出，1835 年宪法并没有限制其建立中间学校的权力，也没有规定学校年级设置或所教授的知识层次。宪法生效后，州长就敦促立法机构有责任保障全州的知识传播，最佳途径是建立一个完善的、统一自由的公立学校制度。因此，密歇根州教育机构就致力于建立完善的学校制度，向所有阶层开放，作为大众社会幸福繁荣最为坚固的基石。随后，州长还建议给予教授充分的报酬，从而使最为高尚的道德和智识得到保障；督促对小学生开展道德、科学、政体等方面的基本原理教学，不断地提升进入学区中等学校，直到进入大学。虽然州长没有做出具体的方案计划，但他推荐由大学在全州开设分支机构，作为预备学校和学区学校。虽然立法机构没有全权接受皮尔斯建议，但其设想奠定了后来学制的发展基础。

1850 年，密歇根州召开了修宪会议（Constitutional Convention of 1850），其中关于免费学校（free school）用英语教授的建议，误导了人们认为学校只能教授英语，而非其他语言。这在当时就遭到了查尔斯·惠普尔（Charles W. Whipple）首席法官、皮尔斯督学等人的反对，最终通过的宪法规定了每个学区的免费学校每年至少开设 3 个月，规定资助建立大学。密歇根州最高法院通过上述规定和资助的学校类型总结得出，该州的人民是希望接受大学教育的。然而，这种愿景与现实形成极大的反差，由于大学分支机构、预备部门未在规定开设的范围之内，青少年只有通过公立学校、出国或私立学校这几种途径来为上大学做准备。在当时鲜有以大学预备为目的私立学校、出国读书成本昂贵的条件下，不难推断出人们希望在原有学区的公立初等学校的基础上建立中学。这可以从 1850 年及其随后的几年里密歇根州建立起大量的联合学校上得到印证。

最后，密歇根州最高法院一致同意巡回法院的判决。法官们总结指出，从1817年起直到现行宪法通过生效，该州关于免费学校的总体方针是尽力为所有儿童提供教育，同时为那些愿意接受古典教育的儿童提供相应的选择。虽然以上事实或许并不能充分且令人信服地证明全州性政策的建立，但我们可以进一步深入探讨这一主题，并通过后续的立法例证其与该政策的一致性，尽管这需要大量的时间和精力。我们非常高兴地发现，州政策、州宪法和法律并未对初等学校学区所提供的知识和教学层次进行限制，只要学区选民经常投票同意并愿意承担相关费用，并为此目的征税。因此，密歇根州最高法院认为不应再浪费时间反对学区拥有权力任命学监，对于学监的工作应由学区董事会来执行。任命学监是学区董事会管理学校内在的权力，且立法机构已经明智地允许学区董事会及其人民根据自己的判断来开展教育事业。

三、公立学校的拓展与民主教育的反思：卡拉马祖案的影响意义

帕特南指出，密歇根州公立学校制度在卡拉马祖案判决中获得合法地位后，中学得到了迅速的发展：1857年，联合中学开办前一年，密歇根州仅有7所中学；1860年时，中学数量增至45所；1870年，卡拉马祖案判决前4年，中学数量为107所；1880年，中学数量增到182所；1890年，中学数量达到278所；至1900年时，中学数量增至389所。[①] 由于统计方式不同，上述数据与密歇根州督学年度报告、美国教育专员年度报告的数据有一定的出入，但它们所反映出的密歇根州在

① PUTNAM D. The development of primary and secondary public education in Michigan, a historical sketch[M]. Ann Arbor: George Wahr Punlisher and Bookseller, 1904: 93-94.

中学发展的总体趋势是一致的。

密歇根州督学年度报告显示，1859—1860 学年报告明确指出该州的联合学校就是该州的中学，当年联合学校与分级学校的总数是 94 所。① 1869—1870 学年时，分级学校则增长至 246 所，具有分级学校的学区 236 个。② 至 1879—1880 学年，分级学校和中学数量又增长至 389 所，与分级学校的学区数量相同。③ 虽然督学年度报告未将公立中学进行独立统计，但我们仍可以由此窥见密歇根州在中学事业上发展的步伐。随着公立中学合法地位的稳固，密歇根州在 1889—1890 学年，已建立起 41 所公立中学，7450 名学生注册入读，公立中学数量居全美第 7 位（见表 1）。

表 1 公立中学数量及注册学生数统计（全美及数量居前的 7 州）④

1889—1890 学年	全美	宾夕法尼亚州	纽约州	俄亥俄州	马萨诸塞州	伊利诺伊州	印第安纳州	密歇根州
中学数（所）	865	88	74	73	69	58	42	41
学生数（名）	134943	12363	17859	12091	15567	9922	5490	7450

① Michigan Department of Public Instruction. Twenty-fourth annual report of the superintendent of public instruction, for the year 1960[R]. Lansing: W. S. George & CO., State Printers and Binders, 1961: 9.

② Michigan Department of Public Instruction. Thirty-fourth annual report of the superintendent of public instruction of the State of Michigan with accompanying documents for the year 1870[M]. London: Forgotten Books, 1870: 182-185.

③ Michigan Department of Public Instruction. Forty-fourth annual report of the superintendent of public instruction of the State of Michigan with accompanying documents for the year 1880[M]. London: Forgotten Books, 1881: 33, 158-159.

④ United States Bureau of Education. Annual report of the Commissioner of Education for the year 1889-1890[R]. Vol. 2. Washington, D. C.: Government Printing Office, 1891: 615.

至1899—1900学年，密歇根州的公立中学数量增至294所，位居全美第7位，前6个州分别是：俄亥俄州（678所）、印第安纳州（382所）、纽约州（378所）、宾夕法尼亚州（377所）、伊利诺伊州（344所）与艾奥瓦州（344所）；密歇根州入读公立中学的学生数量也增至28 811名，位居纽约州（62 366名）、俄亥俄州（45 712名）、伊利诺伊州（37 446名）、马萨诸塞州（35 944名）、宾夕法尼亚州（32 387名）、艾奥瓦州（29 022名）之后。①

在密歇根州最高法院宣布卡拉马祖案判决后，同一时期的多个州最高法院都在关于公立中学的合法性地位的案件审理上，或引用卡拉马祖案判决，或与其立场一致。在《美国文摘》（*The American Digest*）上列举的1865—1893年9个涉及公立中学合法性地位的案件中，除了伊利诺伊州1875年的一个判决外，伊利诺伊州最高法院（1879年、1881年判决）、密西西比州最高法院（1879年判决）、马里兰州最高法院（1879年判决）、密苏里州最高法院（1883年判决）、肯塔基州最高法院（1887年判决）、堪萨斯州最高法院（1890年、1893年判决）所审理判决的结果均与卡拉马祖案判决立场一致，部分案件的判决还引用了卡拉马祖案判决。②

卡拉马祖案判决之所以相较于同时代的同类案件地位突出，成为同一时期多个州最高法院受理判决公立中学合法性案件时参考或援引的对象，不仅与该案的严密推理及使用的严谨话语有关，还与审理这一案件的库利等几位知名法官有很大的关系。时任密歇根最高法院法官的坎贝尔、伊萨卡·克里斯提安（Isaac P. Christiancy）、本杰明·格

① United States Bureau of Education. Annual report of the Commissioner of Education for the year 1899-1900[R]. Vol. 2. Washington, D. C.: Government Printing Office, 1901: 2129.

② BURRELL B J, ECKELBERRY R H. The high-school question before the courts in the Post-Civil-War period[J]. The school review, 1934, 42(4): 255-265.

雷福斯（Benjamin F. Graves）以及库利被人们并誉为"密歇根最高法院四大法官"，在该州的司法形成期起到了重要作用。虽然不能断言中学的迅速发展和上述各州案件的判决都必然受到卡拉马祖案判决的影响，但至少可以说明在这一时期，以卡拉马祖案的判决为标志，人们逐渐达成共识，认为公共税收资助开办中学是合理的。

虽然是"很难对卡拉马祖案的真正影响力做出确定性的评价"①，但学者们常常冠之以诸如"确立公共出资开办中学的合法性""公立中学发展的里程碑""为其他州开办公共税收资助的中学提供了先例依据"等美名。美国著名教育历史学家埃尔伍德·帕特森·克伯莱（Ellwood Patterson Cubberley）对卡拉马祖案进行了中肯的评价，认为它几乎影响了密西西比河上游河谷的所有州，不止一个州的最高法院依据卡拉马祖案的判决来做出支持开办公立中学的判决。因此，该判决可以与马萨诸塞州1827年颁布的关于公立中学立法的《马萨诸塞州教导青少年法》（*Law of the Commonwealth of Massachusetts Providing for the Instruction of Youth*）相媲美，都在美国公立中学的发展历史上具有里程碑意义。②

从公立学校出现在公众视野以来，教育的资助一直是一个充满争议的问题。约翰·孔斯（John Coons）等人曾明确地指出，19世纪公立学校运动的真正问题所在就是资助问题，即税收。关于它的广泛辩论就涉及：学校是否可以作为政府的一个职能？要求那些不同意且不入读公立学校的纳税人资助开办学校是否道德、正当、民主、合宪？③

---

① STARRING C R, KNAUSS J O. The Michigan search for educational standards [M]. Lansing: Michigan Historical Commission, 1969: 42.

② CUBBERLEY E P. Public education in the United States: a study and interpretation of American educational history[M]. Boston: Houghton Mifflin Company, 1947: 263-264.

③ COONS J E, CLUNE W H, III, SUGARMAN S D. Private wealth and public education[M]. Cambridge Mass: Belknap Press of Harvard University Press, 1970: 46-47.

克伯莱也运用了大量的史料证明早期共和时期各州、地区逐渐建立起税收资助的发展模式在创办公立学校过程中的重要性。[①] 同样地，以卡拉马祖为代表将中学纳入税收资助范围的尝试，亦遭到了质疑。哈洛·昂格尔（Harlow G. Unger）指出，密歇根地区人们一直关心却没有定论的中学开办问题，至卡拉马祖案时达到高潮。[②] 税收作为公立中学斗争的一个核心的因素，斯图亚特等人的上诉，不仅是在行使自己的作为纳税人的职权，更是推动人们去检视税收的尺度。

密歇根州最高法院通过追溯不同时期关于教育立法、规定的历史过程推论得出，使用税收建立中学具有合法性。作为此案判决的主笔人，库利法官曾就法律、政府以及政治、经济问题做过多次演讲，在其经典著作《税法论》（*A Treatise on the Law of Taxation*）中，他更是从征税权、征税的限制、立法机关征税权的限度、征税的目的等税收的基本原则出发，为使用税收资助学校提供了依据。库利指出，征税权是一个主权国家的内在附属的权力，且与其他附属方面具有相同的限度。政府主权在审慎考虑后所拓展涉及的全部领域，都是征税的合法范围。从本质上来说，征税权并没有限制，防止滥用征税权的唯一途径就是诉求立法机关，立法机关负责向纳税的选区征税。只要立法机关在征税时能维持在立法权威限度内，司法部门不能革除沉重的税收。[③] 这就意味着，除非受到宪法的限制，立法机关是有权授予学区征税资助开办公立学校的。

自建国以来，美国便在以贺拉斯·曼（Horace Mann）为代表的公

---

① CUBBERLEY E P. Public education in the United States：a study and interpretation of American educational history[M]. Boston：Houghton Mifflin Company，1947：82-119.

② UNGER H G. Encyclopedia of American education[M]. 3rd ed. Vol. 2. New York：Facts on file，Inc. ，2007：705.

③ COOLEY T M. A Treatise on the law of taxation，including the law of local assessments[M]. Chicago：Callaghan and Company，1876：3-4.

立学校倡导者的领导下，基于“合众为一”和新教共和价值理念，推动建立公立学校，希冀向所有的孩子提供共同的教育。以密歇根州卡拉马祖案判决为代表的公立中学案从法理上为公立中学获得税收资助提供了依据，使公立中学成为一贯的公共教育系统的重要组成部分，面向其所在地区的孩子开放。这对于那些逐渐意识到接受中学教育与个人经济前景关系密切的普通民众来说，无疑是一条很好的途径。[①] 事实上，自北美殖民地建立以来，马萨诸塞便率先颁布《老骗子撒旦法》（*Old Deluder Satan Law*）推动乡镇合力资助开办学校教育，并成为建国后公立学校创办的雏形。究竟以何种方式来更好地教育孩子是自殖民地以来北美各地都在思考的问题，将教育视为私人事务还是一项公益事业将决定着教育的开办方式。虽然建国后美国各地相继以不同的方式逐渐建立起一贯、统一的州公立学校系统制度，并在 20 世纪后成为美国学校教育的主导，但美国人从未放弃对公立学校教育进行改革，寻找更好的替代选择，如政府资助开办私人运营的特许学校、打破学区限制的磁石学校，等等。

公立中学的合法性也标志着密歇根州的公共教育制度是一套涵盖初等学校-公立中学-大学的系统，较之前发生了重大的变化。与很多州一样，密歇根州原先逐渐形成了两个独立的教育系统：一个是具有扫盲性、实操性的免费初级-中等学校教育系统；一个是以升入大学为目的，规模较小、学术导向型的初级-中等学校教育系统。这导致大部分普通民众的子女被隔离在大学的院墙之外，最多能接受到 8 年级的学校教育，授课的教师所具有的教育水平也常常不超过 8 年级。公立初等学校仅仅教授基本的读、写、算等入门知识，仅有少数人能接受中等教育，进而进入高等院校深造，普通大众的子女往往被拒在大学院墙之

---

① DIETZ T. From high school to the high court: 40th Michigan legal milestone highlights the Kalamazoo school case[J]. Michigan bar journal, 2016: 18-19.

外，通过学徒制等方式寻求谋生手段。而卡拉马祖案的判决则扭转了这种发展模式，公立中学获得合法地位，成为连接初等学校和大学的新桥梁，为普通民众的子女进入大学殿堂带来了曙光。这在一定程度上又弥合了实操性、学术性之间的鸿沟，免于二者的严重割裂，走上欧洲双轨制的运行模式。但与此同时，公立中学也被赋予大学预备的性质，公立中学不仅教授英语课程，还教授希腊语、德语、化学等高层次知识内容，为学生进入大学做准备。1817 年设想建立的学术大统殿，即在密歇根地区建立一所大学，以及建立学院、图书馆、博物馆，具有一定的空想性，[①] 但随后建立的大学分支部门等就具有大学预备功能。1870 年，密歇根州又采用"文凭制度"（diploma system），即密歇根州的任何公立中学在大学教职工委员会来访时，若能证明其学校教师称职，且学校在一门或一门以上的大学课程上开展良好的教育，那么预备课程项目的毕业生就可以免试进入大学。[②] 坎贝尔法官在 1871 年的演讲中也强调中等学校教育的作用——弥补初等学校和大学之间的鸿沟。从 19 世纪 70 年代全国教育协会的高等教育部（Department of Higher Education）的演说、讨论中也可以发现，中等教育除了承担大学或学院预备的功能外并无什么问题。[③] 虽然这种大学预备功能愈发难以满足人们的需求，但这种努力避免学校教育双轨制的举措则一直是美国人宣称美国民主的佐证。虽然后来人们对美国学校教育中存在再生产、教育阶层的批判从未停止过，但他们对民主教育、向孩子们提供更好的个性教育的努力也未停止过。

---

① NEVINS A P. The Kalamazoo case[M]. Lansing：Michigan Historical Commission，1960：91.

② Michigan Commissioner of Education. Report of the commissioner of education for the year 1880[R]. Washington，D. C. ：Government Printing Office，1882：532.

③ WESLEY E B. NEA：the first hundred years，the building of the teaching profession [M]. New York：Harper，1957：68.

作为中等教育发展史上重要的一环，卡拉马祖案既是密歇根州努力建设公立中学的印证，也是以密歇根州为代表的中西部地区从法律的维度来努力确证公立中学合法性地位的反映。事实上，从1821年波士顿建立美国第一所公立中学——英语古典学校起，中等学校教育的地位、功能就一直处于探讨之中。本章述及的卡拉马祖案，以及1892年发布的《十人委员会报告》（"Report of Committee of Ten"）、1918年发布的《中等教育基本原则》等都对中学的资助、中学的升学和就业功能等进行了重要的探索。作为教育这项公益事业的重要组成部分，公立中学的功能定位及运行模式在很大程度上反映出其所在的社会结构，以及人们试图建立的社会机制图景。公立中学一方面延续了贺拉斯·曼等人倡导的推广教育机会公平、传播新教共和价值观和"平衡社会机制"；另一方面也表现出人们根据时代发展诉求拓展公立学校的努力。

主要参考文献

[1] BURRELL B J,ECKELBERRY R H. The high-school question before the courts in the Post-Civil-War period[J]. The school review, 1934,42(4): 255-265.

[2] CUBBERLEY E P. Public education in the United States: a study and interpretation of American educational history[M]. Boston: Houghton Mifflin Company,1947.

[3] KAESTLE C F. Pillars of the republic: common schools and American society,1780-1860[M]. New York: Hill and Wang,1983.

[4] NEVINS A P. The Kalamazoo case[M]. Lansing: Michigan Historical Commission,1960.

[5] STARRING C R, KNAUSS J O. The Michigan search for educational standards[M]. Lansing: Michigan Historical Commission,

1969.

[6] Michigan Department of Public Instruction. Thirty-seventh annual report of superintendent of public instruction of the state of Michigan: with accompanying documents, for the year 1873[R]. Lansing: W. S. George & CO., State Printers and Binders, 1874.

第三章　隔离与平等之争——普莱西诉弗格森案（1896）

普莱西诉弗格森案（以下简称“普莱西案”）是19世纪末美国联邦最高法院关于种族关系问题所做的一次重要判决。这是联邦最高法院第一次对种族隔离问题做出判决，对美国的种族关系产生了重大的影响。[①] 在当时，由于种族隔离涉及黑人生活的方方面面，尤其是在学校和教育领域，因此，普莱西案与黑人教育的变迁存在着密不可分的联系，在美国黑人史、黑人教育史乃至美国历史上都具有深远的影响。

一、普莱西案国内外研究现状

长期以来，除部分美国史和美国教育史教科书有所提及之外，国内学界一直缺乏对普莱西案的专门研究。进入21世纪以来，陆续有学者开始对此判例进行讨论。根据文献调查，近15年来，相继完成的与普莱西案直接相关的期刊论文和学位论文共13篇，但仅有4篇是从教

---

① FICKER D J. From Roberts to Plessy: educational segregation and the “separate but equal” doctrine[J]. The journal of Negro history, 1999, 84(4): 301-314.

育史的视角专门探讨此案。[1]

通过对已有研究文献的解读可以发现，国内学者对普莱西案的判断和评价高度一致，几乎无一例外地持否定和批判的态度，异口同声地对普莱西案的宣判结果进行谴责。研究者或者认为，在“普莱西案”中，美国联邦最高法院判决所确立的“隔离但平等”原则成为以后半个多世纪种族隔离的法律依据，为实施“隔离但平等”的公共教育奠定了法律基础，“隔离但平等”的原则实际上造成了隔离但不平等的后果。[2] 或者认为，在普莱西案判决之后的半个多世纪里，“隔离但平等”的原则成为黑人享受平等受教育权利的主要障碍，关闭了黑人受教育权平等保护的最后一扇大门。[3] 或者认为，普莱西案确立了在社会生活方面黑人和白人隔离的制度，这是黑人争取平等权利过程中的一次大倒退，[4] 使黑人身上又多加了一层枷锁。[5] 有学者指出，普莱西案从法律上确立了公共教育中种族隔离的合法性，而种族隔离的学校教育是基于“黑人是劣等种族”的假设。因此，种族隔离的教育根本不可能存在平等，所谓“隔离但平等”只是给白人的教育霸权披上了一件合

---

① 专门从教育史的视角探讨普莱西案的 4 篇文章分别是：李晓兵于 2004 年发表在《国家教育行政学院学报》上的《从“普莱西案”到“布朗案”：论美国联邦最高法院与受教育权平等保护的实现》一文；傅林和夏志刚于 2006 年发表在《史学集刊》上的《美国公立学校种族隔离制度的形成与终结：以非洲裔美国人的经历为例》一文；彭蕾于 2009 年发表在《辽宁大学学报（哲学社会科学版）》上的《美国联邦最高法院对种族隔离制度的影响及启示》一文以及祝贺和张斌贤于 2013 年发表在《四川师范大学学报（社会科学版）》上的《美国公共教育种族隔离合法性的确立：普莱西案始末》一文。

② 毛艳. 美国黑人政策中的“隔离但平等”原则［D］. 吉林：吉林大学，2007：13-21.

③ 李晓兵. 从“普莱西案”到“布朗案”：论美国联邦最高法院与受教育权平等保护的实现［J］. 国家教育行政学院学报，2004（6）：88-93.

④ 滕大春. 美国教育史［M］. 北京：人民教育出版社，2001：620.

⑤ 刘绪贻，杨生茂. 美国内战与镀金时代（1861-19 世纪末）［M］. 北京：人民出版社，1990：71.

法的外衣。[①] 总之，国内学者都倾向于认为，普莱西案的判决是一次不公正的判决，它使基于对黑人歧视的种族隔离合法化，从而导致黑人被剥夺了与白人平等的教育权利和社会权利。

与国内学者高度一致的认识不同，美国学术界则对普莱西案见仁见智，众说纷纭。既有尖锐的批评和指责，如马克·戈卢布（Mark Golub）认为，普莱西案“隔离但平等”的判决是臭名昭著的。[②] 巴顿·伯恩斯坦（Barton J. Bernstein）认为普莱西案的判决具有逻辑和法律上的缺陷，是一种针对社会问题的保守的法院判决。[③] 罗伯特·哈里斯（Robert J. Harris）则指出，普莱西案的判决是“拙劣的逻辑、拙劣的历史、拙劣的社会学以及拙劣的宪法解释”的结合。[④] 还有学者认为，种族隔离不符合法律的平等保护原则，最高法院支持种族隔离合宪性的前提是错误的。[⑤] 与此同时，也始终存在另一种不同的声音。查尔斯·洛夫格伦（Charles A. Lofgren）认为，考虑到普莱西案发生的时代背景和环境，它是一个公正合法的、符合历史的判决。仅仅对其进行谴责，既不利于理解案件本身，也不利于认识 19 世纪末期的美国。[⑥] 乔治·迪莱西（George L. Delacy）也指出，普莱西案绝非不公正的判决，美国最高法院有责任确定种族隔离是否有违反了宪法第 14 修

① 祝贺，张斌贤. 美国公共教育种族隔离合法性的确立：普莱西案始末［J］. 四川师范大学学报（社会科学版），2013，40（2）：71-76.

② GOLUB M. Plessy as “passing”: judicial responses to ambiguously raced bodies in Plessy v. Ferguson[J]. Law & society review, 2005, 39(3): 563-600.

③ BERNSTEIN B J. Plessy v. Ferguson: conservative sociological jurisprudence[J]. The journal of Negro history, 1963, 48(3): 196-205.

④ HARRIS R J. The quest for equality: the Constitution, Congress and the Supreme Court[M]. Baton Rouge: Louisiana State University Press, 1960: 101.

⑤ Is racial segregation consistent with equal protection of the laws? Plessy v. Ferguson reexamined[J]. Columbia law review, 1949, 49(5): 629-639.

⑥ LOFGREN C A. The Plessy Case: a legal-historical interpretation[M]. New York: Oxford University Press, 1987: 4.

正案，它只是执行了司法审查制度赋予它的功能，并做出了公正的判决。[①]

理查德·麦德曼（Richard A. Maidment）在系统梳理了普莱西案判决的依据及其严密的司法推理过程后指出，普莱西案的判决不应遭到如此广泛和苛刻的批评，最高法院的判决被误读和曲解了。在麦德曼看来，尽管普莱西案的判决使种族隔离得到了宪法上的认可，但是，这个判决的逻辑更多地依赖于司法克制的哲学（a philosophy of judicial restrain）以及对先前判决的尊敬，而不是出于对保守的社会观念和种族优越感的信仰。[②] 最高法院在普莱西案中仅仅只是确认它的理解——正在审查的路易斯安那州的法规与宪法第 14 修正案平等保护的条款相一致，而不是对政府种族隔离政策的是非曲直进行评论。[③] 麦德曼认为，普莱西案的判决之所以引起广泛而苛刻的批评有以下原因：其一，亨利·比林斯·布朗大法官（Henry Billings Brown）在判决附带意见中关于黑人是劣等种族的观点给人们造成了不良的印象。但是，布朗之所以冒险提出那样的观点或许是因为受到约翰·哈伦（John M. Harlan）大法官被高度赞扬并广泛应用的“宪法是色盲”的异议观点的刺激。在麦德曼看来，哈伦的观点具有炒作的意味，而布朗则有能力区分自己的个人价值观和公共职责。如果用布朗偶尔使用的混乱语言掩盖其严谨的观点推理过程，那将是一个巨大的遗憾。其二，反对法院判决的更为实质性的原因是在 20 世纪六七十年代美国法学界占支配地位的一种结果导向的法学理论——法律现实主义（legal realism）

---

① DELACY G L. The segregation cases: a judicial problem judicially solved[J]. American Bar Association journal,1957,43(6):519-521.

② MAIDMENT R A. Plessy v. Ferguson re-examined[J]. Journal of American studies, 1973,7(2):125-132.

③ MAIDMENT R A. Plessy v. Ferguson re-examined[J]. Journal of American studies, 1973,7(2):125-132.

理论。否认先例的重要性以及法律语言的效用是法律现实主义者的核心理论。法律现实主义者认为，布朗的判决观点是其个人的政治偏好，是为了实现某种特定的政治目的。而麦德曼则断言布朗是运用司法推理的方法得出了普莱西案的判决结果，他对早期法律判决和法律意志的尊重是一种杰出的司法价值观念。布朗的意见仅仅只是一种十分直率的宪法判决，因此，对普莱西案的批评是一种误导。①

这实际上说明，普莱西案并非如国内学者所判断的那样简单，以至于会产生高度一致的结论。如果从历史的而非道德的角度进行分析，如果充分考察普莱西案判决的实际影响，如果仔细分析 19 世纪末 20 世纪初美国的政治形势，如果深入到 19 世纪末 20 世纪初美国黑人教育的演变历程，那么，我们就会发现，仅仅从道德的角度谴责美国联邦最高法院关于普莱西案的判决，以现代的标准简单地否定“隔离但平等”的原则，并据此认为该判决阻碍了黑人教育的发展，实际上并无助于对普莱西案及其在美国黑人教育史乃至美国教育史上的影响形成客观与合理的认识。

二、普莱西案之前的“隔离”与“平等”

早在美国内战前，就有非蓄奴州采取种族隔离的措施。1841 年，马萨诸塞州就通过了第一个《隔离车厢法》（*Separate Car Act*）。随着南方重建的结束，白人种族主义者重新掌权，种族隔离的适用范围进一步扩大。1881 年，田纳西州首先在公共交通系统中实施种族隔离。而后，其他各州纷纷效仿，相继颁布了《隔离车厢法》，如佛罗里达州（1887 年）、得克萨斯州（1889 年）、亚拉巴马州（1891 年）等。在上

① MAIDMENT R A. Plessy v. Ferguson re-examined[J]. Journal of American studies, 1973,7(2):125-132.

述各州的影响下，佐治亚、密西西比、北加利福尼亚等州也陆续通过了相关的法律。[①] 到普莱西案判决之前，几乎所有的南方州以及部分北方州都采取了多种形式的种族隔离措施。种族隔离的实践已经成为美国社会十分普遍的现象，或者说成为美国社会的一种“常态”。

更为重要的是，在普莱西案之前，有关种族隔离的诉讼已经多次发生，相关法院按照“隔离但平等”的原则做出判决，“隔离但平等”已经成为相关案件判决所确认的基本原则。例如，1849 年的罗伯特诉波士顿市案（Sarah C. Roberts vs. The City of Boston，59 Mass. 5 Cush. 198，1850）、1867 年的西切斯特和费城铁路公司诉迈尔斯案（West Chester and Philadelphia Railroad v. Miles，55 Pa. 209，1867）[②] 等。1849 年，马萨诸塞州高等法院做出了“隔离但平等”的判决，这是最早从司法上对种族隔离的现状进行确认的判例。[③] 1887 年成立的美国州际商务委员会也曾做出判决：只要为支付了相同票价的乘客提供了平等的设施，在交通工具中实行种族隔离就是合理的。在普莱西案的判决中，最高法院列举了来自不同的 15 个州的种族隔离实践以及“隔离但平等”原则的判例，以说明种族隔离的判决已经成为确定的判决先例。[④] 大卫・比夏普（David W. Bishop）在《普莱西诉弗格森案：一个重新解释》（“Plessy v. Ferguson：A Reinterpretation”）一文中指出，布朗大法官运用司法推理的方法得出了普莱西案的判决结果，他对早期法律判决和法律意志的尊重是一种杰出的司法价值观念。普莱西案

---

① MCNEESE T. Plessy v. Ferguson：separate but equal[M]. New York：Chelsea House Publishers，2007：39.

② 西切斯特和费城铁路公司诉迈尔斯案判决认为，很明显“宗教真理”和自然法则也被用来支持种族隔离。

③ FICKER D J. From Roberts to Plessy：educational segregation and the “separate but equal” doctrine[J]. The journal of Negro history，1999，84(4)：301-314.

④ FICKER D J. From Roberts to Plessy：educational segregation and the “separate but equal” doctrine[J]. The journal of Negro history，1999，84(4)：301-314.

的判决只是一种十分直率的宪法判决，对普莱西案的批评是一种误导。[①]

正因为种族隔离已经成为当时美国社会的普遍现象，因此，普莱西案判决后，并没有引起黑人的激烈抗议，也没有产生广泛的争论。当时发行量较大的报纸只是进行了例行的报道甚至没有报道，[②] 很多学者的著作也没有提及它。[③] 洛夫格伦认为，这说明在那样一个历史时期，普莱西案并不具有很大的争议。[④] 提姆·麦克尼斯（Tim McNeese）指出，这个开始于 1892 年初夏、持续了近 4 年的案件，除了在其直接影响的区域外，几乎没有引起多大的关注。对于大多数美国人来说，工会罢工、大选、私刑的猖獗等才是他们更为关注的问题。同样，对于新闻界而言，一个黑人对抗一个州的种族隔离法的事件并没有多大的新闻价值。[⑤] 杰克·波尔（Jack R. Pole）也认为，“隔离但平等”的原则与自然的秩序是一致的，这种认识是根深蒂固的。“隔离但平等”的原则本身产生于内战前，是解决种族问题的一个巧妙的办法。而习惯性的社会安排，无论它们是怎么起源的，都很容易具备自然的秩序的特点，尤其是对于那些受益者来说。[⑥] 总之，在当时那样一个社会达尔文主义盛行的时代背景下，普莱西案的判决符合那个时代

---

① BISHOP D W. Plessy v. Ferguson: a reinterpretation[J]. The journal of Negro history, 1977, 62(2): 125-133.

② LOFGREN C A. The Plessy Case: a legal-historical interpretation[M]. New York: Oxford University Press, 1987: 196.

③ LOFGREN C A. The Plessy Case: a legal-historical interpretation[M]. New York: Oxford University Press, 1987: 5.

④ LOFGREN C A. The Plessy Case: a legal-historical interpretation[M]. New York: Oxford University Press, 1987: 5.

⑤ MCNEESE T. Plessy v. Ferguson: separate but equal[M]. New York: Chelsea House Publishers, 2007: 71.

⑥ 波尔. 美国平等的历程 [M]. 张聚国，译. 北京：商务印书馆，2007：231.

的思想气候和社会现实。[①] 无论是从司法层面还是社会现实层面考虑，都要求最高法院支持“隔离但平等”的原则。

其实，即使在黑人内部，对种族隔离问题的看法也存在着较大的分歧。一些黑人并不赞同荷马·普莱西（Homer A. Plessy）的上诉，因为他们担心最高法院的判决会增强联邦宪法的肤色意识。[②] 与此同时，黑人领袖们也认为，对黑人而言，在学校中实行种族隔离并非完全是有害的。布克·华盛顿（Booker T. Washington）曾指出，“面对黑人的憎恨，种族融合只能激起激烈的反对。”[③] 就连比较激进的黑人领袖杜波依斯（William Edward Burghardt Du Bois）也坚信，就当时的条件而言，黑人与白人合校并非明智之举，种族隔离的学校更符合黑人教育的现实状况，“黑人教育的主要问题并不是种族隔离，而是自知和自尊”[④]。在某些城市，黑人赞同隔离但平等的学校（separate but equal schools），他们坚持认为这样的教育体制为黑人提供了获得好工作的机会，而且声称在混合学校（mixed schools）里上学的黑人孩子遭受着白人孩子的侮辱和黑人教师残忍的偏见。[⑤] 此外，一些黑人群体还将隔离教育视为建立自己社区的机会。“纯黑人学校能够而且确实成了一个发展社区自豪感和黑人公民互相帮助的中心。”[⑥] 1897 年，印第安

---

① LOFGREN C A. The Plessy Case: a legal-historical interpretation[M]. New York: Oxford University Press, 1987: 101.

② 波尔. 美国平等的历程［M］. 张聚国，译. 北京：商务印书馆，2007：229.

③ MCNEESE T. Plessy v. Ferguson: separate but equal[M]. New York: Chelsea House Publishers, 2007: 100.

④ DU BOIS W E B. Does the Negro need separate schools? [J]. The journal of Negro education, 1935, 4(3): 328-335.

⑤ 泰亚克. 一种最佳体制：美国城市教育史［M］. 赵立玮，译. 上海：上海人民出版社，2010：114.

⑥ 厄本，瓦格纳. 美国教育：一部历史档案［M］. 周晟，谢爱磊，译. 北京：中国人民大学出版社，2004：342.

纳州议会的一名黑人议员提出一个废除所有种族歧视的议案。但是，来自印第安纳波利斯市的 30 名教师签署了一份反对该议案的请愿书。请愿书指出，“如果这样一份议案成为一种法律，我们认为它将会损害本州的有色人种。它将剥夺的不仅仅是我们自己的，而且是许多有色人种的生计；并且，它将使有色人种群体失去现在正在努力寻求的机会以及我们在公立学校中所获得的令人尊敬的职位”①。值得一提的是，2004 年，在布朗诉教育委员会案判决后的 50 年，由 9 位美国顶尖的宪法学者所组成的模拟最高法庭重写“布朗案”判决。出人意料的是，与 50 年前最高法院一致同意推翻普莱西案“隔离但平等”的判决不同，模拟最高法院出现了一份异议，而这份异议竟出自唯一的一位黑人大法官、著名的民权卫士德里克·贝尔（Derrick Bell，Jr.）之手。德里克·贝尔批评“布朗案”过于武断，认为普莱西案“隔离但平等”的判决还可能赋予黑人参照同一学区内白人学校为标准、主张平等的教育权利的法律和事实依据，但是当最高法院宣布“隔离已经不平等了”之后，现实仍旧是“隔离而且不平等”，而黑人主张平等的唯一依据也没有了。黑人白人的混合不等于平等，混合也不等于歧视的消除。②

三、历史视野中的普莱西案

（一）普莱西案的产生与上诉经过

为了深入认识和客观评价普莱西案，理解美国联邦最高法院做出“隔离但平等”这样一个判决的原因，我们有必要回到当时的历史情景中，尽可能详细地梳理和还原这个案件的来龙去脉。

随着 1865—1877 年重建时期的结束，南方白人重新掌权。从 19 世

---

① 泰亚克．一种最佳体制：美国城市教育史［M］．赵立玮，译．上海：上海人民出版社，2010：120.

② 左亦鲁．五十年后的一份异议［J］．读书，2010（1）：103-111.

纪八九十年开始，为了巩固白人的特权，南部各州先后制定了一系列旨在剥夺黑人在重建时期取得的政治和社会权利、在公共场所实行种族隔离的法律，统称为“吉姆·克劳法（Jim Crow Laws）”。受这种趋势的影响，即便是原本对待种族问题比较开放、黑人与白人关系较为融洽的路易斯安那州，到了19世纪90年代也开始发生变化。[①] 1890年，路易斯安那州议会通过了《隔离车厢法》。

《隔离车厢法》的起因是关于延长路易斯安那州彩票公司彩票租期的立法争议。1890年，路易斯安那州彩票公司25年的彩票租期到期。由于彩票事业严重影响了社会风气，社会各界人士纷纷批评这种“高层次的赌博行为”[②]。时任该州州长的弗朗西斯·尼克尔斯（Francis T. Nicholls）也反对彩票业，称之为“极为糟糕的赌博类型（gambling of the very worst description）”。在这种背景下，关于是否批准路易斯安那州彩票公司下一个25年租期的申请引发了激烈的争论。共和党和民主党都分裂为支持和反对两个阵营。就在同一年，同样引起争议的《隔离车厢法》也被提了出来，与是否延长彩票租期的议案一起摆在参议院面前。最终，延长路易斯安那州彩票公司彩票租期的议案以多数票在参议院获得通过。这引来了反对派的极大不满，他们认为这个结果是由于支持彩票业的黑人议员所造成的。为了报复支持彩票业的黑人议员，反对彩票业的州参议员墨菲·福斯特（Murphy Foster）等人重新将《隔离车厢法》提上了参议院的议事日程。1890年7月10日，经过不同党派议员之间的博弈，《隔离车厢法》获得通过并生效。该法规定：路易斯安那州内所有铁路公司在运送旅客时，必须为白人和有色人种提供平等但隔离的车厢。任何人都不允许占据不属于他们种族

① MCNEESE T. Plessy v. Ferguson: separate but equal[M]. New York: Chelsea House Publishers, 2007: 49.

② MCNEESE T. Plessy v. Ferguson: separate but equal[M]. New York: Chelsea House Publishers, 2007: 51.

的车厢座位。法令要求铁路官员包括火车售票员执行该法律。任何违反该法律的人都将受到25美元的罚款或20天监禁的惩罚。①

虽然《隔离车厢法》付诸实施，但是反对该法的人士并没有放弃努力。身兼律师、医生和政治性报刊《改革者》（*Crusader*）创办者的路易斯·马丁内特（Louis A. Martinet）在这场反对《隔离车厢法》的斗争中发挥了关键性的领导作用。1891年9月，在他的组织下，成立了由教师、商人、律师、政府官员、社会活动家等人士组成的"测试隔离车厢法案合宪性公民委员会"（The Citizens' Committee to Test the Constitutionality of the Separate Car Law），简称"公民委员会"（The Citizens' Committee）。为了挑战不平等的种族隔离规定，公民委员会精心谋划，希望通过"制造"一个案件，以路易斯安那州《隔离车厢法》违反美国宪法第13和第14修正案、侵犯公民权利为由，提起诉讼，并努力将案子提交到美国联邦最高法院，借助最高法院的法律权威挑战种族隔离法。

公民委员会精心挑选了普莱西作为理想的对象。普莱西仅有八分之一的黑人血统，在外形上与白人很难辨别。但是，按照路易斯安那州"一滴血即黑人"（*"one drop" racial code*）的判定原则，普莱西属于黑人。1892年6月7日，按照事先制定的计划，普莱西购买了一张白人车厢的车票，主动向售票员透露了他的种族身份并拒绝转移到黑人专用车厢。列车执法人员根据《隔离车厢法》，将其逮捕。公民委员会遂以路易斯安那州《隔离车厢法》违反美国宪法第13和第14修正案、侵犯普莱西的合法公民权利为由，将路易斯安那州政府告上地方法庭。著名白人律师阿尔比恩·图尔热（Albion Tourgée）义务担任了该委员会的法律顾问，提供法律专业支持和指导。奥尔良地区刑事法

---

① MCNEESE T. Plessy v. Ferguson：separate but equal[M]. New York：Chelsea House Publishers，2007：9.

庭（Criminal District Court for the Parish of Orleans）法官约翰·弗格森（John Howard Ferguson）支持路易斯安那州的《隔离车厢法》，认为州政府有权在本州内调节铁路运营，判决普莱西违反了为乘客提供平等设施的《隔离车厢法》，并处罚金 25 美元。

公民委员会不服判决，将路易斯安那州议会和法官弗格森一并告上路易斯安那州高等法院（Louisiana State Supreme Court），由此掀开了著名的普莱西诉弗格森案的序幕。1892 年 11 月 22 日，路易斯安那州高等法院做出判决，维持一审判决。对此，公民委员会和普莱西都不感到意外。他们很清楚路易斯安那州高等法院是他们在到达联邦最高法院的过程中必须跨越的一个障碍。[①] 只有迈过这个障碍，案件才能被上诉到联邦最高法院，“隔离但平等”的种族隔离政策才能最终得到彻底的解决，这正是他们设计该案的初衷。尽管如此，考虑到当时对黑人极为不利的社会政治环境以及联邦最高法院多数大法官对待黑人的态度，他们将普莱西案的上诉延迟了近 3 年，但不料 3 年后的形势反而更糟了。

（二）普莱西案在最高法院的审理过程

由于是第一次审理关于种族问题的案件，而且面临重建结束不久的特殊历史时刻，因此，联邦最高法院的大法官们对待这一案件十分谨慎，他们没有立即做出判决，而是经过了长达一个多月的审议和争辩。

1896 年 4 月 13 日，联邦最高法院开始审理普莱西案。图尔热担任普莱西的律师，在法庭上做了慷慨激昂的上诉陈述。图尔热提出的上诉理由包括：第一，关于种族隔离以及公民权的问题属于联邦的管辖范围，而不应由州管辖。第二，黑人的公民权受到美国宪法的保护，

---

① MCNEESE T. Plessy v. Ferguson：separate but equal[M]. New York：Chelsea House Publishers，2007：97.

不能以种族和血统来区分公民。作为美国公民的唯一条件就是在美国出生。第三，《隔离车厢法》给铁路贸易带来了极大的负担，违反了《州际贸易法》（*Interstate Commerce Act*）。第四，种族隔离是种族优越论的表现，反映了种族歧视和偏见。图尔热激愤地总结到，《隔离车厢法》的最终目的就是把黑人赶出白人专用的车厢，以便为白人提供一个舒适的乘车环境。因此它是对有色人种的歧视，违反了宪法第 13、第 14 修正案对保护公民平等权利的规定。

路易斯安那州议会和弗格森的代表律师亚历山大·莫尔斯（Alexander Morse）则进行了有力的反驳。他指出：首先，制定《隔离车厢法》是在州的权力管辖范围之内。州立法机关有权制定法律为乘客提供舒适的乘车环境，防止危害社会的行为发生。其次，《隔离车厢法》并没有剥夺任何人的平等和受法律保护的权利；而且路易斯安那州法律要求铁路公司为所有种族提供平等的设施，因此是合法的。再次，这种法律是美国各州普遍实行的一种惯例，隔离在美国北方也是一种生活方式，例如在学校、教堂甚至军队。种族隔离是美国社会生活结构和国家法律的一部分。最后，《隔离车厢法》是州合法地和正当地对自身权力的运用，因此是合宪的。

通过上述辩论我们可以看出，整个案件的核心焦点在于路易斯安那州《隔离车厢法》或者说种族隔离是否违宪，是否侵犯了黑人的合法权益，是否意味着对黑人的歧视。激烈的辩论过后，最终的裁判权交到了联邦最高法院 8 位大法官[①]的手中。

经过长达一个多月的审议，1896 年 5 月 18 日，联邦最高法院做出了判决，以 7 票同意、1 票反对的结果驳回普莱西的上诉，支持路易斯安那州的《隔离车厢法》。大法官布朗在借鉴大量判决先例的基础上，

---

① 联邦最高法院共有 9 位大法官，但大法官大卫·布鲁尔（David J. Brewer）主动要求退出审判。

起草了判决书。判决指出，原告指控路易斯安那州隔离法不符合宪法精神，其根据是与宪法第 13 正案中废除奴隶制的条款、第 14 修正案中禁止各州制定某种限制性立怯的精神相抵触。但最高法院认为：首先，路易斯安那州隔离法并不与宪法第 13 修正案中废除奴隶制和强迫劳役（作为犯罪的惩罚除外）的条款相抵触，这是十分明确和无可争议的。其次，虽然根据第 14 修正案，美国人不论肤色都享有平等的公民权利和政治权利，各州不得剥夺任何法人的生命、自由和财产，但它不能理所当然地导致废除基于肤色不同而产生的区别界限，或强制实施有别于政治平等的社会平等，或按照双方均不满意的条件将两个种族混合在一起。隔离并非意味着一个种族一定比另一个种族低劣，立法无法消除社会偏见，社会的平等往来应来自自然亲近的结果，来自对彼此长处的相互赏识，以及个人的心甘情愿。① 布朗在这里引用了马萨诸塞、纽约、俄亥俄、加利福尼亚等州关于种族隔离学校的判决先例，如马萨诸塞州的罗伯特诉波士顿市案。该案中马萨诸塞州最高法院认为，波士顿市学校委员会有权为有色人种子弟设立隔离的学校。理由是：虽然法律面前人人平等，但是这一原则在运用于社会上具体的和各种不同情况的人时是有区别的，如男人和女人、儿童和成年人之间的权利和义务并非完全等同。只有法律对他们做出明确划分和规定时，才能平等地给予他们一切权利，使他们的生活和安全获得法律上的保障。如为穷苦的孩子、年龄过大而不能进入初等学校的孩子设立特殊学校。② 此外，布朗还引用了最高法院关于斯特劳德诉西弗吉尼亚州案

---

① 格兰特. 美国黑人斗争史［M］. 郭瀛，伍江，杨德，等译. 北京：中国社会科学出版社，1987：185.

② 格兰特. 美国黑人斗争史［M］. 郭瀛，伍江，杨德，等译. 北京：中国社会科学出版社，1987：187.

（Strauder v. West Virginia，100 U. S. 303，1880）的判决[①]，对干涉黑人政治权利平等和在学校、剧院及列车车厢实行隔离的要求进行了区分。辩护过程中，图尔热尖锐地提出，允许州议会要求铁路公司对两个种族提供隔离设施的论据，同样可以授权他们对头发带有某种颜色的人、外国人或属于某个国籍的人提供隔离车厢，甚至可以要求制定法律以规定有色人种在马路一边行走，白人在马路另一边。最高法院对此的回应是，“一切治安权力的行使必须合理，并必须基于促进公共利益的良好意愿，而非骚扰或压制特定阶层”[②]。关于种族隔离管辖权的问题，最高法院认为州立法机构有权根据人们既定的习俗、惯例和传统，为了增进人们的利益、保护公共治安和良好秩序而自由立法。[③]不能说要求两个种族在公共交通中隔离的法律超出了州的管辖权。

此外，最高法院认为，“原告论点的内在谬误在于下列假设，即种族隔离的实行将给有色人种带上低劣民族的烙印”[④]。这种论点还可以推导出另外一种假设：社会偏见可以通过立法消除，并且除非实现种族融合，否则黑人就不能获得平等权利。[⑤] 最高法院对此的回答是，“如果两个种族在社会平等的条件下来到一起，那么这必须是自然结合的结果：双方必须承认对方的价值，且个人必须自愿同意。……立法无力取消种族直觉，或消除基于物质差异之上的区分，而试图这么做

---

① 斯特劳德诉西弗吉尼亚州案判决西弗吉尼亚州把成为陪审员的权利限于 21 岁以上的本州白人男性公民的法律对有色人种构成了歧视。

② 布莱斯特，列文森，巴尔金，等. 宪法决策的过程：案例与材料（下册）［M］. 陆符嘉，周青风，张千帆，等译. 北京：中国政法大学出版社，2002：262.

③ 格兰特. 美国黑人斗争史［M］. 郭瀛，伍江，杨德，等译. 北京：中国社会科学出版社，1987：188.

④ 布莱斯特，列文森，巴尔金，等. 宪法决策的过程：案例与材料（下册）［M］. 陆符嘉，周青风，张千帆，等译. 北京：中国政法大学出版社，2002：263.

⑤ 格兰特. 美国黑人斗争史［M］. 郭瀛，伍江，杨德，等译. 北京：中国社会科学出版社，1987：188.

只能凸显目前状况的困难"①。经过严格的审判程序以及慎重的思考，联邦最高法院8位大法官以7∶1的多数裁决做出了最终判决：隔离并不意味着对黑人的歧视，路易斯安那州《隔离车厢法》并不违反宪法第13、第14修正案的规定。因此，只要为黑人提供了平等的设施，州政府就有权在州内实施种族隔离的法律，路易斯安那州的隔离法令并不违宪。

随着最高法院判决结果的宣布，公民委员会的法律行动结束，普莱西支付了25美元的罚款。

尽管最高法院经过严格的审判程序以及慎重的思考，才做出种族隔离并不意味着种族不平等这一判决，但这样的辩解还是遭到了多方面的批评。早在普莱西案做出判决时，作为唯一的异议者，哈伦大法官就在其撰写的反对意见中明确指出："在宪法和法律看来，这个国家并不存在任何优越、支配或统治的公民阶层。这里不存在种姓。我们的宪法无视肤色（Color-blind），并且既不区别亦不允许公民中间划分阶级。"② 哈伦认为《隔离车厢法》违背了宪法第13修正案，因为第13修正案不仅推翻了蓄奴制，而且防止施加任何会构成奴隶或奴役象征的负担或障碍（disabilities）。在公民权利方面，所有公民在法律面前平等；最谦卑的和最有权势的人处于同等地位。对于多数意见所认为的第14修正案旨在保障政治平等而非社会平等的论点，哈伦认为，这个论点几乎不值得考虑，因为即使是同一种族内部也会存在社会不平等的现象。当涉及国家根本大法所保障的公民权利时，法律把人视为人，而并不考虑其境况或肤色。"在我看来，未来将证明今天的决定和本院决定的'德雷德·斯科特诉桑福德案'（Dred Scott v. Sandford,

① 布莱斯特，列文森，巴尔金，等．宪法决策的过程：案例与材料（下册）[M]．陆符嘉，周青风，张千帆，等译．北京：中国政法大学出版社，2002：263．

② 布莱斯特，列文森，巴尔金，等．宪法决策的过程：案例与材料（下册）[M]．陆符嘉，周青风，张千帆，等译．北京：中国政法大学出版社，2002：265．

60 U. S. 393 19 Howard 393，1857）几乎同样有害。”[①] 总之，基于种族而对公民在公共列车上实行的隔离，乃是奴役的象征，完全不符合宪法建立的公民自由和法律平等。在列车车厢上为旅客提供“平等”设施的假象，并不能误导任何人，也不能为它所产生的过错解脱。[②]

通过对两份意见的对比，可以发现，布朗大法官的多数意见引用了大量的判决先例和社会事实作为依据，论据充分，论证过程严谨。哈伦大法官的异议更多的只是一种充满义愤的抱怨和指责，比如，路易斯安那州法律宣称并不歧视任何种族，但在美国，白种人把自身看成是处于支配地位的统治民族，《隔离车厢法》的目的并非是排斥在黑人车厢内的白人，而是排斥白人车厢内的有色人种。波尔也认为，尽管哈伦在普莱西案中的反对意见已经成为美国最为著名的宪政文献之一，它却仍然存在逻辑上的缺陷。如它的核心观点“6000 万白人不会受到 800 万黑人的威胁”[③]。概而言之，二者争论的焦点在于，布朗的多数意见认为“隔离”并不意味着“不平等”，而哈伦则认为“隔离”即为“不平等”。我们并不否认普莱西案“隔离但平等”的判决确立了种族隔离的合宪性，但是就《隔离车厢法》的规定本身而言，它明确指出，必须为白人和有色人种提供“平等但隔离的车厢”，这表明，“隔离”的前提条件是“平等”，而且该法律平等地适用于白人和有色人种，因此，考虑到“平等”这一前提和条件，这并不构成歧视。

---

① 布莱斯特，列文森，巴尔金，等. 宪法决策的过程：案例与材料（下册）［M］. 陆符嘉，周青风，张千帆，等译. 北京：中国政法大学出版社，，2002：264.

② 布莱斯特，列文森，巴尔金，等. 宪法决策的过程：案例与材料（下册）［M］. 陆符嘉，周青风，张千帆，等译. 北京：中国政法大学出版社，2002：266.

③ 波尔. 美国平等的历程［M］. 张聚国，译. 北京：商务印书馆，2007：228.

四、普莱西案判决之后黑人实际教育水平的提升

从黑人教育发展的角度讲，国内学者否定普莱西案判决的一个主要原因是认为判决造成了隔离但不平等的后果，并成为黑人享受平等的受教育权利和黑人教育事业发展的主要障碍。但如果将普莱西案判决前后的大量数据和事实相对照，却能发现完全相反的情况。事实是，从 19 世纪末 20 世纪初开始，黑人教育进入一个新的发展阶段。尽管尚未有充分的证据证明这是普莱西案判决直接导致的结果，但同样也不能说明判决阻碍了黑人教育的发展和黑人获得更多的教育机会。

从表 2 和表 3 可以看出，从 19 世纪 90 年代开始，黑人文盲率逐年下降。1890 年为 56.8％，1900 年为 44.5％，1910 年为 30.5％，1920 年为 23％。与文盲率逐年下降同时发生的是入学率的不断提高。黑人入学率 1900 年为 31.1％，1910 年为 44.8％，1920 年为 53.5％。

表 2　美国文盲率（1880—1920 年）①　　单位：％

年份（每十年一次普查）	全部	白人	黑人及其他种族
1880	17.0	9.4	70.0
1890	13.3	7.7	56.8
1900	10.7	6.2	44.5
1910	7.7	5.0	30.5
1920	6.0	4.0	23.0

① US. Bureau of the Census. Historical statistics of the United States, colonial times to 1970[M]. Washington, D. C. : Government Printing Office, 1975: 382.

表 3　美国每百人入学率（1880—1920 年）①　　单位：%

年份 (每十年一次普查)	全部	白人	黑人及其他种族
1880	57.8	62.0	33.8
1890	54.3	57.9	32.9
1900	50.5	53.6	31.1
1910	59.2	61.3	44.8
1920	64.3	65.7	53.5

更为重要的是，随着黑人儿童入学率的不断上升，黑人儿童与白人儿童入学率的差距也在不断缩小。黑人与白人入学率的差距 1890 年为 25%，1900 年为 22.5%，1910 年则下降到 16.5%。如图 1 所示，从整体上看，美国 5—19 岁黑人儿童入学率与白人儿童入学率之间的差距在逐渐缩小。这些都表明，在普莱西案判决后，黑人教育步入较快的发展阶段。

与此同时，黑人中等教育也有所发展，中等学校的数量不断增加，通过图 2 可以看出，从 1899 年到 1905 年，南部州中学的数量呈现明显上升的趋势，而且绝大多数都是修学年限达到 4 年的标准化中学。此外，中学入学人数不断增加，入学率不断提高。在 1890 年，804 522 名中学学龄的黑人少年只有 0.39%进入中学；到 1910 年，进入中学的黑人学生比例增加到了 2.8%，到 1910 年，黑人中学生占整个中等教育

① US. Bureau of the Census. Historical statistics of the United States, colonial times to 1970[M]. Washington, D. C. : Government Printing Office, 1975: 371.

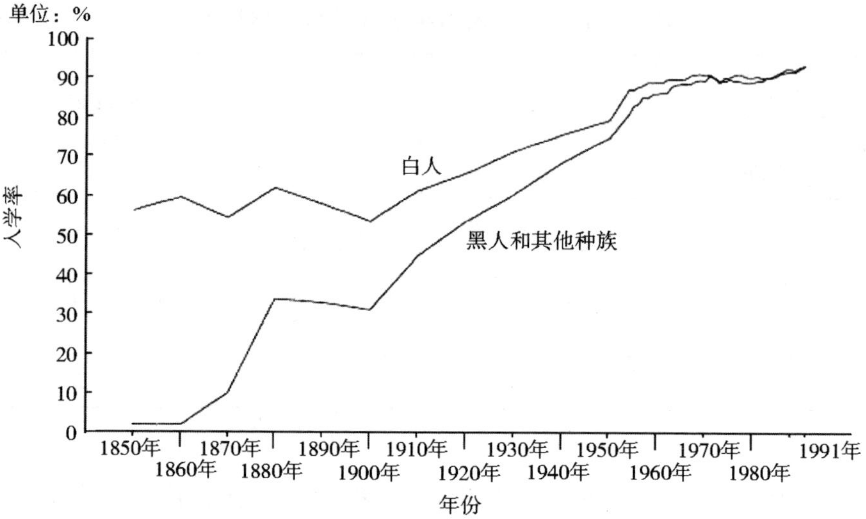

图 1　1850—1991 年美国不同种族 5—19 岁儿童入学率①

入学人数的 29%。② 第一次世界大战前，南方各州共有四年制的黑人中学 64 所，学生 8565 人；1932 年，中学数量达到 807 所，学生数达到 120 419 人。③ 到 1939—1940 学年，黑人中学数量达到 2538 所，学生数达到 254 580 人，1939—1940 学年中学入学率比 1929—1930 学年增长了 126.1%。④ 黑人初等教育和中等教育的发展不仅仅是入学人数和比率的提高，其实际的巩固率也不断提升。1929—1930 学年，黑人学校的日平均出勤人数（average daily attendance）为 1 645 518，到 1939—

① SNYDER T D. 120 years of American education: a statistical portrait[M]. New York: National Center for Education Statistics, 1993: 6.

② ANDERSON J D. The education of blacks in the South, 1860-1935[M]. Chapel Hill: The University of North Carolina Press, 1988: 153.

③ 滕大春. 美国教育史［M］. 北京：人民教育出版社，2001：626.

④ MURRAY F. The Negro handbook 1946-1947[M]. New York: Current Books, 1947: 51.

1940 学年，人数则为 1 953 401，出勤率增长了 18.7%。①

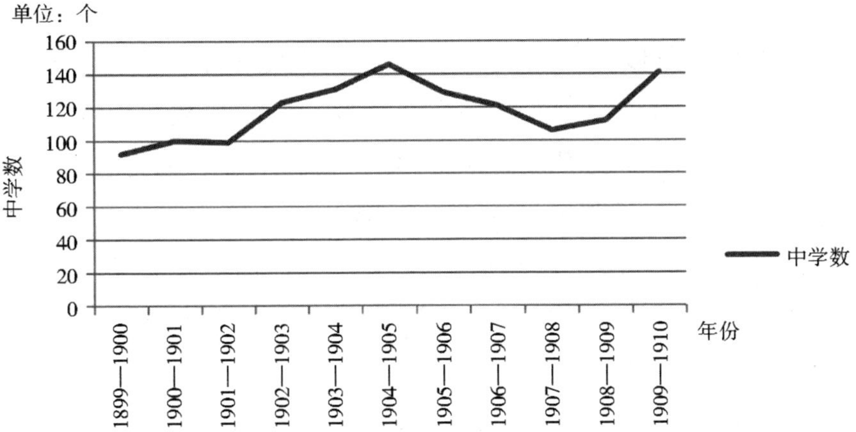

图 2　南部州黑人中学数量折线图②

在此期间，黑人中小学教师的数量从 1929—1930 学年的 52 278 人增至 1939—1940 学年的 64 476 人，10 年间增长了 23%。值得注意的是，男教师的增长幅度高于女教师。③ 由于教师数量的增长，黑人学校的师生比逐年下降。1930—1940 学年，黑人小学的师生比从 1∶47.1 降至 1∶41.2。同期，黑人中小学的师生比由 1∶44.5 降至 1∶37.7。此外，黑人教师的工资也有了较大幅度的增加。在全国范围内，1930—1940 学年，黑人教师年均工资从 432 美元增长到 601 美元，增长了 39.1%。④

---

① MURRAY F. The Negro handbook 1946-1947[M]. New York：Current Books，1947：52.

② FUNKE L. The Negro in education[J]. The journal of Negro history，1920，5(1)：1-21.

③ MURRAY F. The Negro handbook 1946-1947[M]. New York：Current Books，1947：54.

④ MURRAY F. The Negro handbook 1946-1947[M]. New York：Current Books，1947：56.

黑人教育的变化不仅发生在小学和中学教育层面，即使在黑人与白人差距更大的高等教育层面，在普莱西案判决后也出现了缓慢而稳定的发展。

普莱西案判决以来，尤其是第一次世界大战后，黑人高等教育迅速发展，与白人隔离的黑人学院广泛建立，入学人数、毕业人数不断增加，教育质量不断提升。到 1900 年，弗吉尼亚、阿肯色、佐治亚、特拉华等州都建立了黑人州立大学。黑人院校的注册人数不断增长，1910 年为 3500 人；1920 年翻倍，为 7000 人；1930 年翻了三倍多，为 22 000 人。① 1929—1930 学年，大学本科层次的黑人学生数为 10 303 人，研究生层次的黑人学生数为 56 人，专业学院层次的黑人学生数为 10 728 人。10 年之后，1939—1940 学年相应的人数分别为 29 152 人、671 人和 16 095 人。② 从 1930 年到 1940 年，公立黑人大学的入学人数增长了 341.8%。③ 与此同时，黑人学院预科层次的学生数也明显下降，这说明黑人的教育层次在不断提升。通过表 4 可以看出，黑人大学生毕业人数呈现逐渐上升的趋势，1870—1879 学年仅为 313 人，1892—1899 学年增长到 1126 人。这表明普莱西案的判决并没有导致黑人高等教育毕业人数的减少，反而出现了较为明显的增长。到 1909 年，总共有 3856 名黑人获得了大学学位。④ 1900—1910 学年，有 4 名黑人获得

① 常永才．美国黑人院校的历史回顾与发展展望［J］．西北民族学院学报（哲学社会科学版），2000（3）：83-88.

② MURRAY F. The Negro handbook 1946-1947［M］. New York：Current Books，1947：56.

③ MURRAY F. The Negro handbook 1946-1947［M］. New York：Current Books，1947：57.

④ MURRAY F. The Negro handbook 1946-1947［M］. New York：Current Books，1947：14.

博士学位，两人来自黑人大学，另外两人来自综合性大学。① 1915—1919 学年，又有 8 名黑人获得博士学位，4 人来自黑人大学，另外 4 人来自综合大学。② 此外，黑人高校的教师数量不断增加，质量也不断提高。在教师数量方面，1929—1930 学年到 1939—1940 学年，黑人学院教师数量由 1888 人增加到 3291 人。③ 不但黑人学院教师的数量有所增加，而且通过提高教师资格标准、州立师范学校升级为四年制的教师学院、政府和私人慈善机构为教师培养提供的奖学金、师范学院增设研究生课程等措施，黑人学院教师的质量也得到极大提升。此外，在教育经费方面，1929—1939 学年 10 年黑人高校教育经费增加了 93.5%。④ 以上数据分析可以发现，在黑人高等教育方面，即使是在普莱西案判决之后，也取得了缓慢而稳定的发展。

表 4　黑人大学生毕业人数⑤　　单位：人

时间	毕业人数
1870—1879	313
1880—1989	738
1892—1899	1126
1900—1909	1610

---

① BERGMAN P M. The chronological history of the Negro in America[M]. New York: Harper & Row, Publishers, 1969: 329.

② BERGMAN P M. The chronological history of the Negro in America[M]. New York: Harper & Row, Publishers, 1969: 376.

③ MURRAY F. The Negro handbook 1946-1947[M]. New York: Current Books, 1947: 56.

④ MURRAY F. The Negro handbook 1946-1947[M]. New York: Current Books, 1947: 57.

⑤ FUNKE L. The Negro in education[J]. The journal of Negro history, 1920, 5(1): 14.

黑人学院对黑人高等教育的发展做出了突出的贡献。首先，黑人学院使黑人获得了接受高等教育的机会，很多黑人把黑人院校视为他们自己的高校，对此充满自豪。塔斯基吉学院（Tuskegee Institute）是由布克·华盛顿创办的一所从教师到学生全部是黑人的“全黑人学院”。在黑人遭受歧视和排斥的南方，塔斯基吉学院的这种全黑人环境为黑人学生提供了安全的心理保障，而且教师与学生之间由于没有种族隔离的阻隔，因此交流起来也十分容易。① 其次，在当时黑人中等教育刚刚起步的背景下，与白人学院相比，黑人学院无论是在课程设置还是在培养目标上都更加符合黑人教育的发展状况，更加适应黑人自身发展的需要。黑人学院的费用也低于白人院校，符合黑人贫困的经济状况。此外，黑人院校还是非洲裔美国人文化精神的体现者以及黑人历史文化教学与科研的先锋。像亚特兰大大学、霍华德大学、费斯克大学等著名的黑人院校已成为有关黑人历史文化的重要文献中心和黑人研究的重要基地。② 更为重要的是，黑人院校培养了诸如弗雷德里克·道格拉斯（Frederick Douglass）、布克·华盛顿、杜波依斯等一大批黑人精英，为黑人运动输送大批重要的领袖。③ 还培养了大量的黑人中小学教师，提升了黑人学校的教学质量。

另外一个值得注意的是，黑人学生在生均教育经费方面也出现了积极的变化。如表 5 所示，1912—1913 学年南方各州黑人学生的平均教育经费为 3.76 美元，白人学生为 10.05 美元；1928—1929 学年黑人学生平均教育经费为 15.86 美元，白人学生为 42.3 美元；到 1939—1940 学年，黑人学生平均教育经费增至 18.82 美元，白人学生则为

---

① 屈书杰. 美国黑人教育发展研究［M］. 保定：河北大学出版社，2004：111.

② 常永才. 美国黑人院校的历史回顾与发展展望［J］. 西北民族学院学报（哲学社会科学版），2000（3）：83-88.

③ 常永才. 美国黑人院校的历史回顾与发展展望［J］. 西北民族学院学报（哲学社会科学版），2000（3）：83-88.

58.69 美元。从纵向上看，总的趋势是黑人学生的平均教育经费持续不断增加，30 年间增加了 4 倍。从横向上看，在增长速度方面，有些州的黑人教育经费增长速度超过白人，如亚拉巴马州和佐治亚州。佐治亚州的白人教育经费从 1913 年的 9.18 增长到 1929 年的 31.52 再到 1940 年的 55.56，分别增长了 3.4 倍和 1.8 倍，而该州黑人的教育经费从 1913 年的 1.42 增长到 1929 年的 6.98 再到 1940 年的 16.95，分别增长了 4.9 倍和 2.4 倍。亚拉巴马州也是类似的情况。在某些州，黑人和白人教育经费基本实现了持平，如肯塔基州和得克萨斯州。

表 5　南方各州平均教育经费

（1912—1913 学年、1928—1929 学年、1939—1940 学年）①单位：美元

州名	1912—1913 学年		1928—1929 学年		1939—1940 学年	
	白人	黑人	白人	黑人	白人	黑人
亚拉巴马州	8.50	1.49	37.50	7.16	47.59	14.63
阿肯色州	7.89	2.62	26.91	17.06	36.87	13.73
佛罗里达州	14.75	3.10	78.25	10.57	69.76	26.95
佐治亚州	9.18	1.42	31.52	6.98	55.56	16.95
肯塔基州	8.63	6.54	25.27	25.77	—	—
路易斯安那州	16.60	1.59	40.64	7.84	77.11	20.49
密西西比州	8.20	1.53	31.33	5.94	52.01	7.36
北卡罗来纳州	6.69	2.50	44.48	14.30	46.02	28.30
俄克拉何马州	16.29	12.20	40.48	20.83	—	—
南卡罗来纳州	9.65	1.09	52.89	5.20	57.33	15.42

① 厄本，瓦格纳. 美国教育：一部历史档案［M］. 周晟，谢爱磊，译. 北京：中国人民大学出版社，2004：220；MURRAY F. The Negro handbook[M]. New York：Current Reference Publications，1944：55.

续表

州名	1912—1913 学年		1928—1929 学年		1939—1940 学年	
	白人	黑人	白人	黑人	白人	黑人
田纳西州	8.32	3.94	46.52	31.54	—	—
得克萨斯州	10.89	7.50	46.71	39.66	72.72	28.49
弗吉尼亚州	10.92	3.42	47.46	13.30	—	—
平均数	10.05	3.76	42.30	15.86	58.69	18.82

此外，在一些州开始出现了黑人教师与白人教师同工同酬的情况。例如，在华盛顿哥伦比亚特区，黑人教师和白人教师的工资都是 2350 美元，远高于其他州。在密苏里州，黑人教师的工资（1258 美元）甚至超过了白人教师（1153 美元）。在一些州，黑人教师与白人教师的工资已经非常接近，如俄克拉何马州黑人教师与白人教师的工资分别为 933 美元和 1016 美元，马里兰州分别为 1446 美元和 1689 美元。① 1931—1940 年，除 3 个州之外，其他各州黑人教师和白人教师之间的工资差距都在逐渐缩小，下降幅度最大的是俄克拉何马州，下降了 92%。②

大量的事实说明，普莱西案判决后的数十年间，黑人教育取得了重要的发展，入学人数大幅增长，族群的整体教育水平不断提高，这为黑人进一步争取自身的政治、经济和社会权利奠定了重要基础。尽管与白人相比，黑人教育仍处于非常落后的水平，但从历史的角度看，黑人开始摆脱绝对的无知，黑人通过教育实现自我解放的意识已经觉醒，黑人争取自身权利的斗争由此进入一个新的历史阶段。

---

① MURRAY F. The Negro handbook 1946-1947[M]. New York: Current Books, 1947:54.

② MURRAY F. The Negro handbook 1946-1947[M]. New York: Current Books, 1947:55.

五、普莱西案的历史意义

从美国黑人争取自身社会权利和教育权利的历史过程看，普莱西案无疑是黑人通过法律诉讼的途径争取平等权利的一次重要尝试。普莱西案虽然确立了种族隔离的合法性，但它同时也从法律上确立了黑人与白人在教育等社会权利上的平等。对于摆脱奴隶身份 30 多年、正在觉醒中的黑人族群而言，从绝对的不平等到相对的平等，这才是更为重要的法律胜利。黑人教育之所以在 20 世纪初取得具有历史性的发展，并不是没有原因的。尽管黑（人）白（人）隔离的教育距离真正的平等尚有巨大的差距，但在当时的历史条件下，这种有限的进步才是现实的、有可能取得的。隔离下的教育既不会遭到白人的强烈反对从而阻碍黑人教育的发展，又能使黑人子弟在一个较为自然的、不受歧视的环境下接受教育。在当时的时代条件下，隔离实际上发挥了保护平等的屏障作用。只要想象一下 50 年后布朗诉教育委员会案判决生效后所引发的巨大社会动荡，就可以清楚地看到这一点。因此，我们非但不能从道德或道义的角度指责普莱西案判决的不公正，非但不能从当代的视角认为该判决阻碍了美国黑人教育的发展，相反，应该客观地分析该判决事实上所发挥的尽管有限但仍是积极的且影响深远的历史作用。

普莱西案“隔离但平等”的判决实际上是对当时普遍存在的社会现实以及大量判决先例的一种法律认可。作为联邦最高法院首次接受上诉并审理的关于种族隔离的案件，首先，普莱西案严格遵循了英美普通法系遵循先例的原则，是一个逻辑严密、程序正当、论据充分的公正的判决；其次，普莱西案符合当时客观的历史条件和社会现实，是一个符合历史发展规律的客观的判决；最后也是最为重要的是，虽然普莱西案确立了种族隔离的合法性，但判决的重点在于对“平等”

的肯定和强调，而不是“隔离”。最高司法层面对黑人与白人平等权利的认可，对于刚刚摆脱奴隶身份30多年、正在觉醒中的黑人族群而言，才是更为重要的法律胜利。而且在当时的历史条件下，这种“隔离”基础上的“平等”才是现实的和可能的。

主要参考文献

[1] ANDERSON J D. The education of blacks in the South, 1860-1935[M]. Chapel Hill: The University of North Carolina Press, 1988.

[2] BERGMAN P M. The chronological history of the Negro in America[M]. New York: Harper & Row, Publishers, 1969.

[3] BERNSTEIN B J. Plessy v. Ferguson: conservative sociological jurisprudence[J]. The journal of Negro history, 1963, 48(3): 196-205.

[4] BISHOP D W. Plessy v. Ferguson: a reinterpretation[J]. The journal of Negro history, 1977, 62(2): 125-133.

[5] Is racial segregation consistent with equal protection of the laws? Plessy v. Ferguson reexamined[J]. Columbia law review, 1949, 49(5): 629-639.

[6] DELACY G L. The segregation cases: a judicial problem judicially solved[J]. American Bar Association journal, 1957, 43(6): 519-521.

[7] DU BOIS W E B. Does the Negro need separate schools? [J]. The journal of Negro education, 1935, 4(3): 328-335.

[8] FICKER D J. From Roberts to Plessy: educational segregation and the "separate but equal" doctrine[J]. The journal of Negro history, 1999, 84(4): 301-314.

[9] FUNKE L. The Negro in education[J]. The journal of Negro history, 1920, 5(1): 1-21.

[10] GOLUB M. Plessy as "passing": judicial responses to ambiguously

raced bodies in Plessy v. Ferguson[J]. Law & society review，2005，39(3)：563-600.

[11] HARRIS R J. The quest for equality：the Constitution，Congress and the Supreme Court[M]. Baton Rouge：Louisiana State University Press，1960.

[12] 波尔. 美国平等的历程［M］. 张聚国，译. 北京：商务印书馆，2007.

[13] LOFGREN C A. The Plessy Case：a legal-historical interpretation [M]. New York：Oxford University Press，1987.

[14] MAIDMENT R A. Plessy v. Ferguson re-examined[J]. Journal of American studies，1973，7(2)：125-132.

[15] MCNEESE T. Plessy v. Ferguson：separate but equal[M]. New York：Chelsea House Publishers，2007.

[16] US. Bureau of the Census. Historical statistics of the United States，colonial times to 1970[M]. Washington，D. C. ：Government Printing Office，1975.

[17] 布莱斯特，列文森，巴尔金，等. 宪法决策的过程：案例与材料（下册）［M］. 陆符嘉，周青风，张千帆，等译. 北京：中国政法大学出版社，2002.

[18] 常永才. 美国黑人院校的历史回顾与发展展望［J］. 西北民族学院学报（哲学社会科学版），2000（3）：83-88.

[19] 泰亚克. 一种最佳体制：美国城市教育史［M］. 赵立玮，译. 上海：上海人民出版社，2010.

[20] 李晓兵. 从"普莱西案"到"布朗案"：论美国联邦最高法院与受教育权平等保护的实现［J］. 国家教育行政学院学报，2004（6）：88-93.

[21] 刘绪贻，杨生茂. 美国内战与镀金时代（1861-19 世纪末）

[M]. 北京：人民出版社，1990.

[22] 毛艳. 美国黑人政策中的“隔离但平等”原则 [D]. 吉林：吉林大学，2007.

[23] 格兰特. 美国黑人斗争史 [M]. 郭瀛，伍江，杨德，等译. 北京：中国社会科学出版社，1987.

[24] 屈书杰. 美国黑人教育发展研究 [M]. 保定：河北大学出版社，2004.

[25] 滕大春. 美国教育史 [M]. 北京：人民教育出版社，2001.

[26] 厄本，瓦格纳. 美国教育：一部历史档案 [M]. 周晟，谢爱磊，译. 北京：中国人民大学出版社，2004.

[27] 祝贺，张斌贤. 美国公共教育种族隔离合法性的确立：普莱西案始末 [J]. 四川师范大学学报（社会科学版），2013，40（2）：71-76.

[28] 左亦鲁. 五十年后的一份异议 [J]. 读书，2010（1）：103-111.

第四章　爱国教育与宗教自由——麦诺斯维尔诉戈比蒂斯案（1940）

在美国，爱国教育与宗教自由的冲突是一个贯穿于公共教育发展始终的问题。一方面，作为移民国家，通过公立学校的爱国主义教育实现移民的美国化是其迫切的现实需要；另一方面，自由的传统则强调对个人权利的坚定捍卫。二战期间，美国国内再次掀起一股爱国主义教育浪潮，公立学校强制要求学生向国旗致敬，并背诵《效忠誓词》（The Pledge of Allegiance）①，尽管这与部分学生的宗教信仰相悖。由此，美国各州出现了大量“向国旗致敬”的案件。

麦诺斯维尔诉戈比蒂斯案便是这一时期典型的“向国旗致敬案”之一，涉及公立学校学生的宗教自由权利。该案在联邦地区法院审理后上诉至第三巡回上诉法院，并最终由联邦最高法院予以受理。尽管该案的判决在 3 年后的西弗吉尼亚教育局诉巴内特案（West Virginia State Board of Education v. Barnette，319 U. S. 624，1943）中被否决，但作为首个上诉到联邦最高法院并得到受理的向国旗致敬案，它打破了各州对宗教自由判例的绝对控制权，故而在美国教育判例史中具有重要的意义。

---

① 《效忠誓词》最早由乔治·鲍尔奇（George Balch）在 1887 年提出，主要是指对国旗及美利坚合众国的忠诚宣誓，后 1892 年经贝拉米修改，于 1942 年被国会采纳，1945 年确定“The Pledge of Allegiance”为官方名称。

一、“向国旗致敬”的由来

在美国的公立学校中，爱国主义教育内容丰富、形式多样，既包括美国历史与文明等课程学习，也包括向国旗致敬、宣读《效忠誓词》等仪式训练。相较于前者，后者的出现及常规化经历了一个更为漫长的历史过程。

南北战争期间，响应战争的号召，美国北部公立学校的上空一度飘扬着美国国旗。而随着战时爱国主义激情的退潮，公立学校中飘扬的国旗逐渐成为一道罕见的风景。对于当时的学校董事会而言，购置旗杆和国旗以及定期维修的费用是一笔“奢侈”的开支。以纽约市为例，根据学校董事会的预算，“若为每所学校提供旗杆，并定期修缮破损的旗杆，置换国旗和升降索，累计的费用将高达 28 000 美元”①。考虑到这将是笔不小的日常开支，纽约市学校董事会将内战期间遗留下来的旗杆全部撤掉。

而到 19 世纪末，在美国退伍军人组织——“共和国大军”（Grand Army of the Republic）的有意推动和《青年指南》（*Youth's Companion*）杂志②的促销推广下，向国旗致敬的仪式再度复兴。为重新激发爱国精神、捍卫国家统一、抵御战后涌入的新移民潮，退伍军人组织积极地在各州公立学校推广国旗及“国旗授予仪式”。③ 1888 年 10 月，《青年指南》杂志首次将国旗列入促销清单中。此后，在詹姆

① GEORGE T B. Methods of teaching patriotism in the public schools[M]. New York: D. Van Nostrand, 1890: 61-62.

② 《青年指南》是 19 世纪末到 20 世纪初美国销量最大的一本周刊家庭杂志。

③ 1888 年，纽约的一些公立学校最先开始举行某种升旗仪式。在每天的晨会上，由学生国旗手列队经过操场，然后升起国旗。退伍军人查尔斯·荷马（Charles F. Homer）将此仪式引入纽约的城市学院，在举行升国旗仪式的同时，告诫学生尽管他们的族裔、方言与肤色并不相同，但他们此刻共同聚焦在同一面国旗下。

斯·厄珀姆（James B. Upham）的领导下，通过赞助国旗征文比赛、举办“哥伦布发现美洲400周年纪念”、芝加哥世界博览会等活动，《青年指南》杂志有力地促进了国旗以及升国旗仪式在美国公立学校中的普及。

1892年，应哥伦比亚公立学校庆典之需，厄珀姆的助手佛朗西斯·贝拉米（Francis Bellamy）——浸礼派牧师撰写了《效忠誓词》：“我宣誓效忠吾旗及其所象征的共和国，家国一体，自由公正与我们同在。”① 向国旗致敬与宣读《效忠誓词》这一仪式逐渐为公立学校所采用，成为爱国主义教育的重要组成部分。随后，在学校法的规定中，这一仪式的自愿性质逐渐丧失殆尽。1907年，堪萨斯州率先出台了向国旗致敬法案。到了一战期间，更多的州通过了类似的法案。

二、冲突：拒绝向国旗致敬

20世纪30年代，麦诺斯维尔（Minersville）是宾夕法尼亚州东部的一个矿区小城市。凭借着轰动一时的麦诺斯维尔诉戈比蒂斯案，这个名不见经传的城市逐渐为人所知。同其他许多美国公立中小学一样，麦诺斯维尔小学要求学生每天向国旗致敬，并宣读《效忠誓词》，这被当作是学校爱国主义教育的重要内容之一。然而，这一被视为理所当然的要求很快就将受到耶和华见证会（Jehovah's Witnesses）② 信徒的挑战。后者将《圣经》（*Bible*）视为最高权威，他们相信耶和华是真神，讨厌偶像崇拜，拒绝向除上帝以外的任何偶像致敬。

---

① ELLIS R J. To the flag: the unlikely history of the Pledge of Allegiance[M]. Lawrence: University Press of Kansas, 2005: 19.

② 耶和华见证会源于19世纪80年代的圣经学生运动（Bible Student Movement），是由查尔斯·罗素（Charles Russell）牧师创建的一个小教派，始建于1881年，原名为耶路撒冷守望会（Zion's Watch Tower Tract Society），后于1931年正式更名为耶和华见证会。

1935年6月3日，在周例会上，被问及对于“儿童在学校里向国旗致敬”的看法时，耶和华见证会的会长约瑟夫·卢瑟福德（Joseph Franklin Rutherford）表示，“向一个实质性的象征致敬，并宣誓服从，这是对上帝的不忠”①。在此之后，根据《圣经》和牧师的教导，陆续有一些家庭的孩子开始拒绝向国旗致敬。1935年，马萨诸塞州林恩市3年级学生查尔斯·尼克尔斯（Charles Nicholls）率先公开拒绝背诵《效忠誓词》，并因此被学校开除。对此，卢瑟福德发表了广播演说，对学生的行动予以肯定和支持。在广泛的媒体关注下，马萨诸塞州最高法院审理了此案，并判决强制性向国旗致敬的行为要求不能因宗教理由而豁免。②

尽管如此，一石激起千层浪，更多耶和华见证会家庭的孩子开始拒绝向国旗致敬和背诵《效忠誓词》，戈比蒂斯（Gobitas）③ 家的孩子便是其中之一。12岁的莉莲·戈比蒂斯（Lillian Gobitas）和她10岁的弟弟威廉·戈比蒂斯（William Gobitas）翻阅了《圣经·旧约》。其中，《出埃及记》中写道，不可雕刻偶像，向其跪拜。在后来的回忆录中，莉莲·戈比蒂斯写道，“爸爸和妈妈并没有给我们压力，让我们对此（指向国旗致敬）感到内疚。但是，到9月份，学校开学后，我们便十分清楚自己该做什么。……10月6日，卢瑟福德面向全美，发表了一场题为《向国旗致敬》的广播演说，向我们解释了向国旗致敬实际上意味着偶像崇拜，而主耶和华并不允许我们这样做”④。无疑，卢瑟福

① 1975 yearbook of Jehovah's Witnesses(United States of America: Part 2)[EB/OL]. [2023-07-01]. https://www.jw.org/en/library/books/1975-Yearbook-of-Jehovahs-Witnesses/Part-2-United-States-of-America/.

② Nicholls v. Mayor and School Committee of Lynn, 7N. E. 2d 577(1937).

③ 在法院的判词中，名字被误拼成“Gobitis”，实际上正确的拼写是“Gobitas”。PETERS S F. Judging Jehovah's Witnesses: religious persecution and the dawn of the rights revolution[M]. Lawrence: University Press of Kansas, 2000: 13.

④ GOBITIS L. The courage to put God first[N]. Awake, 1993-07-22(13).

德的广播演说激励了莉莲·戈比蒂斯和威廉·戈比蒂斯，他们决心不再向国旗致敬及背诵《效忠誓词》。

1935年10月22日，在班级晨会上，威廉拒绝再向国旗致敬，尽管老师多次试图动手将威廉插在口袋中的手掏出来，强制他把手竖起来。次日，莉莲也向她所在班级的老师说明了自己的情况。公开拒绝向国旗致敬，使得戈比蒂斯一家坠入了一个更具敌意的环境。莉莲回忆道："当我来到学校，他们便纷纷朝我扔细卵石，并嚷道，'耶和华来了'！"[①] 更为糟糕的是，当地的天主教会以此为由，伺机报复，向戈比蒂斯家经营的商店发起了联合抵制，使得商店的销售额大幅下降。尽管如此，莉莲和威廉还是坚持他们的做法。校方采取了各种措施，并进行了细致的说服工作，但仍无济于事。为贯彻向国旗致敬的做法，学校董事会最终于11月6日通过了一项校规，规定全体师生每天都必须向国旗致敬，拒绝向国旗致敬将被视为违反校规，按例加以处置。[②] 据此，校方在当日开除了莉莲和威廉。

威廉和莉莲的父亲沃尔特·戈比蒂斯（Walter Gobitas）赶紧找到校方，表示向国旗致敬的确是爱国情操和公民良好素质的表现，但是这与他们的宗教信仰相悖。他们很爱美国，但也很崇敬上帝，并认为爱国公民一定也是崇敬上帝的人。他们并不要求学校取消向国旗致敬的仪式，只是希望校方不要再强迫他们的孩子做出违背他们宗教信仰的行为。校方则认为，向国旗致敬既是州法也是校规，不能通融。况且，这种爱国主义教育对儿童有益无害，不应该有例外。沃尔特不愿妥协，然而私立学校高昂的学费令戈比蒂斯一家捉襟见肘。

于是，在美国公民自由联盟（American Civil Liberties Union）的帮助下，1937年，沃尔特向费城的联邦地方法院提起了诉讼，控告麦

---

① PANCHYK R. Our Supreme Court：a history with 14 activities[M]. Chicago：Chicago Review Press，2006：77.

② Gobitis v. Minersville School District，21 F. Supp. 581(E. D. Pa. ，1937).

诺斯维尔学校侵犯了他家孩子的宗教自由权，请求法院发布强制命令，使他的孩子能够重获在公立学校接受教育的权利，并免于向国旗致敬。督学查尔斯·鲁德布什（Charles Roudabush）则对戈比蒂斯家孩子的信仰的真诚度提出质疑，声称他们被“洗脑”了。另外，鲁德布什主张，倘若以宗教信仰为由免除了这些孩子“向国旗致敬”的义务，这将削弱学校整体的爱国主义教育效果。1938 年 6 月，地方法院最终判决沃尔特胜诉。法官艾伯特·马利斯（Albert B. Maris）指出，宾夕法尼亚州宪法的第 1 项条款保障了个人的宗教自由不受侵犯：“所有人都拥有一项绝对的自然权利，即按照自己良心的要求侍奉万能的上帝；在任何情况下，世俗权威都不能干涉这项权利。”① 所谓的“良心权利”（the right of conscience），指在不侵害国家安全、财产及其他人的权利的前提下，个体享有的宗教信仰自由权利以及基于良心的豁免权。②

马利斯向戈比蒂斯一家表示了敬意，肯定了他们都是忠诚的美国公民。在本案中，未成年原告拒绝向国旗致敬的行为是基于真诚的宗教信仰，而并非是对政府权威的恶意挑衅。因此，这一行为无论如何都不会危及公共安全，或侵犯其他市民的个人权利。按照宾夕法尼亚州学校法的规定，接受义务公共教育既是他们的权利，也是他们的义务。在其父亲沃尔特无力承担私立学校教育费用的情况下，公立学校有责任为他们提供免费的公共教育，不能将“向国旗致敬作为儿童入学的一个前提条件”③。

通过对既往的向国旗致敬案④的分析，马利斯指出，此前的判决轻

---

① Gobitis v. Minersville School District，21 F. Supp. 581（E. D. Pa.，1937）.

② Gobitis v. Minersville School District，21 F. Supp. 581（E. D. Pa.，1937）.

③ Gobitis v. Minersville School District，21 F. Supp. 581（E. D. Pa.，1937）.

④ Hering v. State Board of Education，117 N. J. L. 455，189A. 629，affirmed 118 N. J. L. 566，194 A. 177；Leoles v. Landers（Ga. Sup.）192 S. E. 218；Nicholls v. Mayor and School Committee of Lynn（Mass.）7 N. E. 2d 577，110 A. L. R. 377. 与费城联邦地方法院的判决相反，上述判例判决校方胜诉，并断定向国旗致敬没有宗教含义。

视了宗教自由这一基本原则。也就是说，除非存在高于一切的公共需求，否则即便是得到授权的法官，也无权审查他人的宗教信仰、控制他人的行为。既往判例主要依据的是联邦最高法院的一项判决——哈密顿诉加利福尼亚大学董事会①。在该案的判决中，最高法院主张大学董事会有权因学生拒绝参加军训而予以开除。但是马利斯认为，该案与向国旗致敬案的具体情况是不同的②，因此无法将之作为判决的法律依据。最后，马利斯动情地呼吁道："我们所热爱的国旗，是宗教自由的象征。……如今，宗教不宽容在世界其他地区重新抬起它那丑陋不堪的头颅。在此形势下，通过基本法保障公民的自由，使其免受侵蚀，就显得至关重要！"③

三、反复：案件的上诉与审理

对于费城联邦地方法院的决议，麦诺斯维尔学校董事会极不满意。在判决后两周内，学校董事会经过内部讨论，一致决定向第三巡回上诉法院提起诉讼。1938 年 10 月 9 日，校方提起的诉讼由第三巡回上诉法院的威廉·克拉克（William Clark）法官开庭主审，双方进行了口头辩论。校方聘请了费城律师协会的约瑟夫·亨德森（Joseph Henderson）为其辩护，而美国公民自由联盟则以"法庭之友"（amicus curiae）④ 的身份支持戈比蒂斯一方。一年后，第三巡回上诉法

---

① Hamilton v. Regents of University of California, 293 U. S. 245, 55 S. Ct. 197, 204, 79 L. Ed. 343.

② 哈密顿诉加利福尼亚大学董事会案中，学生是自愿选择的加利福尼亚大学，因此校方此举并未侵犯学生的宗教自由权利，而且在此案中存在着高于一切的公共需求，即通过军事训练，防卫州的公共安全。

③ Gobitis v. Minersville School District, 21 F. Supp. 581(E. D. Pa., 1937).

④ 法庭之友是美国司法制度中的特殊一方，主要职能是充当法官的顾问，协助法庭解决问题。

院的 3 位法官一致同意，维持原判。

通过援引多位建国先贤和法学权威的观点，判决反复强调了宗教自由的神圣不可侵犯性。无论是托马斯·杰斐逊（Thomas Jefferson）所说的——“我将宗教视为所有人与其造物主之间的私人事务，其他人无权干涉”①，还是乔治·华盛顿（George Washington）所强调的——“守护所有人的良心是政府的责任……所有人良心上的不安都应得到精心、温柔的对待”② 等，指涉的均是最为广义的“宗教宽容”。而校方的申诉，强调为“宗教自由”确立一般标准，将耶和华见证会信徒排除在外，是“宗教不宽容”的表现。

另外，向国旗致敬并非是培养学生对国家的忠诚的唯一途径。作为爱国主义教育方式之一，其有效性亦颇有争议。正如诸多教育心理学方面的相关分析和批评所指出的，“违背学生的宗教信仰，强迫学生向国旗致敬，会引起学生的逆反心理，其效果恰恰与校方的意图背道而驰”③。将向国旗致敬指定为一项“例行公事”，而不强调学生内在的爱国情感培养，会使学生对其敷衍了事，于爱国主义教育无益。

学校董事会对判决不服，于 1940 年上诉至联邦最高法院。此前不久，也有一个拒绝向国旗致敬的案子上诉至联邦最高法院，但联邦最高法院以“属于州管辖范围”为由而不予受理。④ 然而此时，上诉案件的形势已经发生了变化。之前的案子都是校方胜诉，而本案却是校方败诉。此外，第二次世界大战已在欧亚大陆如火如荼地展开，美国时刻面临着卷入战争的威胁，故国内的爱国主义激情有所抬头。在此背景下，最高法院破例受理了这一案件。

---

① Minersville School District v. Gobitis, 108 F. 2d 683(3d Cir. , 1940).

② Minersville School District v. Gobitis, 108 F. 2d 683(3d Cir. , 1940).

③ Minersville School District v. Gobitis, 108 F. 2d 683(3d Cir. , 1940).

④ Gabriell v. Knickerbocker 12 Cal. 2d 85, 82 P. 2D 391, appeal dismissed and certiorari denied, 306 U. S. 621, 59 s. Ct. 786, 83 L. Ed. 1026.

1940 年 4 月 25 日，联邦最高法院开庭审理此案。作为上诉方代表，亨德森首先陈述说明，学校董事会依据宾夕法尼亚州法做出决定，要求学生向国旗致敬。因此，学校董事会所做的决定具有充分的合法性，开除学生是其自决权力。其次，通过援引多项既有判例①，亨德森证明学校董事会开除戈比蒂斯家孩子的决定并未侵犯他们的宪法权利。戈比蒂斯家的孩子称，拒绝向国旗致敬是因为他们认为这违背了《圣经》中的上帝律法，但亨德森认为，向国旗致敬并不与其宗教信仰相抵触。向国旗致敬的仪式并非是偶像崇拜的形式之一，并不影响学生对造物主的看法。"正如美国历史课和公民课等课程的学习一样，向国旗致敬也是爱国主义教育的一部分，仅仅是为了培养学生对国家的忠诚，并没有宗教含义。"②

针对亨德森的主要论点，被告方辩护律师——哈佛法学院教授乔治·加德纳（George K. Gardner）逐条加以反驳。首先，加德纳明确指出，"麦诺斯维尔学校董事会所制定并实施的校规——强迫学生向国旗致敬——违背了美国宪法第 14 修正案及宾夕法尼亚宪法的第 1 条款，侵犯了学生的公民自由权"③。与亨德森反复强调的恰好相反，戈比蒂

① Leoles v. Landers, 302 U. S. 656; Hering v. State Board of Education, 303 U. S. 624; Gabrielli v. Knickerbocker, 306 U. S. 621; Johnson v. Deerfield, 306 U. S. 621; Johnson v. Deerfield, 307 U. S. 650; Leoles v. Landers, 184 Ga. 580; Hering v. State Board of Education, 118 N. J. L 566; Gabriell v. Knickerbocker, 12 Cal. 2d 85; Johnson v. Deerfield, 25 F. Supp. 918; People v. Sandstrom, 279 N. Y. 523; Nicholls v. Mayor, 7 N. E. 2d 577; Hamilton v. Regents, 293 U. S. 245; Coale v. Pearson, 290 U. S. 597; Reynolds v. United States, 98 U. S. 145; Davis v. Bearson, 133 U. S. 333; Jacobson v. Massachusetts, 197 U. S. 11; Selective Draft Law Cases, 245 U. S. 366; Shapiro v. Lyle, 30 F. 2d 971; United States v. MacIntosh, 283 U. S. 605, 625.

② KNAEBEL E. Cases adjudged in the Supreme Court[M]. Vol. 310. Washington, D. C.: Government Printing Office, 1940: 588-589.

③ KNAEBEL E. Cases adjudged in the Supreme Court[M]. Vol. 310. Washington, D. C.: Government Printing Office, 1940: 589.

斯家的孩子拒绝向国旗致敬是基于对《圣经》的严格信奉，而不是出于神秘的猜想。通过对《圣经》的逐字引用，加德纳说明了向国旗致敬对于耶和华见证会的信徒来说意味着跪拜偶像，与其宗教信仰相悖。因此，向国旗致敬就不仅仅是一种纯粹的爱国主义仪式，强制向国旗致敬的规定无疑侵犯了这部分学生的宗教自由权。本案的关键问题在于："个人是否拥有信仰上帝并遵从万能的上帝的法则的自由，尤其是当个人的宗教信仰与州所制定的法律或规则相冲突时。"[①] 通过对以往判例的追溯，加德纳认为，答案是肯定的，特别是由于向国旗致敬仍只是公立学校爱国主义教育的一项试验，尚未有明显的效果。学生因遵从其良心的指示，拒绝向国旗致敬。学校倘若因此而开除学生，剥夺他们接受公立学校教育的机会，是错误且极其残忍的。

除此之外，美国法律协会《权利法案》委员会（Committee on the Bill of Rights of the American Bar Association）[②] 与美国公民自由联盟也以法庭之友的身份，向最高法院提交了几份简短声明，为戈比蒂斯一家做了辩护。"对于被告方而言，向国旗致敬就意味着一项宗教仪式。"[③] 声明建议美国各法院尊重个人的宗教自由权。此外，"原告所宣称的公共需求并不充分，而且即便这项有争议的法规（强制性向国旗致敬）的确服务于公共目的，那也应该采取其他更为合理的方式，而

① KNAEBEL E. Cases adjudged in the Supreme Court[M]. Vol. 310. Washington, D. C.: Government Printing Office, 1940: 589.

② 美国法律协会《权利法案》委员会正式建于 1938 年。20 世纪 30 年代早期，美国国会颁布了大量的忠诚法令，对个人自由造成了极大的威胁。因此，美国法律协会的核心成员格林威尔·克拉克（Grenville Clark）建议组建《权利法案》委员会，以调查这一时期大量出现的侵犯个人宪法权利的案件。

③ GARRATY J A. Quarrels that have shaped the Constitution[M]. New York: Harper & Row, 1987: 292.

不是违背儿童的宗教信仰”[①]。为确保案件胜诉，美国公民自由联盟更是动员了国内一大批法学权威在这几份声明上签字声援。尽管如此，1940 年 6 月 3 日，最高法院仍以 8∶1 的悬殊票数判决戈比蒂斯败诉。首席大法官查尔斯·休斯（Charles Evans Hughes）指定大法官费莱克斯·法兰克福特（Felix Frankfurter）来起草并宣读多数意见。[②] 考虑到法兰克福特是出生于奥地利的犹太移民，这一任命带有明显的象征意义。

在开篇中，法兰克福特强调“法院的一个重要责任是必须在自由和权威的冲突中寻求协调。当所涉及的自由是宗教自由，而权威又是保卫国家民众的权威时，司法良心就面临着最为严峻的考验”[③]，承认了此案涉及个人的宗教自由。然而，在肯定了个人的宗教信仰自由之后，他话锋一转，指出个人的宗教信仰自由有其限度，并非绝对。良序、稳定的社会是确保宗教宽容的前提条件。

因此，当个人的宗教信仰和政治社会的利益相抵触时，当事人便不能推卸其政治责任。而向国旗致敬就是这样一种不能推卸的政治责任，为此法兰克福特特别论述了国旗作为国家象征的重要性。“我们靠象征生活。国旗是我们国家统一的象征，它在宪法的框架内超越了我们内部的分歧，无论这种分歧是多么巨大。[④]”因此，“国旗是民族力量的象征，是自由最具有意义的标志”[⑤]。

既然民族团结是国家安全的基础，国旗又是国家的象征，学校便

---

① GARRATY J A. Quarrels that have shaped the Constitution[M]. New York: Harper & Row, 1987: 292.

② BAKER L. Brandeis and Frankfurter: a dual biography[M]. New York: Harper & Row, 1984: 400.

③ Minersville School District v. Gobitis, 310 U. S. 586, 591(1940).

④ Minersville School District v. Gobitis, 310 U. S. 586, 591(1940).

⑤ Minersville School District v. Gobitis, 310 U. S. 586, 591(1940).

可以要求学生向国旗致敬并将其作为强制性活动，倘若以宗教信仰为由抵制这一活动，就会损害学校这一爱国主义教育的效果。最后，法兰克福特再次重申了司法审判中的抑制原则，① 强调学校董事会在教育管理上的自决权。“法院既不是全国的教育局，也不是教育政策等具体问题的辩论舞台。我们不应也无权代替学校董事会选择最佳的爱国主义教育方案。”②

对于法兰克福特所撰写的判决意见，威廉·道格拉斯（William O. Douglas）大法官给予了高度的评价，“这份判决是一份非常感人的、拥有不可估量的历史价值的文件”③。另外，由于大法官们在会议讨论期间保持了沉默，并未提出反对意见，因此原先的预期是联邦最高法院的 9 名大法官能够就最终判决达成一致意见。根据道格拉斯的回忆，哈兰· 斯通（Harlan Fiske Stone）大法官直到 1940 年 5 月 30 日（即法兰克福特提交其起草的判决意见的前一天）才递交了其不同意见，且并未为其立场据理力争。④

在法庭上，斯通宣读了自己的不同意见：“本案压制言论自由和宗教信仰自由，这一做法违反第 14 修正案，也理应为宪法第 1 修正案所禁止。它所显示的是州用法律强迫学生表达一种他们不愿表达的情感，这种强制已违背了他们的宗教信仰。”⑤ 在他看来，培养学生的爱国精神，有很多其他更好的办法，大可不必采用强迫的方式，“诱导他们自

---

① POSNER R A. The rise and fall of judicial self-restraint[J]. California law review, 2012(3):519-556.

② Minersville School District v. Gobitis, 310 U. S. 586, 591(1940).

③ BAKER L. Brandeis and Frankfurter: a dual biography[M]. New York: Harper & Row, 1984:401.

④ DOUGLAS W O. The court years, 1939-1975[M]. New York: Random House, 1980:43-45.

⑤ Minersville School District v. Gobitis, 310 U. S. 586, 591(1940).

动地表示忠诚是一回事，强制他们这样做又是另一回事”[①]。他进一步阐述道，宪法“对公民自由的保证，实际上就是对人们心智和心灵自由的保证，以及对合理地表达这种心智、心灵的自由及机会的保证”[②]。

四、宗教迫害：判决影响恶劣

最高法院的判决引起舆论的一片哗然。据统计，共有170多份重要的报纸纷纷发声谴责，仅有少数几份报纸表示支持。在“一片倒”的批评声中，美国中西部最有影响的一份报纸《圣路易斯邮报》（*The St. Louis Post-Dispatch*）的评论颇具代表性：“最高法院的这一判决违背了美国原则，大错特错。我们认为最高法院已经向普遍的歇斯底里投降。如果爱国精神依赖这样的做法——侵犯人民最基本的宗教自由权——来培养的话，爱国精神就不再是高尚的，而是一种通过法律来灌入我们喉咙的东西。”[③]

更令人难堪的是来自法庭之友们的强烈质控。美国公民自由联盟的创始人之一——罗杰·鲍德温（Roger N. Baldwin）称：“在以往的同事所做的各项判决中，没有比他（法兰克福特）为强制性向国旗致敬所做的辩护更令人寒心的。这使我们的友谊难以维系下去。”[④] 大法官法兰克福特曾经的“盟友”泽卡赖亚·查费（Zechariah Chafee）则预言道，“他们将后悔其在目前的紧急情况下所做的各项决定，而这一

---

① Minersville School District v. Gobitis, 310 U.S. 586, 591(1940).

② Minersville School District v. Gobitis, 310 U.S. 586, 591(1940).

③ GARRATY J A. Quarrels that have shaped the Constitution[M]. New York: Harper & Row, 1987: 298.

④ BAKER L. Brandeis and Frankfurter: a dual biography[M]. New York: Harper & Row, 1984: 399.

判决无疑将首当其冲”[①]。面对朋友的纷纷质疑，法兰克福特不得不在信件中为自己辩解，“毫不夸张地说，近30年来，我始终奋战在公民自由的前线。……难道你真认为我会在一夜之间改弦更张？你说我被战争的歇斯底里洗脑了，但实际上判决的主要意见在战前的几周内就起草完毕了”[②]。

然而，判决所产生的恶劣影响，远远超出了联邦最高法院大法官们的预料。受到戈比蒂斯案判决的鼓励，更多的州议会陆续通过法律，要求学校的学生和教师定期向国旗致敬并背诵《效忠誓词》。许多学生因拒不服从而被学校开除，被迫失学。例如，在西弗吉尼亚州，7名来自耶和华见证会信徒家庭的孩子被学校开除，学校当局甚至威胁要把他们送到少年犯教养所。[③] 此外，判决掀起了一股狂热的爱国主义浪潮。在爱国主义的旗帜下，全美各州相继发生了大大小小的暴乱，各地的耶和华见证会信徒遭到无端的攻击。1940年6月9日，缅因州内，2500名暴徒焚毁了肯纳邦克波特镇的一座耶和华见证会的“王国会堂”(Kingdom Hall)。[④] 6月16日，伊利诺伊州利奇菲尔德市的警官以“保护”之名将60名耶和华见证会信徒逮捕入狱。6月27日，密西西比州内的美国退伍军人协会成员将其州内的耶和华见证会信徒驱逐出境。[⑤]诸如此类的宗教迫害案件在全美各州频繁爆发。据美国公民自由联盟1941年的统计，全美共发生了236起攻击耶和华见证会信徒的事件，

---

① BAKER L. Brandeis and Frankfurter：a dual biography[M]. New York：Harper & Row，1984：401.

② BAKER L. Brandeis and Frankfurter：a dual biography[M]. New York：Harper & Row，1984：401-402.

③ 任东来，陈伟，白雪峰，等. 美国宪政历程：影响美国的25个司法大案［M］. 北京：中国法制出版社，2015：171.

④ GOBITIS L. The courage to put God first[N]. Awake，1993-07-22(13).

⑤ GARRATY J A. Quarrels that have shaped the Constitution[M]. New York：Harper & Row，1987：292-299.

共有 1000 人受到伤害。它甚至宣称“自摩门教徒受打击以来，还没有哪一个宗教组织受到过如此迫害”①。对此，《圣路易斯邮报》的评论十分中肯：“到目前为止，各地爆发了大量针对少数宗教群体的暴乱，将此完全归咎于联邦最高法院关于公立学校强制性向国旗致敬的判决，明显是错误的。然而毋庸置疑的是，这一判决刺激了那些自命为爱国主义卫士的人擅自执法。”② 正如一位南部治安官在采访中所说的：“最高法院说了，他们（耶和华见证会信徒）是叛徒，你没听见吗?”③

五、推翻判决：日益宽泛的自由内涵

学术界持续不断的批评与指责、各地相继爆发的宗教迫害与暴乱，一再刺激着联邦最高法院的大法官们，促使他们反思自己在戈比蒂斯案判决中的立场。原先站在法兰克福特一边的 3 位大法官：雨果·布莱克（Hugo Black）、弗兰克·墨菲（Frank Murphy）和道格拉斯纷纷表示戈比蒂斯案的判决“是一个错误的决定”④。联邦最高法院最终在 1943 年的西弗吉尼亚教育局诉巴内特案以 6∶3 的票数推翻了戈比蒂斯案的判决，宣判强制性向国旗致敬的要求违宪。

新任大法官罗伯特·杰克逊（Robert Jackson）从一个新的角

---

① MAURO T. Illustrated great decisions of the Supreme Court[M]. 2nd ed. Washington, D. C.:Congressional Quarterly Inc,2006:143.

② GARRATY J A. Quarrels that have shaped the Constitution[M]. New York:Harper & Row,1987:299.

③ PETERS S F. Judging Jehovah's Witnesses: religious persecution and the dawn of the rights revolution[M]. Lawrence:University Press of Kansas,2000:84.

④ West Virginia State Broad of Education v. Barnette,319 U. S. 624,632(1943).

度——言论自由权利[①]出发，为个人权利展开有力的辩护。向国旗致敬“是一种言说的形式。象征表达是原始但却有效的思想传递方式”[②]。《权利法案》捍卫个人的言论自由，不允许公共权力强迫个人说他并不想说的话。政府可以通过劝说或树立榜样的方式来促进国家团结，但倘若他们采取强制的办法，那么“他们实际上正在消灭异己。舆论的强行一致只会导致墓地才有的寂静”[③]。最后，杰克逊充满感情地呼吁道：“如果在我们宪法的星空上有一颗不变的星辰，那就是，无论是在政治、民族主义、宗教，还是其他舆论的问题上，任何官员，不管其职位高低，都无权决定什么是正确的，也无权用言语或行动来强迫公民表达他们的信念。如果有什么情形允许这一例外，那么，我们现在决不允许它们发生！”[④]

“杰克逊铿锵有力的阐述，成为最高法院对个人权利经典性的表述。此后，他的这一声音一直回响在最高法院100多个有关个人权利案件中，构成了美国当今言论多元化甚至是极端化的法律基石。”[⑤] 然而，有关公立学校向国旗致敬问题的法律争执却尚未尘埃落定。2002年，加利福尼亚州的一位无神论者迈克尔·纽道（Michael Newdow）就公立学校要求学生背诵《效忠誓词》的合法性提出质疑，向旧金山第九

---

① 在戈比蒂斯案中，辩论双方主要围绕着宗教自由原则展开。辩论的焦点问题之一就是向国旗致敬是否违背了戈比蒂斯一家的孩子的宗教信仰。戈比蒂斯一家的孩子基于宗教理由要求免除向国旗致敬、宣读《效忠誓词》等行为。因此，法官在审判时的一个难题就是判别耶和华见证会信徒的信仰是否真诚。杰克逊从言论自由的角度出发，展开论述，巧妙地避开了这一难题。

② West Virginia State Broad of Education v. Barnette, 319 U. S. 624, 632(1943).

③ West Virginia State Broad of Education v. Barnette, 319 U. S. 624, 632(1943).

④ 任东来，陈伟，白雪峰，等. 美国宪政历程：影响美国的25个司法大案［M］. 北京：中国法制出版社，2015：173-174.

⑤ 任东来，陈伟，白雪峰，等. 美国宪政历程：影响美国的25个司法大案［M］. 北京：中国法制出版社，2015：174.

巡回上诉法院提起诉讼。根据美国宪法第 1 修正案政教分离条款，他控告加州教育条例和学校规定违法，要求国会去掉《效忠誓词》中的“上帝”一语，让他的女儿能够在无神论的宽松环境下自由成长。旧金山第九巡回上诉法院最终以多数票判决纽道胜诉，认为加州学区的规定“违反了宗教分离条款”①。这一判决旋即激起了一阵轩然大波，再次将公立学校中的爱国教育与宗教自由问题推向舆论的风口浪尖。

作为一个多元的移民国家，宗教问题在美国公共教育发展中挥之不去且备受争议。尤其是当公立学校中的爱国主义教育受到宗教自由的挑战时，这种争议就更为激烈。尽管 18 世纪后期的美国宪法及其修正案确立了政教分离的原则，但这并不能一劳永逸地解决公共教育中的宗教问题。自 20 世纪三四十年代以来，一系列向国旗致敬案艰难的审理过程，充分反映了这一问题的复杂性。在司法判决中，爱国教育与宗教自由所取得的动态平衡，仍将面临新时代持续不断的考验。

主要参考文献

[1] GEORGE T B. Methods of teaching patriotism in the public schools[M]. New York:D. Van Nostrand,1890.

[2] KNAEBEL E. Cases adjudged in the Supreme Court[M]. Vol. 310. Washington,D. C. :Government Printing Office,1940.

[3] GARRATY J A. Quarrels that have shaped the Constitution [M]. New York:Harper & Row,1987.

[4] DOUGLAS W O. The court years,1939-1975[M]. New York: Random House,1980.

[5] BAKER L. Brandeis and Frankfurter: a dual biography[M]. New York:Harper & Row,1984.

---

① Newdow v. U. S. Congress. 292 F. 3d 597(9th Cir. ,2002).

［6］任东来，陈伟，白雪峰，等．美国宪政历程：影响美国的25个司法大案［M］．北京：中国法制出版社，2015.

［7］MAURO T. Illustrated great decisions of the Supreme Court［M］. 2nd ed. Washington，D. C.：Congressional Quarterly Inc，2006.

［8］PETERS S F. Judging Jehovah's Witnesses：religious persecution and the dawn of the rights revolution［M］. Lawrence：University Press of Kansas，2000.

第五章　最高法院的判决是否错误？——布朗诉教育委员会案（1954）

美国是一个多种族的国家，如何实现不同种族之间的教育权利平等一直是美国教育史上一个重大且关键的问题，其中如何实现黑人和白人之间的教育权利平等则是诸多问题的重中之重。1954年，联邦最高法院在布朗诉教育委员会案（以下简称“布朗案”）中判决“公共学校中的种族隔离制度违宪”，从而废除了美国南方公共学校中种族隔离的合法性。这一里程碑式的案件从产生到获得最终判决共历时5年，联邦最高法院先后有11位大法官（包括两名首席大法官）参与了该案的审理；这一案件的审判牵动着全部美国人的神经，上至美国总统，下至普通民众都关注此案的判决情况。但一贯尊重最高法院判决意见的美国各州却迟迟不执行布朗案判决，直到1964年几乎“什么都没有发生”①，绝大部分黑人学生仍然在种族隔离的学校中读书。1955—1956学年，美国南方各州与白人同校上学的黑人儿童的比例是0.12%；1958—1959学年，这一比例仅上升至0.13%。② 在布朗案判决8周年纪念日——1962年5月17日即将到来之时，一些观察家经过统计得出

---

① MUSE B. Ten years of prelude: the story of integration since the Supreme Court's 1954 decision[M]. New York: The Viking Press, 1964: 1.

② ROSENBERG G N. The hollow hope: can courts bring about social change? [M]. 2nd ed. Chicago: University of Chicago Press, 2008: 50.

这样的结论：如果不考虑合校速度的加快，将需要 7288 年的时间才能完成 10 个州 2 482 170 名黑人学生与白人学生合校的工作。[①] 1966 年，詹姆斯·科尔曼（James Samuel Coleman）在《教育的平等机会》中以全美国 1 年级和 12 年级的学生为例，指出 80%的白人学生就读于白人比例为 90%—100%的学校，而 65%的黑人小学生就读于黑人比例为 90%—100%的学校。[②] 实施布朗案判决过程中引起的重重困难让人们开始对这一判决本身的正确性产生怀疑：布朗案是否判错了？想要客观、历史地评价布朗案，就要将这一判例置于美国南方教育发展的历史当中，置于布朗案产生和审理的过程中。

一、隔离但不平等：布朗案之前的美国南方教育

所谓的美国南方也经常被称为美南、迪克西，或者直接被称为南方，这片地区指的是美国南部至东南部一大片广袤多元、气候类型多样的地区。这一地区在历史上存在着区域的变化，不仅仅是一个地理概念，更是一个政治、历史和文化的概念。到 1790 年左右，由美国测量员查尔斯·梅森（Charles Mason）、耶利米·迪克逊（Jeremiah Dixon）于北纬 39°43′26.3″测绘的梅森-迪克逊线（Mason-Dixon Line）已经成为公认的南北方分界线，该线以北为自由州，以南为蓄奴州。在奴隶制基础上，南方发展起了大种植园经济并将势力四处延伸，南方的范围有所扩大。[③] 现代意义上的美国南方包括 17 个州——分别是

---

① COOK J G. The segregationists[M]. New York: Appleton-Century-Crofts, 1962: introduction.

② COLEMAN J S, CAMPBELL E Q, HOBSON C J, et al. Equality of educational opportunity[R]. Washington, D. C.: Government Printing Office, 1966: 3.

③ 张友伦，肖军，张聪，等著. 美国社会的悖论：民主、平等与性别、种族歧视[M]. 北京：中国社会科学出版社，1999：159-161.

得克萨斯州、亚拉巴马州、佐治亚州、阿肯色州、路易斯安那州、密西西比州、田纳西州、佛罗里达州、弗吉尼亚州、南卡罗来纳州、北卡罗来纳州、肯塔基州、俄克拉何马州、密苏里州、马里兰州、特拉华州和西弗吉尼亚州。这17个州在1954年布朗案判决之前都有明确的法律要求在社会生活中实施种族隔离。此外，由于黑人数量、经济类型以及与北方各州的联系紧密程度等因素的不同，这17个州在社会生活中表现出的种族主义程度也不尽相同。在这些州中，以“南方腹地”（Deep South）各州——路易斯安那州、密西西比州、亚拉巴马州、佐治亚州和南卡罗来纳州的种族主义最为严重。这些州在内战之前对大种植园经济的依赖程度最为强烈，在政治上具有强烈的民主党倾向。南方各州虽然文化迥异，但都具有强烈的个人主义、地方主义和保守主义色彩。南方各地区之间同质化程度很高但城市化水平低，它们各自为战并且存在激烈的竞争。

美国内战之前，绝大多数的黑人作为奴隶处于社会的最底层，对白人奴隶主而言他们只是会说话的工具，毫无权利可言，黑人尤其是黑人奴隶能够获得的教育微乎其微。[①] 1831年的纳特·特纳（Nat Turner）起义使得南方上层白人更加坚定了不能让黑人受教育的观念；在这种观念下，他们剥夺了黑人作为“人”应该享有的各种权利，其中就包括受教育权。[②] 随着南方重建时代的结束，再次掌控南方社会的白人在整个社会上实施种族隔离，建立起了一整套的吉姆·克劳法，规定了白人和有色人种（主要是黑人）在社会生活各个方面的隔离制度，其中也包括公共教育领域的隔离。在种族隔离制度下，黑人的各项社会权利受到严重削弱，19世纪的最后10年和20世纪初叶创下美

---

① KAESTLE C F. Pillars of the republic: common schools and American society, 1780-1860[M]. New York: Hill and Wang, 1983: 192-197.

② 屈书杰. 从种族隔离到学校一体化：20世纪美国黑人教育［D］. 河北大学，2002：12.

国黑人社会地位的最低点。南方各州普遍存在白人对黑人的私刑和暴力行为，白人知识分子通过各种途径宣传黑人的种族劣等性。[①] 在这种社会环境下形成人格的青少年在内心深处几乎都有种族偏见的烙印，他们普遍对黑人种族有着憎恶和排斥，并且都把公共学校中的种族隔离看作是无法改变的、固有的社会图景。这一时代的一位宪法研究者戴维·德林杰（David Dellinger）曾将种族隔离描述为自己“所在世界中的事实”，在他看来，种族隔离现象就像“太阳系中行星的位置一样不存在什么对和错”。[②] 然而，正是这样一批人成了20世纪五六十年代掌权的年长一代。当布朗案判决与他们根深蒂固的观念相冲突时，以各种形式抵制布朗案判决便成为历史的必然。法院可以通过一次判决改变法律，但无法立刻改变人们心中存在已久的观念和态度。因此，美国南方公共教育中的种族隔离制度不可能通过最高法院的一次判决就立刻彻底废除，而是需要漫长的时间逐步进行。

如果说重建时期南方各州的法律只是确认了在公共学校中实行种族隔离的话，那么这一制度最终以法庭判例的形式由联邦最高法院确定下来，还是通过普莱西案。普莱西案原本起因于公民委员会希望废除路易斯安那州的《隔离车厢法》，因而劝说具有八分之一黑人血统的普莱西参与一场精心策划的法庭诉讼，然而联邦最高法院最终以7∶1的多数裁决判定普莱西败诉，指出黑人和白人之间是“隔离但平等”的。这一判决虽然表面上只是认可了路易斯安那州《隔离车厢法》的合理性，但它作为一个指导性原则，实际上肯定了种族隔离制度在美

① 张聚国．杜波依斯与布克·华盛顿解决黑人问题方案比较［J］．南开学报（哲学社会科学版），2000（3）：67-74.

② KLUGER R. Simple justice：the history of Brown v. Board of Education and black America's struggle for equality［M］. New York：Oxford University Press，1978：327-328；RAVITCH D. The troubled crusade：American education，1945-1980［M］. New York：Basic Books，1983：127.

国社会生活中的正确性，旋即成为美国南方白人在包括公共教育在内的社会各个领域进行种族隔离的依据。“隔离但平等”的原则在美国最早产生于内战前，是在白人主导下制定的、解决种族问题的一个巧妙且简单易行的办法，最终成为一种习惯性的社会安排。在普莱西案的时代，社会达尔文主义盛行，这样的社会安排一旦成为社会习惯，就很容易具有自然秩序的特点，并且受到既得利益者的极力维护。①

正如一个硬币均有其两面，普莱西案之后，种族隔离教育制度的明确实施对于南方黑人学生而言亦是利弊兼具。这一制度肯定了黑人具有受教育的权利，让黑人实现了“有学上”。这一意义在普莱西案判决后的一些年是显然存在的。普莱西案判决虽然肯定了公共教育领域的种族隔离合乎美国宪法，但从联邦最高法院的角度肯定了黑人的公民地位，肯定了他们拥有受教育的权利，即使这种教育是必须在与白人分开的隔离学校中进行的，美国黑人从没有权利接受教育的黑奴成了有权进入隔离学校的公民。在普莱西案之后，黑人的文盲率由 1890 年的 56.8%逐渐下降至 1910 年的 30.5%，到 1930 年时已陡然降至 16.4%。② 与此同时，黑人儿童与白人儿童之间入学率的差距也从 1890 年的 25%下降至 1910 年的 16.5%。③

虽然普莱西案判决对于肯定黑人的公民地位以及受教育权利有着一定的积极意义，但是从另一方面来说，这一判决更多地是将黑人禁锢于二等公民的地位，黑人接受的公共教育因“隔离”而事实上不“平等”，普莱西案规定的“隔离但平等”从未真正实现。在种族隔离的教育制度下，美国南方的黑人学校不仅数量少、层次低，而且在教

① 波尔. 美国平等的历程 [M]. 张聚国，译. 北京：商务印书馆，2007：231.

② US. Bureau of the Census. Historical statistics of the United States, colonial times to 1970[M]. Washington, D. C.: Government Printing Office, 1975: 382.

③ US. Bureau of the Census. Historical statistics of the United States, colonial times to 1970[M]. Washington, D. C.: Government Printing Office, 1975: 371.

育设施、经费投入、教学质量等方面远远落后于同地区的白人学校。1899年，黑人儿童在南方学龄儿童总人数中的比例是31.6%，但其教育经费投入仅占公共学校教育总经费的12.9%；黑人学校的上学天数平均每学期比白人学校少59天。① 就南方各州黑人学校的生均投入来看，1940年南卡罗来纳州、佐治亚州、亚拉巴马州，黑人学校的生均投入只达到白人学校生均投入的33%；而密西西比州黑人学校的生均投入只达到白人学校生均投入的15%。② 此外，黑人学校的教师通常也是黑人，他们的工作量极大，需要对不同年级的黑人学生集体授课，而工资大约只相当于同等水平白人教师工资的四分之一到三分之一。黑人学校的基本设备、教学设施和校车等和白人学校有着天壤之别。③

二、政治、社会与教育的权衡：布朗案的产生与审理

随着经济地位的提升，黑人尤其是中产阶级黑人迫切希望自己的子女通过接受良好的教育以获得更好的发展，然而在种族隔离的教育制度下，黑人学校的各类设施远远落后于白人学校，黑人儿童无法获得与白人儿童平等的教育。第二次世界大战之后，在美苏冷战、黑人政治力量崛起、美国南北方经济一体化等多种因素的作用下，美国国内白人与黑人之间的种族关系逐渐出现缓和的趋势。另外，随着美国南方社会工业化和城市化水平的提高、南方整体教育水平增长、人口结构的变化、南方白人对种族差异观点的变化等因素的共同作用，20

---

① BERRY M, BLASSINGAME J. Long memory: the black experience in America[M]. New York: Oxford University Press, 1982: 265.

② PATTERSON J T. Brown v. Board of Education, a civil rights milestone and its troubled legacy[M]. New York: Oxford University Press, 2001: preface, xvii.

③ TOUGAS S. Little Rock girl 1957: how a photograph changed the fight for integration[M]. Mankato, Minnesota: Compass Point Books, 2012: 40-41.

世纪中叶，美国南方各州黑人与白人之间的种族关系出现了微妙的变化，白人深信不疑的种族隔离观念正在逐渐受到侵蚀，吉姆·克劳法也有所松动，这就为布朗案的出现提供了社会条件。

随着全国有色人种协进会（National Association for the Advancement of Colored People）在大量关于黑人民权的诉讼案件中取得了胜利，其中包括研究生教育领域的斯威特诉佩恩特案（Sweatt v. Painter，339 U. S. 629，1950）和麦克劳林诉俄克拉何马州高等教育董事会案（McLaurin v. Oklahoma State Regents for Higher Education，339 U. S. 637，1950），黑人争取平等权利的信心极大地增强。① 在这种背景下，20 世纪 40 年代末 50 年代初，美国南方各州出现了大量起诉黑人和白人在公共学校里教育设施不平等的案件，仅 1950 年秋天在堪萨斯一个州内就出现了 11 起这样的案件。② 全国有色人种协进会律师瑟古德·马歇尔（Thurgood Marshall）认为，一方面，全国有色人种协进会一个一个地处理类似的案件不仅费时费力而且结果无法普遍化；另一方面，挑战种族隔离制度本身的条件已基本成熟，仅在种族隔离的制度下为黑人争取学校平等的设施和待遇是不够的，因此他主张直接向种族隔离制度本身提出挑战。③

（一）布朗案的组成案件

5 个案件的出现恰恰迎合了马歇尔的设想：这 5 个案件分别是堪萨斯州的布朗诉托皮卡教育委员会案（Brown v. Board of Education of Topeka，Kansas，344 U. S. 1，1952）、南卡罗来纳州的布里格斯诉埃

---

① TELGEN D. Defining moments: Brown v. Board of Education[M]. Detroit, MI: Omnigraphics, Inc. 2005: 35-36.

② Brown v. Board of Education[EB/OL]. [2012-10-19]. http://www.civilrights.org/education/brown/brown.html.

③ FRANKLIN J H, MOSS A A, Jr. From slavery to freedom: a history of Negro Americans[M]. New York: Knopf, 1987: 608.

利奥特案（Briggs v. Elliott，South Carolina，342 U. S. 350，1952）、弗吉尼亚州的戴维斯诉爱德华王子县学校委员会案（Davis v. County School Board of Prince Edward County，Virginia，103 F. Supp. 337，1952 ）、特拉华州的贝尔顿诉哥伯哈特案和布拉诉哥伯哈特案（Belton v. Gebhart and Bulah v. Gebhart，87 A. 2d 862，1952）、哥伦比亚特区的博林诉夏普案（Bolling v. Sharpe，D. C. ，347 U. S. 497，1954）。

整个案件以来自堪萨斯州托皮卡市的案件命名。堪萨斯州从未实行过奴隶制，种族隔离并不是强制的。州法律允许人口多于 15 000 的地区自主决定是否在公共学校实行种族隔离，托皮卡市就满足条件。1950 年的时候，托皮卡的公共高中和公共初中都是混合学校，但在公共小学却实行种族隔离。托皮卡有 18 所白人小学，但黑人小学仅有 4 所。起初，堪萨斯州大多数黑人中产阶级不希望因为废除学校中的种族隔离而危及他们的财产安全以及他们与堪萨斯州白人相对缓和的关系。然而到 1950 年，托皮卡的黑人家长觉得学区给黑人儿童提供的教育设施远远落后于白人儿童，因此他们决定对本市种族隔离的学校系统提起法律诉讼。挑战黑人白人之间教育不平等的相关案件不断出现，但全国有色人种协进会在堪萨斯的分会一直觉得时机并未成熟，没有接手这些案件。1950 年秋，堪萨斯州托皮卡市的奥利弗·布朗（Oliver Brown）希望将他 7 岁的女儿琳达·布朗（Linda Brown）转学至离家只有 7 个街区的萨姆小学，但遭到校方拒绝，因为萨姆小学是一所白人小学，而琳达是一名黑人儿童。琳达不得不继续在黑人小学——孟禄小学就读，而这所学校离她家非常远。她每天需要7:40 出门，在车流量很大的道路上走 6 个街区，穿越一个危险的火车岔道口，然后坐上校车辗转一英里①，才能到校上课。校车经常晚点，冬天她只能在寒风中等待。如果校车按时到达的话，她能在8:30 到学校，比上课时间早半

① 1 英里＝1. 609 344 公里。

个小时。但这个时候教室门是不开的，她只能在寒冷中等待教室开门，拍手跺脚以取暖。[①] 为了不让琳达每天辛苦地长途跋涉去上学，奥利弗向全国有色人种协进会请求帮助并最终在全国有色人种协进会堪萨斯分会的帮助下，与其他有相似遭遇的黑人家长一起，将托皮卡教育委员会告上堪萨斯州联邦地区法院，要求禁止在托皮卡的公共学校中实施种族隔离。

在这 5 个案件中，除了来自特拉华州的贝尔顿诉哥伯哈特案和布拉诉哥伯哈特案、来自哥伦比亚特区的博林诉夏普案之外，其余 3 个案件的诉讼走的都是联邦法院的途径[②]：对种族隔离法律的合宪性提出挑战，由联邦上诉法院进行审理，但这个过程充满着曲折。

以来自南卡罗来纳州的布里格斯诉埃利奥特案为例。此案在联邦地区法院的审理中，马歇尔摆出了黑人学生和白人学生之间不平等的事实：克拉伦登县有三分之一的黑人不识字；白人学生可以免费使用课本，而黑人学生必须付费；学校委员会为白人学生提供了多于 30 条的校车线路，而不给黑人学生提供校车。就班级规模而言，白人班级平均 28 人，黑人班级平均 47 人，白人教师的收入比黑人教师多三分之二。白人学校都是现代化的设施和建筑，而黑人学校则位于荒废、简陋的小屋里。马歇尔认为，克拉伦登县教育条件的巨大差异对黑人学生产生了毁灭性的心理作用，使得黑人学生给自己贴上了“劣等”的标签。同时，马歇尔还请来了纽约城市学院的心理学教授肯尼思·克拉克（Kenneth Clark），用他所做的“黑白娃娃实验”来证明马歇尔的结论。这个实验的道具是四个玩具娃娃——分别塑造了黑人男女儿童和白人男女儿童的形象，同一性别的娃娃除了肤色不同之外，其他方

---

① BERMAN D M. It is so ordered: the Supreme Court rules on school segregation [M]. New York: W. W. Norton &Company, 1966: 9.

② BERMAN D M. It is so ordered: the Supreme Court rules on school segregation [M]. New York: W. W. Norton &Company, 1966: 13-14.

面都一模一样。参与实验的黑人儿童和白人儿童共计400名，实验的目的是研究种族如何影响了黑人儿童的自我认知。实验者要求被试儿童选出哪个是最好看的娃娃，哪个是最丑的娃娃，哪个娃娃最像自己。实验结果表明，参与实验的儿童已经完全意识到黑人和白人之间的区别，知道哪个娃娃更像自己；但他们大多认为肤色白的娃娃好看，肤色黑的娃娃丑陋。克拉克又用这个实验测试了克拉伦登县16名黑人学生，也得到了同样的结果。克拉克认为，种族隔离使得黑人儿童从年幼时期就产生了自卑情绪，并且他还引用当时一项调查的结果，指出全国大多数的心理学家都认为种族隔离同时不利于黑人儿童和白人儿童的发展。马歇尔从这个实验中得出的结论是，种族隔离的教育使得黑人儿童从内心对自己的黑皮肤产生了自卑和自憎，会导致他们随波逐流、不求上进。① 但以南卡罗来纳州的州长詹姆斯·伯恩斯（James Byrnes）、来自上诉法院的约翰·帕克法官（John J. Parker）和来自联邦地区法院的乔治·蒂默曼法官（George Timmerman）为首的白人种族主义者采取各种办法阻止黑人胜诉。帕克斩钉截铁地说“不能推翻普莱西案的判决”②；帕克法官在最后的意见中指出，任何人都不能对“隔离但平等”原则表示异议，因为这是任何州议会都必须遵守的政策；伯恩斯州长则通过从州消费税里支出了超过八千万美元用以为黑人学校修缮建筑和购买校车的方式来改善黑人的教育条件，最终目的是避免法庭做出废除种族隔离的判决。法院最终判决南卡罗来纳州教育委员会胜诉，并限克拉伦登县在6个月内缩小黑人学校和白人学校之

① TUSHNET M V. Making civil rights law: Thurgood Marshall and the Supreme Court, 1936-1961[M]. Cary: Oxford University Press, 1994: 157; YARBROUGH T E. A passion for justice: J. Waties Waring and civil rights[M]. Cary: Oxford University Press, 1987: 182.

② YARBROUGH T E. A passion for justice: J. Waties Waring and civil rights[M]. Cary: Oxford University Press, 1987: 174-175, 189.

间的差距。[1] 马歇尔等人并没有气馁，而是决定将此案上诉至联邦最高法院。堪萨斯州和弗吉尼亚州的案件判决也是同样的结果。

几经周折，这 5 个案件最终都上诉至联邦最高法院。由于这些案件都涉及美国社会中极为敏感的种族关系问题，联邦最高法院的法官们决定将它们合并审理。按照惯例，合并审理的案件应该以字母排在首位的案件命名，但是，由于字母排在首位的案件——布里格斯诉埃利奥特案来自种族主义极为严重的南卡罗来纳州，为了尽量降低该案件在南方各州可能产生的负面政治效应，因此联邦最高法院将这个合并审理的案件命名为布朗案。

（二）联邦最高法院的审理

对于当时联邦最高法院的首席大法官弗雷德·摩尔·文森（Fred Moore Vinson）来说，布朗案无疑是一个烫手的山芋。文森是哈里·S. 杜鲁门（Harry S. Truman）总统的好友，为人极为精明，他深知这个案件的焦点在于美国南方各州的种族隔离制度本身并事关已有的普莱西案判决，联邦最高法院无论怎样判案都会在社会上引起极大的风波。另外，为了尽量降低该案件对即将开始的 1952 年总统选举活动的影响，[2] 他对布朗案不置可否，尽一切可能采取拖延手段。当来自堪萨斯州和南卡罗来纳州的案件上诉至联邦最高法院后，以文森为首的 9 位大法官一方面命令相关人员对南卡罗来纳州改善黑人学校设施的情况进行调查，并在调查之后以“需要对调查结果进行司法评估”为由，将该案件退回南卡罗来纳州联邦地区法院重新审理；另一方面采取了直截了当的拖延策略，等待了解所有相关案件的结果后再准备对布朗案采取进一步的措施。当联邦最高法院最终决定对这 5 个案件合并审理

① BERMAN D M. It is so ordered: the Supreme Court rules on school segregation [M]. New York: W. W. Norton & Company, 1966: 19.

② ELMAN P, SILBER N. The solicitor general's office, Justice Frankfurter, and civil rights litigation, 1946-1960: an oral history[J]. Harvard law review, 1987, 100(4): 817-852.

并予以开庭的时候已是1952年10月，从联邦最高法院接手该案件算起，时间已经过去了一年多。

开庭辩论之后，联邦最高法院的9位法官始终没能对该案件达成一致的意见。一方面，文森本人的才能和领导能力受到其他法官的蔑视；[①] 另一方面，由于法学观点、个人好恶方面的分歧以及争夺首席大法官位置造成的矛盾，文森所在时的最高法院四分五裂，在审理案件时达成一致意见的比例极低。[②] 在权衡如何判决布朗案的问题时，少数的自由派法官们站在社会公正以及黑人民权的立场上极力支持废除种族隔离制度；而多数的保守派法官犹豫不决，倾向于维持普莱西案确立的“隔离但平等”原则。这些法官并非持有种族偏见，而是因为深刻了解美国南方的历史和社会结构：种族隔离制度在美国南方各州存在已久，在南方白人心中留下深深的烙印，不可能通过最高法院的一次判决就立刻彻底废除，取消种族隔离需要漫长的时间来进行。在不同的观点下，联邦最高法院始终没有就布朗案得出统一的结论，无奈之下再次采取了拖延政策，以留出时间进一步讨论。然而在休庭期间，首席大法官文森却突然因病去世，在多种政治因素的影响下，德怀特·戴维·艾森豪威尔（Dwight David Eisenhower）总统不得不任命曾连任加利福尼亚州州长的厄尔·沃伦（Earl Warren）为联邦最高法院的首席大法官。

沃伦的就任对黑人来讲无疑是一个福音。沃伦是一名优秀的政治家，对种族主义深恶痛绝，支持彻底的民权改革计划，坚持同一部法律对所有人适用。沃伦虽然在就任首席大法官之前并没有在法院工作过，但他从长期的政治生涯中历练出来的卓越的领导才能和技巧让他

---

① KLUGER R. Simple justice: the history of Brown v. Board of Education and black America's struggle for equality[M]. New York: Oxford University Press, 1978: 585.

② 施瓦茨. 美国最高法院史 [M]. 毕洪海，柯翀，石明磊，译. 北京：中国政法大学出版社，2005：278.

在联邦最高法院名垂青史，成为最高法院历史上影响力最大的4位首席大法官之一。[①] 在沃伦的领导下，联邦最高法院很快改变了以往四分五裂的状态，并在法庭辩论之后召开了3次关于布朗案的讨论会。沃伦深刻认识到该案的重要性，认为只有最高法院9位法官全体一致的判决才能尽可能地减少布朗案在美国南方引起的负面影响。因此，沃伦一方面立场鲜明地表达了对废除种族隔离制度的支持，指出不能再对该案件进行一味地拖延，而是要给出明确的判决；另一方面尽可能地争取那些持反对意见的法官：沃伦认为具体执行布朗案判决的任务可以由地方法院以尽可能缓和的手段因地制宜地执行，最高法院将尽量减少行政管理。通过这种方式，沃伦为美国南方的合校行动赋予了最大限度的缓冲期，尽可能照顾到所有法官的意见和情绪，最终在1954年5月17日的判决中宣布了全体一致的结论："美国南方公共学校中的种族隔离违宪。"

在沃伦的主持下，联邦最高法院的9位法官虽然一致得出了有利于黑人的结论，但如果对布朗案的判决意见进行仔细考察，不难发现最高法院的法官们在面对棘手的种族问题时巧妙地偷换了概念，用表面上的"隔离"代替了基本的"教育"，更代替了根本上的"平等"。[②] 这份判决意见除了讲述教育的社会价值之外，只有一条脚注与教育相关，其中引用了社会科学家的实验，以此证明种族隔离使得黑人儿童从年幼时期就产生了自卑、自憎的情绪，导致他们不求上进。[③] 自卑与自憎的情绪固然不利于儿童的学业发展，但不仅无法证明是这些不良情绪直接导致了黑人儿童学业成绩落后，也无法直接证明黑人儿童在种族

---

① WHITE G E. Earl Warren: a public life[M]. New York: Oxford University Press, 1982: 161.

② 左亦鲁. 五十年后的一份异议 [J]. 读书，2010（1）：103-111.

③ TUSHNET M V. Making civil rights law: Thurgood Marshall and the Supreme Court, 1936-1961[M]. Cary: Oxford University Press, 1994: 157.

混合的公共学校中就会有更好的学业表现或是变得更快乐。这种概念上的置换与错位使得布朗案判决既没有致力于改善黑人的教育现状，也没有致力于使黑人获得根本上的教育平等，而是把复杂的种族问题简化为不同种族的学生一起上学，并没有真正关心这些学童究竟在什么样的学校中才能获得更好的教育，从而进一步加剧了布朗案判决在美国南方公共学校中实施的困境。

三、困难与反思：布朗案判决的社会影响

布朗案判决后立即在整个美国引起了巨大的反响，并促成了南方一些州废除公共学校中种族隔离的初步行动。不同族裔的美国人对布朗案的看法和态度不同：黑人赋予了它很高的历史地位，但同时也表现出对实施这一判决的忧虑；北方白人大多对布朗案持积极的肯定态度；南方白人态度不一，除了少数自由主义者积极支持之外，大部分对布朗案抱有不同程度的抵制情绪。1955 年 5 月 31 日，联邦最高法院在第二次布朗案判决中宣布了应以“审慎的速度”来实施南方各州公共学校中黑人学生和白人学生的合校工作，但这次判决并未对南方白人的抵制情绪起到太大的缓和作用。在抵制合校的大环境下，美国南方各州对最高法院判决的大规模抵制最早开始于弗吉尼亚州。随着“格雷计划”的出台和弗吉尼亚州的州长选举进一步扩大，美国国会中有 101 名南方议员（国会参议两院里来自南方的议员共有 128 人）于 1956 年联名签署并发布了一份被称为“南方宣言”（“Southern Manifesto”）的文件，谴责联邦最高法院的决定是“对于司法权力的明显滥用”，认为布朗案判决包含法官们的“个人政治观点和社会观

点”。[①] 大约在1957年夏秋之际，南方各州大规模的抵制情绪达到了顶峰，对黑人的暴力威胁、在入学政策中设置隐性的种族隔离、进行法庭诉讼以及关闭公共学校的行为随处可见。这种情况下，南方各州实施布朗案判决的速度极为缓慢：1955—1956学年，美国南方各州大约仅有0.12%的学龄黑人儿童和白人同校上学；1958—1959学年，这一比例仅增加至0.13%。[②] 在布朗案判决8周年纪念日即将到来之时，一些观察家经推测得出这样的结论：如果不考虑合校速度的加快，将需要7288年的时间才能完成美国南方10个州2 482 170名黑人学生与白人学生的合校工作。[③] 然而，如此缓慢的合校进程也并不顺利。为逃避与黑人同校上学，富裕的白人家庭纷纷搬至郊区并将其子女送入私立学校；大部分黑人学生则因为家庭经济原因无法到私立学校就读，黑人学生重新被“隔离”在内城的公共学校中。为解决这一问题，联邦最高法院在1968年判决的格林诉新肯特县学校委员会案（Green V. School Board of New Kent County, Virginia，391 U. S. 430，1968）中规定：各个学区内黑人学生和白人学生的种族比例要达到某一特定的范围。为了完成这一任务，各地纷纷开始实施校车计划接送学生上学，而大批学生不得不在上学时舍近求远，将大量宝贵的时间用于乘坐校车。然而联邦最高法院的这一切努力并没有明显提高黑人学生的成绩，也没有使得黑人学生和白人学生之间的关系出现显著的缓和。20世纪90年代，南卡罗来纳州以黑人为主的萨莫顿县虽然能从州政府获得高于平均数的生均资助，但学生的学业成绩仍然严重滞后。其附近的曼

---

① BADGER T. Southerners who refused to sign the Southern Manifesto[J]. The historical journal, 1999, 42(2): 517-534.

② ROSENBERG G N. The hollow hope: can courts bring about social change? [M]. 2nd ed. Chicago: University of Chicago Press, 2008: 50.

③ COOK J G. The segregationists[M]. New York: Appleton-Century-Crofts, 1962: introduction.

宁县虽然种族关系较为缓和，但公共学校中的黑人学生和白人学生几乎从不交往。这种现象在南方腹地各州非常普遍，并不局限于曼宁一地。实施布朗案判决的过程中出现了这样的悖论：凡是没有遇到抵制的措施终归无效；凡有效的措施都会因为触及美国社会最敏感的种族问题而遭到抵制，最终归于无效。

在布朗案判决 50 周年纪念日即将到来的时候，美国 9 位著名的宪法学者组建了一个模拟法庭，他们在只使用 1954 年可获得的材料的前提下，模拟当时的最高法院重新审理布朗案。① 与 1954 年 9 位法官一致赞成废除学校中的种族隔离不同，这次模拟判决的结果是八票赞成一票反对，而投反对票的学者是曾经在全国有色人种协进会做过律师、在民权运动中只身深入南方的贝尔。贝尔认为联邦最高法院从一开始审理布朗案就做了一个巧妙的置换：沃伦所在的最高法院用公共教育表面上的问题“隔离”掩盖了事实上的“不平等”，从而掩盖了黑人与白人之间教育问题的本质。法院将问题的焦点不高不低地指向了“隔离”，既没有关心最基本的“教育”，也没有直指核心的“平等”。假如法院坚决地、彻底地支持普莱西案判决的话，也许黑人在隔离的学校中也能受到和白人同等的教育。而二元制的体制将极大地增加美国教育的运行成本，人们自发要求废除种族隔离指日可待。②

布朗案传奇式的审理过程、判决所引起的重重困难以及 50 年之后贝尔的异议，都让我们不禁反思：布朗案到底判错了吗？贝尔的分析不无道理，布朗案判决虽然强制使得黑人儿童和白人儿童坐进了同一

① ACKERMAN B A. What Brown v. Board of Education should have said：the nation's top legal experts rewrite America's landmark civil rights decision[M]. New York：New York University Press，2001：preface.

② ACKERMAN B A. What Brown v. Board of Education should have said：the nation's top legal experts rewrite America's landmark civil rights decision[M]. New York：New York University Press，2001：185-199.

间教室，但无法立刻消除黑人和白人之间心理上的鸿沟。布朗案判决之后，和白人一起上学的黑人学生在学校受尽欺凌：在著名的“小石城事件”（Little Rock Crisis）中，那些勇敢地与白人同校上学的黑人学生根本没有受到白人同学的欢迎，反而受到白人学生的冷眼相对、语言攻击和人身威胁。白人暴民对 9 名黑人学生进行了极端的抵制，艾森豪威尔总统甚至不得不动用联邦军队保护黑人学生入校上课。

从历史发展的趋势来看，布朗案判决废除种族隔离制度势在必行，是历史的必然。随着时代的发展，第二次世界大战之后美国黑人的政治、经济地位比普莱西案发生的时代有了极大的提高和进步，种族隔离制度已经不合时宜，越来越成为一种限制黑人发展、阻碍社会进步的桎梏。随着美国南方农业机械化的发展，需要的黑人农业劳动力越来越少，黑人的读书时间增长，获得的高等教育越来越多，黑人和白人文盲率之间的差异在逐渐缩小。1880 年时，黑人的文盲率比白人的文盲率高 54.7%。[①] 1932 年，北卡罗来纳州格林斯伯勒仅有的 75 名黑人教师中 68%的人都没有大学文凭，而 1952 年时这里的 200 名黑人教师全部拥有大学文凭，而且 65%的黑人教师拥有了硕士文凭。[②] 此外，绝大多数分布在南方各州的黑人院校的入学率在 20 世纪 40 年代翻了一倍。[③] 对于黑人而言，更高的教育水平使他们对吉姆·克劳法更为不满和失意。越来越多的黑人大学毕业生发现，由于种族隔离与歧视的存在，他们被迫从事和其技术水平完全不相称的粗重劳动，因此他们更为憎恨种族隔离制度：例如在佐治亚州的亚特兰大，拥有大学文凭的

---

① MARGO R A. Race and schooling in the south, 1880-1950: an economic history[M]. Chicago: University of Chicago Press, 1991: 7.

② CHAFE W H. Civilities and civil rights: Greensboro, North Carolina, and the black struggle for freedom[M]. Oxford: Oxford University Press, 1980: 23.

③ McAdam D. Political process and the development of black insurgency, 1930-1970 [M]. Chicago: The University of Chicago Press, 1982: 74, 77-80, 82, 157.

黑人通常在公共学校或者邮局中工作；而在20世纪60年代早期，亚特兰大80%的邮递员都是黑人，其中超过60%的人都拥有大学学历。① 可以说，布朗案判决是对新的历史时期黑人社会地位提升的一种回应。然而从教育的角度来看，这种历史回应对黑人来说未尝不是又一次伤害。在强制的合校行动中，黑人学生仍然被贴着需要受保护的弱者标签，种族隔离教育制度下造成的自卑与自憎仍无法根除，种族之间的鸿沟依然存在。

在民权运动的浪潮之下，南方白人对合校行动的大规模抵制逐渐演化为对南方教育、经济和社会稳定的严重威胁，狂热的抵制情绪开始由盛转衰。1958年一项盖洛普调查显示，有53%的南方白人认为将来会出现"白人和黑人在同一个餐馆吃饭、同校上学、基本拥有同样的公共设施"的情景；1961年持此观点的南方白人比例上升到76%。② 当南方一些州认为关闭公共学校、抵制合校的行为严重干扰了南方社会的经济和公共教育的健康发展时，人们将关注的焦点从种族隔离问题逐渐转移至教育本身的质量和发展问题上。③ 在这种情况下，黑人的受教育程度反而有了更快的提高：在25岁以上的黑人群体中，1989年有64.4%完成了高中学业，28.1%完成了至少1年的大学学习，11.8%完成了4年大学学业；1999年有77%完成了高中学业，41.3%有进入大学学习的经历，15.4%获得了学士及以上的学位；2009年有81.4%完成了高中学业，17.6%获得学士及以上学位。与此同时，黑人与白人受教育水平的差距也在以越来越快的速度变小：1989年，完

① DUDZIAK M L. Desegregation as a Cold War imperative[J]. Stanford law review, 1988,41(1):61-120.

② MUSE B. Ten years of prelude: the story of integration since the Supreme Court's 1954 decision[M]. New York: The Viking Press, 1964: 211.

③ BARTLEY N V. The rise of massive resistance: race and politics in the south during the 1950's[M]. Baton Rouge: Louisiana State University Press, 1969: 320.

成高中教育的白人比黑人高 13.8%；1999 年，这一数字下降至 7.3%；2009 年则进一步下降至 6.1%。[①] 正如杜波依斯所说，“黑人儿童真正需要的既不是隔离学校，也不是混合学校。他们需要的是教育”[②]。虽然现代的美国教育中仍存在因经济水平、社会层次、文化心理等多种因素导致的种族区隔，但形式化的合校早已淡出人们的视野，人们更关注教育质量的提升以及所有儿童学业成绩的提高。这才是黑人儿童真正需要的东西，也是真正落实布朗案判决、发挥其效用的关键所在。

在半个多世纪之后的今天，我们必须承认布朗案废除公共教育中的种族隔离合乎时宜，它给黑人教育带来了史无前例的进步，为黑人获得更高的社会地位和教育水平做出了不可忽视的贡献。一方面，布朗案牵涉到美国社会的基本架构问题，这一问题涵盖了政治、历史、教育和种族关系等多个领域，过于复杂；另一方面，当时美国南方各州对黑人的歧视与不公积弊已深，成长于 20 世纪初并在 20 世纪中叶成为掌权一代的南方白人对黑人种族有着普遍的憎恶和排斥，教育领域的种族隔离是他们已然认定的世界图景，是他们“所在世界中的事实”，就像“太阳系中行星的位置一样不存在什么对和错”，[③] 当布朗案判决与他们根深蒂固的观念相冲突时，以各种形式进行抵制便在所难免。法院判决可以改变法律，但是无法立刻改变人们心中根深蒂固的社会观念和态度，无法立刻消除两个种族在经济和社会地位上的差距，这种差距和态度只能通过时间来慢慢改变。因此，笼统地评价布朗案判决的对错有将其简单化之嫌，而只有认清布朗案判决的实质，朝着其根本目标努力，才是正确理解布朗案判决的题中之义。

---

① KOMINSKI R. Educational attainment in the United States: March 1989 and 1988. [EB/OL]. [2023-06-29]. http://files.eric.ed.gov/fulltext/ED340748.pdf.

② 左亦鲁. 五十年后的一份异议 [J]. 读书，2010 (1)：103-111.

③ RAVITCH D. The troubled crusade: American education, 1945-1980 [M]. New York: Basic Books, 1983: 127.

主要参考文献

[1] BADGER T. Southerners who refused to sign the Southern Manifesto[J]. The historical journal,1999,42(2):517-534.

[2] BARTLEY N V. The rise of massive resistance:race and politics in the south during the 1950's[M]. Baton Rouge:Louisiana State University Press,1969.

[3] BERMAN D M. It is so ordered:the Supreme Court rules on school segregation[M]. New York:W. W. Norton &Company,1966.

[4] CARTER R L,MARSHALL T. The meaning and significance of the Supreme Court decree[J]. The journal of Negro education,1955,24(3):397-404.

[5] FRIEDMAN L. Argument:The oral argument before the Supreme Court in Brown v. Board of Education of Topeka,1952-1955[M]. New York:Chelsea House Publishers,1969.

[6] WEBB C. Massive resistance:southern opposition to the second reconstruction[M]. Oxford:Oxford University Press,2005.

[7] KLUGER R. Simple justice:the history of Brown v. Board of Education and black America's struggle for equality[M]. New York:Oxford University Press,1978.

[8] 韦布. 美国教育史：一场伟大的美国实验 [M]. 陈露茜，李朝阳，译. 合肥：安徽教育出版社，2010.

[9] MUSE B. Ten years of prelude:the story of integration since the Supreme Court's 1954 decision[M]. New York:The Viking Press,1964.

[10] PARRISHC H. Desegregation in public education:a critical summary[J]. The journal of Negro education,1955,24(3):382-387.

[11] SARRATT R. The ordeal of desegregation:the first decade

[M]. New York: Harper & Row, 1969.

[12] TUSHNET M V. Making civil rights law: Thurgood Marshall and the Supreme Court, 1936-1961[M]. Cary: Oxford University Press, 1994.

[13] WOODWARD C V. The strange career of Jim Crow[M]. New York: Oxford University Press, 1974.

[14] YARBROUGH T E. A passion for justice: J. Waties Waring and civil rights[M]. Cary: Oxford University Press, 1987.

[15] 左亦鲁. 五十年后的一份异议 [J]. 读书，2010（1）：103-111.

第六章　美国校园祈祷中政教分离原则的确立——恩格尔诉瓦伊塔尔案（1962）

美国宪法第1修正案虽对政教分离原则做出了明确规定，但受各种因素影响，教育领域的政教关系一直处于模棱两可的状态中。1962年恩格尔诉瓦伊塔尔案（以下简称“恩格尔案”）的发生让公众开始谨慎地思考学校教育与宗教祈祷的关系，进而明确教育领域的政教界限问题。最高法院在该案的判决中指出，政府没有权力制定法律（或政策）为公共教育机构指定或推荐祈祷词，在具有宗教性质的任何事物中，政府都应保持中立态度不偏不倚。这在很大程度上改变了之前普遍存在的对校园祈祷的默许甚至支持态度，确立了“以客观结果判定政教关系是否违宪”的原则，为20世纪70年代“莱蒙法则”（Lemon test）的形成提供了关键性考量依据。在此之后有关校园祈祷的诸多判例都援引恩格尔案判决，使其成为美国校园祈祷案的司法先例。

一、恩格尔案之前美国政教分离的传统与现实

为避免新生政权重蹈欧洲和北美殖民地历史上政教合一及宗教迫害的覆辙，美国在1791年《权利法案》第1条便明文规定，国会不得制定任何旨在“确立国教”的法律（Establishment Clause，统称为政教分离条款），从宪政制度上确立了政教分离的权威性。它和信教自由

条款（Free Exercise of Religion Clause）一起，构成了捍卫美国人民宗教自由权利的两道不可逾越的闸门。[①]

即使做出了法律规定，受欧洲和殖民地时期宗教政策的影响，美国各州并没有即刻对政治与宗教进行分离。如 1796 年田纳西州宪法第 8 条第 4 款还规定，否定上帝存在者不得在政府部门任职。[②] 康涅狄格州 1818 年才决定实行教会与政府分离，结束其官方宗教统治的历史。[③] 而马萨诸塞州 1833 年前后才完成向政教分离的转变。[④] 事实上，直到 1940 年，宪法第 1 修正案中的宗教自由条款才在各州生效，而政教分离条款直到 1947 年才生效。[⑤]

除此之外，在走向政教分离的过程中，各州对于政教分离原则内涵的界定其实是模糊的。政府和宗教应该在哪些事务中进行分离，分离到何种程度，各州并没有明确界定。1802 年，杰斐逊在写给浸信会联合会（Danbury baptist Association）的信中对政教分离原则做了初步阐释，认为宗教仅是个人与上帝之间的私事，政府的立法权力应仅限于实际行为，而不关涉思想。政府不得制定法律建立宗教，也不得禁止信教自由，政府与宗教之间应建立一道“分离之墙”。[⑥] 1947 年，联邦最高法院在艾佛森诉新泽西州尤因区教育委员会案（Everson v.

---

① 任东来，陈伟，白雪峰，等. 美国宪政历程：影响美国的 25 个司法大案 [M]. 北京：中国法制出版社，2004：232.

② GAUSTAD E S. Faith of our founders：religion and the new nation，1776-1826[M]. Waco：Baylor University Press，2004：172.

③ GAUSTAD E S. A documentary history of religion in American since 1865[M]. Michigan：William B. Eerdmans Publishing Company，1983：317.

④ GAUSTAD E S. A documentary history of religion in American since 1865[M]. Michigan：William B. Eerdmans Publishing Company，1983：319.

⑤ 谢桦. 美国政教分离原则：以联邦最高法院教育判例为中心（1845-2002）[D]. 广州：中山大学，2009：22.

⑥ Library of congress(Thomas J. Jefferson's letter to the Danbury Baptists)[EB/OL]. [2016-11-14]. http://www. loc. gov/loc/lcib/9806/danpre. html.

Board of Education，330 U. S. 1，1947）中也曾重申政教分离原则，"第1修正案禁止'确立国教'条款的意思至少是这样的：无论州政府还是联邦政府，都不得将一个教会确立为州或国家的官方宗教；不得通过援助某一种宗教或所有宗教，偏袒某一宗教而歧视另一宗教的法律；不得强迫或影响某人违背其意愿加入或不加入一个教会，或强迫他宣布信奉或不信奉任何一种宗教。任何人不得因持有或宣布宗教信仰或不信教，去或不去教堂做礼拜而受到惩罚；不得征收任何税收以支持宗教活动或宗教机构，不论他们以任何名目出现，也不论他们采用任何形式传教布道。无论是州政府还是联邦政府，都不得以公开或隐蔽的方式参与任何宗教组织或集团的事务；反之亦然。用杰斐逊的话说，这一反对用立法确立国教的条款，意在树立一道'教会与国家分离的墙"①。

然而，正如沃伦·伯格（Warren Earl Burger）大法官曾指出的，在绝对意义上，政府同宗教之间的某种关系是不可避免的。宗教在事实上已经渗透进美国社会生活的方方面面。美国的国家箴言"我们信任上帝"（In God We Trust）既见之于国歌中，又见之于货币上。国会两院每次会议是以祈祷形式开始的，最高法院开庭也是以诵读"上帝拯救合众国和这个可敬的法庭"开始的。上至总统下至市议员，宣誓就职时最后一句话总是"上帝帮助我"。② 而且事实上，在解决不同的宗教之间以及宗教和个人之间的具体冲突时，究竟政治与宗教的界限在哪里，判断政府是否干涉宗教事务的标准是什么，公众其实是模棱两可或似是而非的。

这种"原则上明确，事实上纠缠不清"的情况出现于日常生活中时，通常会被公众默许和接受。但在学校，尤其是公立学校，一切就

---

① Everson v. Board of Education, 330 U. S. 1[EB/OL]. [2003-09-02]. https://supreme.justia.com/cases/federal/us/330/1/.

② 李道揆. 美国政府和美国政治 [M]. 北京：中国社会科学出版社，1992：688.

变得严肃起来。1962 年发生在纽约州拿骚县公立学校中的校园祈祷案便是一例，它使公众开始谨慎地思考教育领域的政教关系，明确“哪种行为构成对公共学校中宗教自由的侵犯”问题。这一方面表明公众对美国公共教育的关注与重视，希望公立学校在为美利坚民族培养人才的过程中不偏不倚地对待每一种肤色、种族和宗教派别；另一方面，更暗示出公众对于政治和宗教问题的敏感，以及对学校有可能承担的传播或宣传某种政治、教派思想的角色保持了高度的警醒与戒备心理。为了完整地呈现联邦最高法院对政教分离原则的重新解释，分析该案对美国教育与政治进程的持续影响，我们有必要对历史语境中的恩格尔案进行重新审视。

二、历史语境中的恩格尔案

二战结束后，美苏两国进入了长期冷战阶段。为了防止苏联社会主义阵营对美国自由传统与国家精神的颠覆，美国在 20 世纪 50 年代做了一系列努力，其中包括公开昭示其宗教传统。国家箴言“我们信任上帝”，《效忠誓词》中“在上帝的指引下”（under God）等都是在这一时期确立下来的，且这一时期美国花在教堂中的资金比医院足足多了两倍。而在教育领域，除了公共道德与精神价值的渗透，校园祈祷和阅读《圣经》也凸显出来，成为学校道德教化的主要手段。据统计，当时全美有 41％的公共学校要求其学生阅读《圣经》，其中有三分之一的学校要求其学生进行晨祷。[①]

纽约州的情况更为复杂一些，除了要预防社会主义阵营的侵蚀，它还面临青少年犯罪率飙升、道德败坏严重、忠诚度不高等问题。为

① DIERENFIELD B J. The battle over school prayer: how Engel v. Vitale changed America[M]. Lawrence: University Press of Kansas, 2007: 64-66.

了“教化学生的道德和灵魂”，该州教育委员会于1951年11月30日商议通过了统一的祈祷词并建议在公立学校进行推广。新德海公园第九自由联盟校区在拿骚县地方教育委员会的指导下，于1958年秋季陆续开始[①]在每日清晨的《效忠誓词》之后诵读祈祷词：“万能的上帝，我们承认我们仰赖于您，祈求您赐福于我们，我们的父母，我们的教师，以及我们的国家。”[②]

然而，这一小段的祈祷词竟招致以劳伦斯·罗斯（Lawrence Roth）和史蒂文·恩格尔（Steven Engel）为代表的学生家长的抵制。[③]他们认为，公立学校使用的祈祷词与他们孩子的宗教信仰及实践相背离。[④] 公立学校不是举行宗教活动的场所，校园祷告属于政府公开向学生灌输基督教教义，违反了《权利法案》中的政教分离原则。[⑤] 而且，尽管教师没有强迫学生必须参与祈祷，但集体祈祷在事实上给非基督教家庭学生造成困扰，使他们意识到自己是区别于多数同学的少数。为了不想被认为是“少数派”，这些学生经常被迫地选择“随波逐流”，参与祈祷。这极大地损害了学生的信仰自由，扰乱了他们的思想，破坏了他们的信仰，对学生身心产生了不利影响。家长们提出了停止校园祈祷的诉求，但遭到学校委员会拒绝。1959年1月22日，家长们将以威廉·瓦伊塔尔（William J. Vitale,Jr.）为首的赫里克斯学校委员会（The Herricks School Board）告上法庭。

---

① GOLD S D. Engel v. Vitale: prayer in the schools[M]. New York: Marshall Cavendish Benchmark, 2006: 12.

② Engel v. Vitale, 370 U. S. 421(1962).

③ GOLD S D. Engel v. Vitale: prayer in the schools[M]. New York: Marshall Cavendish Benchmark, 2006: 12.

④ KENNEDY G. Religion and the public schools[M]//The Bill of Rights: a source book for teachers. Sacramento: California State Department Press, 1967: 153.

⑤ SCHWARTZ B, LESHER S. Inside the Warren Court, 1953-1969[M]. New York: Doubleday & Company Inc., 1983: 181.

该案先在纽约州地方法院审理。控诉主要集中在两个方面：第一，在公共学校使用官方指定的祈祷词干涉了学生的宗教信仰自由。第二，州法律授权学区指导公共学校使用祈祷词，以及学区法令要求诵读政府机关拟定的祈祷词，违反了宪法第1修正案确立的政教分离原则。经过审慎考量，州法院认为，只要学校不强迫学生意志，要求其必须参与祈祷，纽约州就有权将诵读祈祷词作为学校日常工作的一部分，因而判原告败诉。原告对判决表示不满，随即上诉至纽约州巡回法院。巡回法院维持了原判，不服输的家长们最终上诉至联邦最高法院。

1962年4月3日，最高法院开庭审理，控辩双方就相关问题进行了激烈的辩论。首先就"校园祷告是否侵犯了学生的宗教信仰自由"问题，原告一方认为，学校公开将"祈求上帝赐福"作为祈祷词，显然并非站在教派中立（denominationally neutral）的立场，属于明显的宗教行为，旨在宣扬基督教教义，侵害了非基督教学生的信仰自由。被告则认为，校园祈祷虽具有宗教性质，但学校并没有强迫学生参与，学生有权利保持沉默或暂时离开，并不会因此受到惩罚或教训。对此，原告反驳，校园祈祷虽看似自愿，但在教师及同伴的注视下，学生其实承受了巨大心理压力，这在事实上已经构成了一种强制。①

原告指出美国的宗教自由传统来之不易，而教育委员会建议学生诵读具有明显宗派指向的祈祷词，违背了美国的历史传统，叛离了宗教信仰的自由精神。学校委员会则反驳，美国一直以来就有宗教祈祷的传统，且宗教文化体现在货币、国歌甚至《独立宣言》中，公立学校学生的祈祷行为不但没有背叛历史，反而传承了优秀传统，并且公立学校的祈祷文与多数公共场所的祈祷语并无大异，因而并不存在

---

① 任东来，陈伟，白雪峰，等. 美国宪政历程：影响美国的25个司法大案［M］. 北京：中国法制出版社，2004：234.

“刻意宣扬基督教义，侵犯公民信仰自由”[①] 的意图。

随后双方转向了对政教分离原则的判定，即政府拟定并建议公立学校学生诵读祈祷词是否属于干涉宗教事务。原告一方认为祈祷词是由教育委员会拟定，而教育委员会属于政府机构，校园祈祷也是在作为政府雇员的公立学校教师的指导和监督下进行的，得到了政府的支持。因此，政府在理论上和实际上都介入了宗教事务，逾越了政治与宗教之间的“围墙”。针对这一指控，被告从主观动机出发，认为教育委员会的初衷是对学生进行道德和灵魂的教化，根本无意干涉宗教事务，因而不具备背离政教分离的主观动机，自然也不违宪。[②]

之后，法庭辩论的中心转移到了政府采用宗教祈祷的方式进行道德教化是否违反政教分离的问题上。在这一问题上，即使极力辩解，教育委员会也无法抹去校园祈祷的宗教性意味，政府对校园祈祷的干预，就等于是对宗教事务的干涉。最终，在庭审之后的大法官会议上，法官们以 6∶1[③] 的投票结果认定，教育委员会的行为在实际上构成了政府对宗教事务的干预，违反了政教分离原则。

1962 年 6 月 25 日，大法官布莱克代表最高法院拟定并宣读判决词。布莱克先对案件事实做了简单回顾，之后便开门见山地表达最高法院的立场，通过鼓励公立学校学生诵读教育委员会拟定的祈祷词，

---

① 任东来，陈伟，白雪峰，等. 美国宪政历程：影响美国的 25 个司法大案［M］. 北京：中国法制出版社，2004：234-235.

② 任东来，陈伟，白雪峰，等. 美国宪政历程：影响美国的 25 个司法大案［M］. 北京：中国法制出版社，2004：235.

③ 当时审理此案的大法官共 9 人，分别是沃伦、布莱克、威廉・布伦南（William Brennan, Jr.）、汤姆・克拉克（Tom C. Clark）、威廉・道格拉斯、法兰克福特、约翰・哈兰（John M. Harlan）、波特・斯图尔特（Potter Stewart）以及拜伦・怀特（Byron White）。最高法院受理恩格尔案时，怀特还未正式入职，没有出席口头辩论和投票，但参与了 1962 年的审理阶段。法兰克福特法官中途身体抱恙，退出了后续的审理过程。因此最终的投票，只有 7 名法官参与。

纽约州已做出了一种与政教分离完全不相符的举动。纽约州每日在教室内祈祷上帝保佑的计划无疑是一种宗教活动，它是一种对神圣信仰的庄严宣誓、对全能上帝的祈求。这种祈祷本质上是宗教性的，任何人都无法否认这一点。但是，政府本身并没有为任何群体拟定官方祈祷词的职责。

布莱克接着援引宪法，指出宪法第 1 修正案确保了联邦政府的权力和威望不得用于控制、支持或者影响美国人民使用哪种祈祷词，即公众的宗教信仰不能屈从于政府的压力。宪法第 14 修正案规定了任何政府（无论是联邦层面还是州层面）都无权通过法律规定任何官方形式的祈祷词，使其用于实施政府资助的宗教活动计划，更加强化了政府不得以任何形式确立国教、不得干预宗教事务、不得赞助宗教活动的原则。然而此案中公立学校的祈祷词正是由纽约州教育委员会指定的，体现了官方确立宗教信仰的行为。

基于教育委员会认为祈祷词是“非教派主义的”，且校园祈祷是基于学生的意愿自愿参与这一辩诉，最高法院认为，祈祷词的教派中立性与学生的自愿参与并不能使其免于政教分离和宗教自由条款的限制。宗教属于神圣的、圣洁的私人领域，不允许政府做任何“亵渎性的曲解”。判定是否违反政教分离并非基于政府是否“直接强制”公民信仰某教派，或者直接确立一种官方宗教强迫公众参与，只要政府以其权力、声誉和财政支持了某一宗教或派别，就可以被认为对其他教派实施了“间接压制”。纽约州以“指定”和“推荐”的方式对基督教予以支持和帮助，在客观上已经造成了对其他教派的敌对、轻视和不尊重，显然已偏离了教派中立的立场。

最后，针对一些人认为教育委员会的祈祷词如此简洁，不可能对宗教自由和政教分离造成损害的看法，最高法院援引詹姆斯·麦迪逊（James Madison）对宪法第 1 修正案的解释，认为一个政权能够驱逐所有其他宗教而建立起基督教权威，就同样能够轻而易举地确立基督教中的某个派别而驱逐其他派别。同样，一个政权能迫使公民贡献其财产中的3便士以扶持某一种宗教，就同样能够在任何条件下强迫他扶持其他任何国教。[①] 由此，最高法院支持原告的上诉请求，要求取缔公立学校中的一切课前祈祷行为。

三、舆论风波及立场分析

在大法官6∶1的投票中，唯有斯图尔特站在教育委员会一方，认为非强制性的祈祷并没有妨碍任何人的宗教自由，因而也没有建立一种官方性质的宗教："我认为最高法院误用了伟大的宪法原则。我不知道通过让那些想祈祷的孩子参与祈祷，怎么就能建立起官方宗教?"[②] 斯图尔特援引了总统公告中的宗教话语，国会、参众两院及最高法院的祈祷词以及《效忠誓词》，"我不相信，通过以上这些宗教言语或行为，法院、国会或总统就违背了宪法，就建立起了一种官方宗教。因而，我也不相信，纽约州就违背了宪法"[③]。在斯图尔特看来，拒绝学生参与校园祈祷的判决，反而意味着对继承国家精神遗产机会的否决。

一些政要对斯图尔特的观点表示支持，他们普遍认为最高法院"小题大做"，政教分离无须也不能阻止公民对自身宗教角色的认知，该判决反而暗示了国家的世俗主义倾向。来自纽约的国会议员认为恩格尔案判决是"美国历史上最悲剧的判决"[④]。佐治亚州议员赫曼·塔尔麦基（Herman Talmadge）认为最高法院背离了人类的内在精神，

---

① Engel v. Vitale, 370 U. S. 421(1962).

② PFEFFER L. The New York regents' prayer case(Engel v. Vitale)[J]. J. Church & St., 1962(4): 150.

③ PFEFFER L. The New York regents' prayer case(Engel v. Vitale)[J]. J. Church & St., 1962(4): 150.

④ MOUNTJOY S. Engel v. Vitale: school prayer and the establishment clause[M]. New York: Chelsea House, 2007: 94.

给予了无神论以支持。弗吉尼亚州议员阿布索伦·威利斯·罗宾逊（Absalom Willis Robertson）则认为最高法院走向了无神论和不可知论，而这恰恰是最极端、最危险的结果。① 亚拉巴马州的乔治·安德森（George Anderson）更为激进地谴责最高法院“以上帝之名将黑人放进了学校，现在却将上帝赶了出去”②。

判决后仅一个月，参议院司法委员会就召开听证会，商讨修改宪法事宜，要求将校园祈祷和诵读《圣经》作为公共学校日常教学的一部分确立下来。同月的州长会议上，除纽约州州长尼尔森·洛克菲勒（Nelson Rockefeller）弃权外，有49位州长同意修改宪法，推翻最高法院的判决。甚至连前总统赫伯特·胡佛（Herbert Hoover）及艾森豪威尔都出来声援。前者谴责最高法院“瓦解了美国最神圣的精神遗产之一”，建议修订宪法，建立起联邦、州及地方政府对宗教事务的管理权力。③ 后者则从历史中寻找证据，认为美国自始以来就是一个宗教国家，《独立宣言》已明确指出个人权利和自由源自“共同的造物者（上帝）”④，而最高法院背离了这一传统。据统计，恩格尔案判决后的3天内，国会就收到50多次修改宪法的建议。恩格尔案判决后的两周内，白宫收到了2300封信，反对与支持判决的比例为10∶1。⑤

政界的不满主要基于一种顾虑，就是在驱逐宗教精神及祈祷传统

---

① BARKER L J, BARKER T W, Jr. Freedom, courts, politics: studies in civil liberties [M]. Englewood Cliffs: Prentice-Hall, Inc., 1965: 25.

② BARKER L J, BARKER T W, Jr. Freedom, courts, politics: studies in civil liberties [M]. Englewood Cliffs: Prentice-Hall, Inc., 1965: 26.

③ BARKER L J, BARKER T W, Jr. Freedom, courts, politics: studies in civil liberties [M]. Englewood Cliffs: Prentice-Hall, Inc., 1965: 26.

④ MOUNTJOY S. Engel v. Vitale: school prayer and the establishment clause [M]. New York: Chelsea House, 2007: 96.

⑤ NEWMAN E S. The freedom reader: a collection of materials on civil rights and civil liberties in America [M]. New York: Ocean a Publications, Inc., 1963: 148-149.

后，对国家有可能走向无神论、不可知论或世俗主义的恐慌。这种恐慌已经严重到考虑修改神圣宪法，足见该案的影响之大。这种影响实际上昭示了一种不同于以往的政治取向，就是无论相关与否，政府在所有与宗教相关的事务中都应缄口不言。最终，修改宪法的建议被一种观念所说服，即如果仅因为某个判决在某个特定时期不被公众普遍接受或不受欢迎，就打开了修订神圣宪法的阀门，那么《权利法案》试图经受各个历史时期考验的全部意义就会被动摇和破坏。①

一项由《美国学校杂志》（*Nation's Schools Journal*）组织的全国性调查表达了来自教育领域的意见。调查显示，50%的学校管理者希望恩格尔案得到反转，认为最高法院在恩格尔案中并没有站在解释法律的立场上，而是在制定法律，并且“一所没有祈祷的学校不能被称为学校”。另外，48%的学校管理者则支持最高法院判决，认为最高法院对学校提出的世俗化要求将使那些少数群体获得一丝安慰。② 与此同时，一些报刊媒体也站了出来。以《纽约时报》为代表的支持派认为，最高法院的判决预防了政教合一的种种危害，“已明智地使我们转危为安”③。《基督教科学箴言报》（*Christian Science Monitor*）也认为，宗教和政府如果都站在各自的立场上，它们都会变得更强势，而这正是政教必须分离的基础。④《圣路易斯邮报》斥责那些质疑最高法院判决的人要搞清楚，“违背基本原则的并不是祈祷行为，而是官方指定的祈

① MOUNTJOY S. Engel v. Vitale: school prayer and the establishment clause[M]. New York: Chelsea House, 2007: 102.

② DIERENFIELD B J. The battle over school prayer: how Engel v. Vitale changed America[M]. Lawrence: University Press of Kansas, 2007: 158.

③ BARKER L J, BARKER T W, Jr. Freedom, courts, politics: studies in civil liberties[M]. Englewood Cliffs: Prentice-Hall, Inc., 1965: 22.

④ BARKER L J, BARKER T W, Jr. Freedom, courts, politics: studies in civil liberties[M]. Englewood Cliffs: Prentice-Hall, Inc., 1965: 23.

祷词"①。然而站在反对立场的《旧金山考察报》（*San Francisco Examiner*）、《新闻与观察》（*News and Observer*）则认为，将一种非强迫性的、无宗派倾向的祈祷定性为损害公众权利的判决大错特错，反而是最高法院背离了宪法保护的信仰自由原则。他们谴责最高法院已将"禁止确立国教"原则的适用范围拓展到常识之外，是对宪法的僵化解释。② 总体而言，教育领域及媒体主要是针对最高法院的判决是否已超出其权责范围进行讨论。

由于牵涉到祈祷问题，恩格尔案尤其受到各教派的关注。新教内部态度不一。圣公会坚定地对判决进行抵制，认为最高法院"已经使这个国家不再圣洁"③，在匹兹堡，圣公会主教甚至和天主教主教发表联合声明，谴责最高法院"强势的、侵略性的世俗主义精神"④，卫理公会的官方报刊《基督会报》（*Christian Advocate*）为最高法院辩护，认为判决不会影响基督教的发展。然而，该教派在费城、迪凯特、芝加哥、达拉斯的主教们却认为判决在追求中立的过程中走向了世俗主义。⑤ 福音派虽支持在学校中进行自愿的、非宗派主义的宗教活动，却认为拿骚县的祈祷词是对基督教的无礼和冒犯，因为它并没有以基督耶稣的名义拟定。⑥ 浸信会教徒则认为判决合理公正。与新教内部态度

---

① BARKER L J, BARKER T W, Jr. Freedom, courts, politics: studies in civil liberties [M]. Englewood Cliffs: Prentice-Hall, Inc., 1965: 23.

② BARKER L J, BARKER T W, Jr. Freedom, courts, politics: studies in civil liberties [M]. Englewood Cliffs: Prentice-Hall, Inc., 1965: 23.

③ NEWMAN E S. The freedom reader: a collection of materials on civil rights and civil liberties in America[M]. New York: Ocean a Publications, Inc., 1963: 153.

④ NEWMAN E S. The freedom reader: a collection of materials on civil rights and civil liberties in America[M]. New York: Ocean a Publications, Inc., 1963: 153.

⑤ NEWMAN E S. The freedom reader: a collection of materials on civil rights and civil liberties in America[M]. New York: Ocean a Publications, Inc., 1963: 154.

⑥ NEWMAN E S. The freedom reader: a collection of materials on civil rights and civil liberties in America[M]. New York: Ocean a Publications, Inc., 1963: 155.

不一相比，天主教反应较为激烈，纽约的天主教信徒称判决为“黑色的周一判决”（Black Monday Decision），背离了美国作为一个宗教民族的历史、传统和精神遗产，是对共和国传统的“攻击”，试图将宗教与民众的公共生活永久地分割开来。①

总体而言，各教派对校园祈祷的宗教性做了扩大化处理。禁止校园祈祷行为意味着将宗教驱逐出学校，这对某些教派而言，是一种对未来宗教世界不确定性的畏惧。但对犹太教而言，宗教迫害言之过早，在此之前，他们更关心自己的信仰是否可以不受其他教派影响而得以自由信奉，以及是否可以保全自己信仰的纯洁性而不受其他信教方式的干扰。恩格尔案判决为他们提供了依据，正如全国教会理事会（The National Council of Churches）所言，最高法院的判决保护了少数人的宗教权利不受侵害，使完全不同的基督教和犹太教信仰免于在无所不包的“公立学校信仰”中被稀释掉。②

时任美国总统约翰·肯尼迪（John F. Kennedy）也谨慎地发声：“在努力维护宪法原则的过程中，我们必须遵守法院的判决。有一个很简单的解决办法，就是我们私下自己祈祷……我希望，作为判决的结果，美国人能更重视祈祷。”③ 肯尼迪一方面试图缓和舆论，谨慎地支持最高法院；另一方面重申美国的宗教传统，希望公众将宗教限制在私人领域。肯尼迪谨小慎微的言辞在一定程度上平息了舆论，因为随着 20 世纪 60 年代冷战的加剧以及民权运动的开展，公众暂时转移了视线。

---

① EHRLE W D. The status of prayer in the public schools in light of Engel v. Vitale, 370 U. S. 421[D]. Orange：Chapman College，1969：81.

② MOUNTJOY S. Engel v. Vitale：school prayer and the establishment clause[M]. New York：Chelsea House，2007：99.

③ BARKER L J，BARKER T W，Jr. Freedom，courts，politics：studies in civil liberties [M]. Englewood Cliffs：Prentice-Hall，Inc. ，1965：26.

综上，公众对恩格尔案判决表现出复杂而纠结的态度。一方面，认为最高法院应在政府与宗教之间树起一堵严密的“分离之墙”，使政府不可无故僭越；另一方面认为最高法院破坏了美国的宗教传统。然而这种摇摆不定其实在另一层意义上揭示出恩格尔案对美国教育及政治进程的影响。

四、恩格尔案判决与政教分离界限的确立

无论持何种立场，不置可否的是，最高法院在厘清政教分离的内涵与界限方面迈出了积极的、可圈可点的一步。[①] 恩格尔案之前，尽管宪法修正案有相关规定，但对世俗教育与宗教教育之间的关系，以及“哪种行为构成了对公共学校中宗教自由的侵犯”等并没有明确限定。恩格尔案判决廓清了以上问题，指出州没有权力制定法律或政策来确立“官方宗教”，[②] 在具有宗教性质的任何事物中，政府都不应插手干预。从而使政府指定祈祷词的潜在危险完全被揭示和公开，在一定意义上改变了之前对校园祈祷的普遍默许甚至支持态度。1960 年，也就是恩格尔案判决之前，美国本土的一项调查显示，全国 41％的公立学校学区允许阅读《圣经》，33％允许公开祈祷。然而到 60 年代中期，这一数据明显下降（见表 6）。也正是在这种意义上，里奥·普费弗（Leo Pfeffer）认为，“恩格尔案与之后的阿宾顿学区诉申普案（Abington School District v. Schempp，374 U. S. 203，1963）是美国公立学校中

---

① BOLES D E. The Bible, religion, and the public schools[M]. New York: Crowell-Collier Publishing Company, 1961: 174.

② BENNETT T, FOLDESY G. “Our Father in heaven”: a legal analysis of the recitation of the Lord’s prayer by public school coaches[J]. The clearing house, 2008, 81(4): 185-189.

有关宗教事务的最后一场战争”①。

表6 美国公立学校宗教活动比例② 单位：%

宗教活动形式	1960年	1966年
毕业致辞（Baccalaureate services)	86.8	84.0
《圣经》布道（Bible distribution)	42.7	37.4
阅读《圣经》(Bible reading)	41.8	12.9
祈祷（Devotions)	33.2	8.0

事实上，在最高法院的判决中，决定教育委员会败诉的一种势不可挡的逻辑是，国家或政府必须在宗教事务上保持中立，不仅杜绝偏袒某一宗教胜过其他宗教，而且禁止政府介入任何宗教事务，也就是说，政府不仅要在相互竞争的信仰之间保持中立，更要在宗教和非宗教事务之间保持中立。③ 在这里，政教分离暗示出两种倾向：第一，该原则并不直接保障个人权利，而是对政府提出要求。该要求基于一种考虑，即政教分离可以在很大程度上保证宗教自由，而政教合一必然导致宗教自由的丧失。第二，该原则并非要取悦多数人，而意在保护少数人。它旨在预防多数人在任何时间、以任何名义造成对少数人自由信仰的损害。在恩格尔案中，最高法院强调宗教的私人性、神圣性，要求政府及校方力守政教分离原则，其实正是在维护少数人的权利。

然而，政治与宗教究竟分离到何种程度才是合理的？如何判定政

① DIERENFIELD B J. The battle over school prayer: how Engel v. Vitale changed America[M]. Lawrence: University Press of Kansas, 2007: 183.

② DIERENFIELD B J. The battle over school prayer: how Engel v. Vitale changed America[M]. Lawrence: University Press of Kansas, 2007: 183.

③ PFEFFER L. The New York regents' prayer case(Engel v. Vitale)[J]. J. Church & St., 1962(4): 150.

府与宗教之间是否出现僭越？最高法院其实也借恩格尔案做出了回应。它确立了一条“按照客观结果判定”的依据，即以特定领域的政教关系可能产生的实际后果作为判定政府是否干涉宗教事务的依据。通过审查实际活动中宗教是否与政府机构纠缠在一起，相关行为是否是宗教性的，以及是否主要为了宗教目的或主要运用宗教手段来实现政府目的作为判定违宪与否的标准。正因为这些问题在恩格尔案中的回答都是肯定的，拿骚县教育委员会触碰了“政府不得参与任何有利于促进或抑制某一宗教的事务”的底线，在客观上造成了支持基督教、强迫非基督教派学生参与校园祈祷的结果而遭遇危机。另外，在恩格尔案中，祈祷活动在本质上是宗教性的，即使与确立官方宗教无关，它在客观上也使不参与祈祷的学生感到自己的信教自由受到了威胁。由此，教育委员会也违反了政教分离与信仰自由条款。恩格尔案确立的这种以政教关系的发生所产生的实际效果作为判定依据的先例，标志着最高法院第一次介入由州主导的校园祈祷案，在某种程度上开启了一场“文化之战”，在此之后的诸多案件都依循了这一判决。

1963 年，联邦最高法院对申普案做出了类似判决。申普案来自宾夕法尼亚州，该州规定，公立学校每日课前从《圣经》中选读经文，全体学生必须参加，由家长或监护人提出书面申请者可免除参与义务。此举遭到一位学生家长的抗议，认为：第一，如果不参加读经，会使学生遭遇来自教师及同学的偏见，不利于师生之间、学生之间正常关系的发展。第二，不参加读经会被视为是无神论者，将学生与道德背叛相提并论。第三，学校早晨的活动包括读经、祷告、升旗及宣布学生管理事项，若不参与其中，学生可能会因此蒙受不利。第四，不参加读经的学生会站在教室外，这与罚站类似，容易引起误解。基于以上理由，家长要求学校立即停止读经活动。[①] 联邦最高法院最终支持家长的诉讼请求，认为在个人与宗教的关系中，政府的中立态度必须慎加维护。与恩格尔案类似，中立立场不能以多数人的立场为出发点确立，而必须保护所有人的宗教自由权利。该案中宾州公立学校在客观上构成对少数人信教自由的妨碍，违背了政教分离原则。

1868 年的埃博森诉阿肯色州案（Epperson v. Arkansas，393 U. S. 97，1968）判决中，最高法院依旧援引恩格尔案，认为阿肯色州虽有权制定课程标准，但禁止在学校中讲授进化论的做法，已经超出教育范畴，进入宗教领域，意在保护特定宗教信条，无论从目的上还是结果上都违背了中立立场，与政教分离条款相悖。

1971 年的莱蒙诉库兹曼案（Lemon v. Kurtzman，403 U. S. 602，1971）判决中，最高法院同样推翻了宾夕法尼亚州为教会学校教师支付薪水与购买教材支付费用的《私立中小学教育法》，以及罗得岛州为教会学校教师补助工资的《薪水补助法》。在该案中，最高法院确立了审查政教关系的三大标准，即莱蒙法则：第一，法律必须具有世俗的立法目的。第二，立法的主要效果既不能促进宗教，也不能压制宗教。第三，法律绝不能导致“政府与宗教之间有过度纠葛”。事实上，正是恩格尔案为莱蒙法则提供了关键性考量因素。

1985 年，最高法院在华莱士诉杰弗里案（Wallace v. Jaffree，472 U. S. 38，1985）中判决亚拉巴马州允许在公立学校中进行静思和祈祷的法律明显表达出了促进宗教的意图，违反了政教分离条款。1992 年的李诉韦斯曼案（Lee v. Weisman，505 U. S. 577，1992）中，最高法院推翻州法律，判决罗得岛州公立中学在毕业典礼上进行宗教祈祷从客观上构成了政府干涉宗教事务、强迫部分学生参与宗教仪式的结果，

---

① 谢桦. 美国政教分离原则：以联邦最高法院教育判例为中心（1845-2002）[D]. 广州：中山大学，2009：53.

因而违宪。2000 年的圣菲独立学区诉多伊案（Santa Fe Independent School District v. Doe，530 U. S. 290，2000），最高法院再次判决公立学校在足球比赛前公开祈祷意在促进宗教，违背了政教分离原则。

每次判决时恩格尔案都会被提起，关于修改宪法、制定校园祈祷法的声音也从未停止过。但最高法院从未给校园祈祷开过任何“后门”。即使 1984 年通过的《平等机会法案》（*The Equal Access Act*）允许学生祷告和学习《圣经》，但也仅是在一定的时间（上学时间之外）和范围（学生私下自行组织）内进行。并且据调查，即使能够拥有一部祈祷法案，美国 69%的公民也认为静思祈祷（prayer in silence）比出声祈祷（spoken prayer）要好。①

最后，有必要对恩格尔案之后的舆论抵制加以分析，同时回答为什么即使抗议之声时有起伏，联邦最高法院依旧没有屈从民意，而是维持了原判。事实上，对恩格尔案的抵制无非基于以下几种立场：其一，该判决对美国宗教传统的背离。其二，对恩格尔案之后国家有可能走向的无神论或世俗主义的恐慌。其三，对最高法院解释宪法权利的谨慎约束，担心其以解释法律之名“隐秘地”制定法律。对于前两点，摘除背离宗教传统与走向世俗主义“罪名”最有力的回应就是，在恩格尔案判决中，最高法院并没有破坏美国人自由礼拜与信仰宗教的权利，只是将这种活动限制在了私人领域内。对于第三点，只需了解最高法院的判例史便可发现，1962 年至今，最高法院在校园祈祷案中的判决精神是一以贯之的，这是它对自身在宪政中所处独立地位的尊重与坚守，绝不轻易改变立场。也正是在这种意义上，该案原告律师威廉·巴特勒（William Butler）认为，“恩格尔案判决将亘古不变”②，

① DIERENFIELD B J. The battle over school prayer: how Engel v. Vitale changed America[M]. Lawrence: University Press of Kansas, 2007: 212.

② DIERENFIELD B J. The battle over school prayer: how Engel v. Vitale changed America[M]. Lawrence: University Press of Kansas, 2007: 183.

所有试图修改宪法推翻判决的行为都不会形成气候。

主要参考文献

[1] BARKER L J, BARKER T W, Jr. Freedom, courts, politics: studies in civil liberties[M]. Englewood Cliffs: Prentice-Hall, Inc. , 1965.

[2] BENNETT T, FOLDESY G. " Our Father in heaven": a legal analysis of the recitation of the Lord's prayer by public school coaches [J]. The clearing house, 2008, 81(4): 185-189.

[3] BOLES D E. The Bible, religion, and the public schools[M]. New York: Crowell-Collier Publishing Company, 1961.

[4] DIERENFIELD B J. The battle over school prayer: how Engel v. Vitale changed America[M]. Lawrence: University Press of Kansas, 2007.

[5] EHRLE W D. The status of prayer in the public schools in light of Engel v. Vitale, 370 U. S. 421[D]. Orange: Chapman College, 1969.

[6] GAUSTAD E S. Faith of our founders: religion and the new nation, 1776-1826[M]. Waco: Baylor University Press, 2004.

[7] GOLD S D. Engel v. Vitale: prayer in the schools[M]. New York: Marshall Cavendish Benchmark, 2006.

[8] KENNEDY G. Religion and the public schools[M]//The Bill of Rights: a source book for teachers. Sacramento: California State Department Press, 1967.

[9] MOUNTJOY S. Engel v. Vitale: school prayer and the establishment clause[M]. New York: Chelsea House, 2007.

[10] SCHWARTZ B, LESHER S. Inside the Warren Court, 1953-1969[M]. New York: Doubleday & Company Inc. , 1983.

[11] 李道揆. 美国政府和美国政治 [M]. 北京: 中国社会科学出

版社，1992.

［12］任东来，陈伟，白雪峰，等. 美国宪政历程：影响美国的 25 个司法大案［M］. 北京：中国法制出版社，2004.

［13］谢桦. 美国政教分离原则：以联邦最高法院教育判例为中心（1845-2002）［D］. 广州：中山大学，2009.

第七章　美国全面实施特殊教育的起点——米尔斯诉哥伦比亚特区教育委员会案（1972）

在美国教育演变史上，特殊儿童群体全面获取免费、适宜且公正的义务教育权利的过程异常曲折。特殊儿童教育权利意识的觉醒及其维权意识的兴起，往往伴随着特殊教育诉讼案的审理与判决。米尔斯诉哥伦比亚特区教育委员会案（Mills v. Board of Education of District of Columbia，1972，以下简称“米尔斯案”）是特殊教育演变历程中的一座界碑，在美国教育史上有着深远的影响。目前，国内学者尚未对米尔斯案及其审理过程进行专门探索，米尔斯案的曲折审理过程及其蕴含的教育问题值得进一步深入探究。在米尔斯案的审理过程中，如何将特殊教育纳入公立教育系统；以何种方式分配地方教育资金和资源；是设置特殊班级，还是安排特殊儿童进入普通班级以帮助他们回归主流等问题，相继浮出水面。

一、特殊儿童观与隔离教育制度

美国的特殊（special）儿童，或称为额外（exceptional）儿童、残障（handicapped）儿童，主要指涉心智或肢体有损伤、障碍、残缺的儿童以及被歧视为智力低下的少数族裔群体。在传统上，人们将特殊儿童群体视为无价值的群体。就个人性质而言，特殊儿童被定义为不完整的受造物，被视为无法通过教育来改善心智的人和无法社会化的、无能的人；就社会性质而言，特殊儿童被归于无社会生产力的群体、无益于社会经济增长的群体甚至对社会稳定秩序存在威胁的群体。将特殊儿童隔离开来，被传统社会默许为对特殊儿童和有序社会的双重“保护”。①

在义务教育法颁布之前，将特殊儿童与常规儿童乃至整个有序社会隔离开的显性和隐性制度，有手工作坊、贫民救济院、特殊学校、特殊班级等制度以及公立学校入学智商测试（Intelligence Quotient）制度。殖民地时期的特殊儿童，若非出生于富裕家庭，通常都在手工作坊或贫民救济院被“保护”或“控制”起来。此类特殊儿童或许能够学习零星的谋生知识，② 但总体来说，此阶段的特殊教育有隔离而无教育。在 19 世纪上半叶，贺拉斯·曼等教育改革家发起公共学校运动，希冀借助公共教育启蒙共和国白人子弟的心智。但是，特殊儿童群体的心智教育并未受到公共教育系统内部人士的普遍重视。一些私人教育家开办的特殊学校，为一部分在身体感官或心智方面存在障碍的儿童提供了教育归宿。③

特殊班级制度的出现，使得美国部分特殊儿童得以进入公共学校接受免费、隔离的义务教育。早在 1871 年，康涅狄格州纽黑文市的学校就为较迟钝、懒散和不顺从的儿童统一开设了一个不分年级的班级（ungraded class），这种班级完全独立于其他年级。1896 年，罗得岛互助会专门为有缺陷的儿童开设了类似的班级。1914 年，J. E. 华莱士·

① WINZER M A. From integration to inclusion: a history of special education in the 20th century[M]. Washington, D. C.: Gallaudet University Press, 2009: 7-9.

② 杨民. 世界特殊教育研究［M］. 大连：辽宁师范大学出版社，2004：380.

③ 张福娟，马红英，杜晓新. 特殊教育史［M］. 上海：华东师范大学出版社，2000：94-97.

沃林（J. E. Wallace Wallin）将这种不分年级的班级称之为“特殊班级”。[①] 特殊班级几乎是固化的，特殊儿童一旦被分配到特殊班级，就几乎不可能再回到普通班级学习。[②] 如约瑟夫·特罗皮（Joseph Tropea）所总结的，“义务教育法并没有消灭排他的行为，只不过将过去的排挤形式变为校内隔离的而已”[③]。

与特殊班级相契合的制度，是盛行于美国公立教育系统中的入学IQ测试制度。公立学校在招收学生之前，普遍运用英文IQ测试，将儿童划分为正常、轻微智力低下和严重智力低下等级别。有研究者曾说，“华盛顿的学校最终发现，由测验（IQ测试）测定的智力障碍儿童中，多达三分之二是正常儿童”[④]。此外，遗传和进化理论为特殊儿童的划定提供了一定的社会氛围。总的来说，在20世纪60年代美国民权运动兴起之前，数量庞大的特殊儿童游离于公立教育系统之外。

二、排除或容纳：特殊儿童与义务教育法令

从南北战争后至20世纪中叶，各州义务教育法令相继推出，衍生出新的现实问题。处于学龄的全体特殊儿童，是否可以进入公立学校享受义务教育？对此，特殊儿童家长、关注特殊教育的公益人士、公立教育系统内部官员、公立学校教师、司法和立法人士或者局限于各自的利益，或者墨守传统的规制，意见不一。意识层面的不统一与特

① WINZER M A. From integration to inclusion: a history of special education in the 20th century[M]. Washington, D. C.: Gallaudet University Press, 2009: 24.

② KIRP D, BUSS W, KURILOFF P. Legal reform of special education: empirical studies and procedural proposals[J]. California law review, 1974, 62(1): 40-155.

③ 斯普林. 美国学校：教育传统与变革［M］. 史静寰，姚运标，张宏，等译. 北京：人民教育出版社，2010：410.

④ KIRP D, BUSS W, KURILOFF P. Legal reform of special education: empirical studies and procedural proposals[J]. California law review, 1974, 62(1): 40-155.

殊儿童被拒绝入学或随意开除的现象并存。1958年，伊利诺伊州最高法院审判了公共福利部诉哈斯案（Department of Public Welfare v. Haas，15 Ill. 2d 204，1958）。该案判决默认了公共教育领域内特殊儿童被隔离的现象，并宣称，当前的州义务入学法令没有要求国家为智力低下、智能不足及因智能有限而不能从良好教育中获益的孩子提供免费的公立教育。伊利诺伊州最高法院并非美国唯一的传统卫道者，其他地方法院更是明文支持公立学校拒斥特殊儿童入学的举措。①

20世纪初，联邦特殊教育立法开始向特殊儿童教育权益倾斜。1918年，联邦颁布的《斯密斯-希尔斯法》（*The Smith-Sears Veterans Rehabilitation Act*）已经要求相关教育机构对曾参加一战的残疾退伍军人提供职业和身体上的康复服务。该法案虽然关涉的不是特殊儿童，但是标志着美国法律对残疾人群的教育权益的肯定。两年后，《斯密斯-希尔斯法》又提出要对盲人提供翻译服务。1943年，以1920年版本的《斯密斯-希尔斯法》为基础形成了《巴登-拉福利特法》（*Barden-Lafollette Act*），该法允许州委员会和其他代理机构接受联邦资助，以向盲人、智力低下群体和精神病人提供服务。从此以后，联邦政府开始直接向地方政府提供资金来资助特殊教育。

自20世纪中叶起，美国联邦层面虽然未明确立法肯定特殊儿童的受教育权，但是通过拨款的方式，将特殊儿童彰显为一个值得公共教育资金“资助”的群体。1958年，联邦颁布《国防教育法》（*National Defense Education Act*），依据该法，联邦政府向州政府和高等教育机构“提供”100万资金，以“鼓励”学院教师轮流训练智力低下儿童专业教师。1961年，肯尼迪总统签署《特殊教育法》（*The Special Education Act*），以“资助”和“鼓励”大学水平的聋人教师教育。

① WINZER M A. From integration to inclusion: a history of special education in the 20th century[M]. Washington, D. C.: Gallaudet University Press, 2009: 73.

1965 年，美国颁布《初等和中等教育法》（*Elementary and Secondary Education Act*），该法规定，联邦将“单独提供”13 亿美金资助各州和地方，专门用于解决残障和有教育缺陷的儿童的问题。①

至米尔斯案发生之前，联邦成文法对特殊儿童的资助款项数额剧增，方式从额外提供变更为“单独提供”，从资助为主变更为以“解决问题”为目标，足以见其重视程度。然而，各个州、县郡或村镇仍有大量特殊儿童没有受到机会均等的、合适的教育服务。在 20 世纪 70 年代早期，国会承认美国有超过 150 万的儿童因为伤残被公立学校排除在外。②

三、安置特殊儿童的教育须经过正当程序——PARC 案与米尔斯案

20 世纪 60 年代，美国民权运动高涨。与特殊儿童相关的权益类和研究类组织逐步形成，诸如学习障碍儿童联合会（The Association for Children with Learning Disabilities）、美国自闭症儿童协会（The Autism Society of America）、全国脑瘫协会（The United Cerebral Palsy Association）等。这些团体成为特殊教育诉讼案的重要声援力量。在 20 世纪 70 年代，美国相继发生两起重要的特殊教育诉讼案，分别是宾夕法尼亚残障人士联合会诉宾夕法尼亚联邦案（Pennsylvania Association for Retarded Citizens v. Commonwealth of Pennsylvania，334 F. Supp. 1257，1971，以下简称 PARC 案）和米尔斯案。

1971 年，PARC 案发生，该案被视为米尔斯案的先驱。1971 年，

---

① WINZER M A. From integration to inclusion: a history of special education in the 20th century[M]. Washington, D. C. : Gallaudet University Press, 2009: 279-280.

② HURWITZ K A. A review of special education law[J]. Pediatric neurology, 2008, 39(3): 147-154.

宾夕法尼亚残障人士联合会和13名智力低下儿童的家长代表宾州内被一个公立学校教育项目排除在外的全部6—21岁的智力障碍儿童，状告宾州教育和公共福利部部长、州教育局以及州内13个学区。PARC案的13名家长提出三个论点：一是，公立学校系统改变或排除智力障碍学生学习项目之时，并未经过任何“正当程序”（due process）；二是，州法律关于排除智力障碍学生的规定违反了宪法的平等保护条款，因为这些规定暗含“智力障碍学生不可教或不可训练”的假设，而这一假设没有事实依据；三是，按照美国宪法和宾州法律，所有儿童的受教育权是受保护的。但是，宾夕法尼亚州学校法律规定，6—21岁适龄儿童可以进入地方公立学校就读，而学校可以依据一个心理学测验证书，排除那些无法受教育的学生。同时，该州义务教育法中关于8—17岁儿童强制入学的规定亦排除了智力障碍学生。州法律的这两部分内容武断地否定了智力障碍儿童原本应享有的教育权利。最终，在1971年10月末，PARC案判决宾夕法尼亚州内智力障碍儿童受教育权合法，应依据智力障碍儿童个人需求为其提供免费的、合适的公立教育。①

PARC案为后续米尔斯案的辩论奠定了基础。一方面，宾州教育委员会新增了关于正当程序的规定；② 另一方面，宾夕法尼亚残障人士联合会和全美异常儿童委员会一道向法庭呈现了残疾儿童可教的大量证据，正面回击了“智力障碍学生不可教或不可训练”的论断。③ 此外，PARC案为特殊儿童维权斗争提供了可参照的模式。

PARC案判决后，将特殊儿童纳入公共义务教育中的做法并未在全国得到推广。1971年，7名学龄儿童被华盛顿特区公立学校以行为问题、智力障碍、情感障碍或多动症为由拒绝录取或直接开除，且校

---

① GOLDBERG S S. Special education law[M]. New York:Plenum Press,1982:1-5.

② GOLDBERG S S. Special education law[M]. New York:Plenum Press,1982:5-7.

③ 斯普林. 美国学校：教育传统与变革［M］. 史静寰，姚运标，张宏，等译. 北京：人民教育出版社，2010：596.

方未提供任何可替代的教育项目。于是，这一年，上述7名学龄儿童家长及其支持者联合起来，集体向美国哥伦比亚特区地区法院起诉哥伦比亚特区教育委员会及其成员。这就是米尔斯诉哥伦比亚特区教育委员会案。

在诉讼中，米尔斯一方希望禁止哥伦比亚特区公立学校开除和剥夺其享受公立教育权利的行为，并要求强制哥伦比亚特区教育委员会用公共资金为其提供及时和足够的教育。此案的被告有华盛顿特区教育委员会成员和华盛顿特区教育委员会特殊教育部、人力资源部成员，包括特区各公立学校校长、次级学校官员、哥伦比亚特区长官以及部分次级官员。该案件将特殊儿童被公立学校唾弃和隔离这一真实的、悲惨的境地置于公众眼前。①

四、公共教育资源应惠及全区特殊儿童

1971年12月17日，米尔斯案的审理开始了。这起集体诉讼案的核心矛盾主要集中于两个方面，一是华盛顿特区特殊儿童教育资源分配的公平问题，二是更改特殊儿童教育项目过程中的正当程序问题，这也是PARC案曾讨论的问题。

（一）威蒂判决——不能让任何儿童被排除在公立教育之外

米尔斯案的主审法官是约瑟夫·科尼利尔斯·威蒂（Joseph Cornelius Waddy）。威蒂在担任法官期间，通过若干教育法律案件引导美国教育的改革。由偏向自由和改革的威蒂担任主审法官，这对于米尔斯案原告一方是较为有利的。

审理开始后，原告米尔斯一方提出，被告特区教育委员会一方主要有两方面的行为违背了美国宪法和华盛顿相关法律。其一，基于原

---

① GOLDBERG S S. Special education law[M]. New York: Plenum Press, 1982: 9.

告有身体或心智缺陷，特区教育委员会将其排除在哥伦比亚特区教育项目之外。在哥伦比亚特区，为有智力低下、情感障碍、生理缺陷、多动症和其他行为问题的儿童提供特殊教育的问题十分迫切。为了说明特区教育委员会对特殊教育的漠视，原告引入了一份估算数据：本市约有 22 000 名智力低下、情感障碍、盲、聋、语言或学习障碍儿童，在这些儿童中，可能有多达 18 000 名儿童没有享受特殊教育项目。其二，原告认为，特区教育委员会拒绝特殊儿童入学或开除特殊儿童之前，没有经过任何合法程序，这违背了宪法的正当程序原则。①

对于特殊儿童家长一方的指控，特区教育委员会向法庭陈列了一份报告——根据哥伦比亚特区教育委员会计划、研究与评估部提供的数据，特区至少为 3880 名学龄儿童提供了各类公立特殊教育项目——以表示其对本地特殊教育做出了一定努力。② 接下来，特殊儿童家长引用了哥伦比亚特区健康、教育与福利部 1971 年的报告予以回应。根据该报告，“哥伦比亚特区公立学校曾经承认，1971—1972 学年，有 12 340 名残障儿童没有享受公立教育服务”③。针对这一指责，特区教育委员会解释道，现有的公立教育资金和资源无法容纳本地区所有特殊儿童，或为其配备特殊教育设施。

由于该诉讼涉及美国宪法第 14 修正案平等保护条款和特区义务教育法规，威蒂法官陷入了对宪法和地方法规的思考之中。一方面，特区法律对学龄儿童有强制入学的规定。根据特区法第 31 节 201 条法规，特区内每对父母、监护人或其他居民（永久居民或暂时居民），但凡照管 7—16 岁的儿童，必须让儿童进入一所公立或私立学校，教区附属学

① DUNN M, et al. Different and equal: the right to a special education[C]. Washington, D. C.: 9th and 10th Cycle Developmental Conference, 1975: 12-31.

② GOLDBERG S S. Special education law[M]. New York: Plenum Press, 1982: 9.

③ DUNN M, et al. Different and equal: the right to a special education[C]. Washington, D. C.: 9th and 10th Cycle Developmental Conference, 1975: 12-31.

校接受日常教学或请私人教师教授儿童；另一方面，特区法对于额外或特殊儿童的教育也有相关规定。根据特区法第 31 节 203 条法规，若要免除一名儿童的入学，除非依据哥伦比亚特区教育委员会的测验，儿童因身体或心智原因无法从上学中获益，但是如果上述测验表明，儿童可能从与之需要相匹配的特殊教育中获益，那么他应该入学接受相应的特殊教育。可见，根据特区法规，义务教育是囊括了特殊儿童在内的，开除或拒绝特殊儿童入学必须以合理的测验结果为依据。

与布朗案相似，米尔斯案亦涉及美国宪法第 14 修正案的平等保护条款。根据平等保护条款，公民的合法权利是平等的。因此，每个州应该基于完全平等的精神为公民子女提供公立教育。不仅如此，米尔斯案与华盛顿特区霍布森诉汉森案（Hobson v. Hansen，269 F. Supp. 401，1967）、PARC 案一样，涉及宪法第 14 修正案中的正当程序款项和第 5 修正案中的正当程序款项。根据宪法，不经过任何正当法律程序，不能拒绝给予公民以平等法律保护。

除了宪法和法规，特区教育委员会宪章对特殊儿童教育也有一定的规定，这些规定主要集中于特区教育委员会宪章第 13 部分的 3 条规定之中。首先，第 1.1 条规定，“在适用法规与教育委员会的规则、章程和制度的限制下，特区内所有居民的儿童，只要处于下文规定的年龄内，都有权要求进入特区公立学校就读，并免去学费”①。其次，第 14.1 条对义务入学的儿童年龄做出了规定。这条法规与华盛顿特区法第 31 节 201 条法规内容几乎等同。再次，第 14.3 条法规对于公立学校排除特殊儿童入学资格有详细规定。其主要内容是，若特区教育委员会要拟定一个排除儿童入学证明，须有学校校长的书面推荐信，还必须依据哥伦比特亚区学生评估、课程和入学部（Department of Pupil Appraisal，Study and Attendance）组织的考试结果或依据特区公共健

---

① GOLDBERG S S. Special edcation law[M]. New York：Plenum Press，1982：10.

康部（Department of Public Health of the District of Columbia）组织的考试结果。若上述考试证明，学生因生理或心智原因无法从入学中获益，特区教育委员会才可以出具排除入学的证明。此外，该法规也规定，“如果这些考试显示儿童可以从与其相匹配的特殊教学中获益，则必须让他参与这种特殊教学”①。

依据宪法和特区法规以及特区教育委员会章程条款的规定，威蒂法官对被告提出的“资金不足”理由给出了回应：“在哥伦比亚地区，教育被排除儿童的意义，显然比维持特区财经资源方面的意义要有价值的多。如果资金不足以资助公立学校系统的全部服务和项目，那么，必须以公正的方式花费有限的资金，以保障没有任何儿童完全被排除在与其能力和需要相匹配的、可从中获益的公立教育之外。不能让额外的孩子或残障儿童比正常儿童更多地承担哥伦比亚特区公立学校系统资金不足或管理无效率等缺陷。”②

威蒂的这番言论有力地说明了“平等”及其包含的正当程序的意义，即在有限的教育资金和资源面前，特殊儿童和普通儿童应处于分配程序的同一条水平线上。

1972 年 8 月 1 日，威蒂法官对米尔斯案做出了判决，史称威蒂判决。该判决内容主要包括以下几点：第一，任何儿童都不能被排除在公立学校之外，除非这个儿童被给予了符合他/她需求的其他教育项目。并且，为其提供的教育项目应包含特殊教育或学费补助，同时须适宜地安排令人满意的听证会和儿童状态评估。第二，（公立学校）不可在未举办听证会和不提供替代教育项目的前提下开除儿童。第三，哥伦比亚特区必须为区内每一名儿童提供一种免费教育，无论儿童是否残疾。第四，任何儿童不得停学两天以上。若需停学两天以上，必

① GOLDBERG S S. Special education law[M]. New York:Plenum Press,1982:10-11.

② HOBSON J. Educational policy and the courts: the case of Washington, D. C. [J]. The urban review,1978,10(1):5-19.

须举办一场听证会并提供一种替代教育项目。第五，处于特殊教育中的儿童必须由公立或私立机构加以评估，以便为其提供合适的安置。此外，威蒂法官提出了一套用于举办特殊教育听证会的系统程序。[①] 威蒂的判决词在一定程度上重申了 PARC 案中的所有儿童受教育权平等的观点，为美国特殊儿童争取义务教育权提供了有力的判例法依据。

（二）不作为的特区教育委员会

威蒂判决声明特殊儿童有权享受公立教育，也指出了教育委员会在维护特殊教育方面的职责。但实际上，自威蒂判决生效以来，特区教育委员会并未按照判决书的要求去改善特殊儿童的受教育状况。不久，该案件再次上诉至法庭。

法官威蒂在 1972 年 8 月签署米尔斯案判决之时，有意保留了法院对该案的司法权，以便威蒂判决能够被贯彻、修改和执行。1973 年 12 月，米尔斯案原告律师再次来到威蒂法庭，申诉特区教育委员会未执行判决书。按照米尔斯案的一审判决，特殊儿童家长可以通过举办听证会来争取适宜其孩童的教育安置。判决生效之后，不少特殊儿童家长都按照威蒂判决书的精神申请举办了听证会。但听证会结束后，不少特殊儿童的教育并未获得改善。于是，米尔斯案的原告及其代表律师将 160 个儿童带到法官面前，说明了这些孩童现在所处的教育境况，并指出，特区内仍有 700 多名特殊儿童处于类似的境况之下。米尔斯一方进一步声明，特区教育委员会并未拨付适宜的款项用于特殊教育，显然违反了威蒂判决，对于这种有意不遵守法庭判决的行为，法庭应指派一名特派导师（special master）以监察哥伦比亚特区特殊教育项目进展的状况。

听完米尔斯一方的指控和要求，威蒂法官提出了建议：教育委员

---

① HOBSON J. Educational policy and the courts: the case of Washington, D. C. [J]. The urban review, 1978, 10(1): 5-19.

会应与米尔斯案原告律师展开协作，共同制定一份详细计划，以说明将如何执行威蒂判决，同时，教育委员会应立即安置好法庭上的160名特殊儿童和特区内与原告境况类似的全部儿童的教育。威蒂法官也拒绝了原告关于指派特派导师的提议。米尔斯案的第二次上诉，以协调旋律为主，以原告被告双方的暂时和解告一段落。

1974年7月1日，米尔斯案的原告和被告向法庭提交了规划。规划内容共有五个方面：第一，改进米尔斯案原来所规定的听证会程序。第二，特区教育委员会保证将一直为听证官员提供资金和薪水。第三，若听证官员认为当前的公立学校不足以安置某些特殊学生，教育委员会将保证尽快完成安置。第四，为了解决特殊儿童就读私立学校的学费问题，需开启一定程序来保证学费的迅速支付和递交公立学校特殊教育部（Department of Special Education of Public Schools）的合同。第五，特区教育委员会和人力资源部将在共同承担费用方面达成契约。所共同承担的费用包括因残疾无法享受公立教育的儿童在没有奖学金的情况下进入住宿学校的花费；为情感障碍、严重智力低下和其他类型残障儿童举办联合培育项目的费用；在举办米尔斯听证会之前，帮助儿童家长为其孩童安排独立教育的费用。上述所有费用要么由教育委员会承担，要么由人力资源部承担。① 收到规划后，威蒂法庭表示，若这些规划都能得以践行，那么法庭将相信教育委员会完全准备好遵从威蒂判决了。然而，该协商规划能否真正得到实施？

（三）安德鲁案——米尔斯案再次上诉的导火索

依据威蒂判决，哥伦比亚特区既要解决米尔斯案原告的教育问题，也应立即为区内特殊儿童提供适宜的公立教育。但一段时日之后，特区内不少特殊儿童依旧处于没学上的状态。其中，年仅15岁、名为托

---

① DUNN M, et al. Different and equal: the right to a special education[C]. Washington, D. C.: 9th and 10th Cycle Developmental Conference, 1975: 12-31.

马斯·安德鲁（Thomas Andrews）的特殊儿童正遭遇教育问题。安德鲁的教育状况及其代理人的上诉成为威蒂法官重新追踪米尔斯案判决执行状况的导火索。

安德鲁生于一个低收入家庭。经诊断，安德鲁长期患有情绪和心理障碍，但他从未获得适宜的教育和服务。安德鲁的问题影响了学业，以至于他无法在常规班级中学习。对于安德鲁的问题，校方建议用辅导、补习和回归主流的方法来满足其需求。但实际上，校方所提的建议无法真正改善安德鲁的学习和情绪状况。1972 年米尔斯案判决宣布以后，安德鲁的家人和支持者都期待着校方会开始重视安德鲁的问题。然而，事实并非如此。

1974 年 1 月，安德鲁的社工察觉校方对安德鲁学习问题较为懈怠，建议托马斯夫人提出举办公证会的要求，以维护安德鲁的利益。2 月 19 日，关于安德鲁学习问题的第一个听证会召开。该听证会依据威蒂判决的精神进行组织和运作。此次听证会由独立的听证官主导，托马斯夫人代表安德鲁一方，部分学校官员则代表教育委员会一方出席了听证会。最后，听证会只得出了一个模棱两可的裁决结果。听证官总结道，有必要进行进一步的审查和测验，以保证制定一个适合安德鲁的教育规划。

为了解决安德鲁的教育问题，1974 年 9 月 20 日，第二场听证会得以召开。第一场听证会裁决中所要求的测验已经完成，于是，第二场听证会分析了测验结果。在会上，托马斯夫人控诉道，自开学以来，她儿子安德鲁就没有上过课。对此，官员们回应道，导致安德鲁没上课的部分原因是学校没有合适的、可用的安置。官员们提出，应该将安德鲁置于一所正规的低年级高中，并辅之以私人导师和程序以帮助他完成教育课程和项目。结果，听证会裁决，在进一步的证人和文件出台之前，将继续举办听证会。①

关于安德鲁教育问题的第三场听证会召开于同年 12 月 19 日。在会上，学校教育官员指出，已经将安德鲁安置在一个临时特殊教育中心接受教育，数月以来，安德鲁的状况已有显著的改善，应继续将安德鲁安置在这个机构中接受教育。安德鲁的辩护人陈列出的测验结果和相关证据显示出，安德鲁自从进入临时特殊教育中心以来，学业成绩并没有进步，他的情绪状况反而恶化了。在安德鲁辩护人的证据中，有来自心理学家和社工的信函。信函建议，应将安德鲁安置在一个适宜居住的治疗中心，这样，他的特殊教育需求可以得到充分的满足。最后，安德鲁的辩护律师做出总结陈词："学校系统并未履行关照安德鲁的职责……他所就读的公立学校却想把安德鲁扔回到已经显然失败的教育环境中去……应该用一份学费奖金资助安德鲁以接受住宿式的照顾。"② 听证官审视完所有的证据之后，于 1975 年 1 月 8 日做出裁决，裁决内容如下：其一，鉴于安德鲁有如此严重的情绪问题，将他置于公立学校任何类型的项目中可能都不利于长久目标的实现，因此，应该为他拨付一笔奖学金，让他能以住宿的方式接受教育。其二，依照威蒂判决（原则），特区应该履行其职责，承担安德鲁的住宿教育花费。

听证会的裁决鼓舞人心，同时也令人唏嘘。安德鲁在特区公立学校就读的 9 年当中，一直是被忽视的和饱受挫折的。实际上，在特区公立教育系统中，安德鲁只是其中一个案例而已，还有不少特殊儿童同样身处不适宜的学习环境。

按照威蒂判决原则，学校官员必须在 30 日之内履行听证官的裁决。

---

① DUNN M, et al. Different and equal: the right to a special education[C]. Washington, D. C.: 9th and 10th Cycle Developmental Conference, 1975: 12-31.

② DUNN M, et al. Different and equal: the right to a special education[C]. Washington, D. C.: 9th and 10th Cycle Developmental Conference, 1975: 12-31.

然而，40 天过去后，学校官员仍迟迟未履行裁决。安德鲁的家人与校方进行了多次交涉，但校方以资金不足的理由拒付住宿教育资助金。于是，安德鲁家长将校方起诉至了威蒂法庭。

（四）应以公正的方式分配有限的公共教育资金

1975 年 3 月 7 日，安德鲁一案上诉至威蒂法庭。当安德鲁的诉讼代理人指责特区教育委员会违反了米尔斯案判决书精神之时，威蒂法官对特区教育委员会的信任回到了原点。

安德鲁案的审判开始了。安德鲁的代理人代表安德鲁和特区内另外 63 名儿童，要求特区教育委员会应立即安置这些儿童。并且，安德鲁一方要求法庭指派一位特派导师，以敦促特区教育委员会执行威蒂判决。面对指控，特区教育委员会仍旧抛出“资金不足”的理由来为自己辩解，继而请求法庭宽限一段时间，让他们能够制定出一个计划以解决资金短缺的问题。一段时日过后，特区教育委员会向法庭报告，称其已经对安德鲁一案 63 名原告儿童中的 43 名儿童完成了教育安置，并会尽快解决安德鲁的教育问题。

经过一段时间的法庭辩论，威蒂法官开始考量安德鲁一案与之前的米尔斯案两次上诉的审理过程。1975 年 3 月 27 日，威蒂法官宣布了安德鲁一案的判决。判决书的第 1 条给了特区教育委员会沉重的一击。第 1 条判决指出，特区教育委员会未能遵从米尔斯案在 1972 年 8 月的判决，应被视为“藐视法庭”（in contempt of court）之罪责。此外，威蒂法官重申了 1972 年的威蒂判决精神：如果资金不足以担负全部的公立学校服务的需求，那么，应该以公正的方式分配有限的资金，这样，就没有任何儿童会被完全排除在与其能力和需要相匹配的公立教育之外。安德鲁案的第 2 条判决要求被告立即为安德鲁安置适宜的教育。第 3 条判决提出，特区教育委员会应在 20 天以内向法庭提交一份报告，以概述他们未来将如何贯彻和遵守这份判决书。第 4 条判决表示，应暂缓执行原告关于指派特派导师的要求，以等待特区教育委员会向法庭递交第 3 条判决所示的报告书。

安德鲁案宣判之后，特区教育委员会拟好了一份报告呈递给威蒂法庭。1975 年 4 月 18 日，法庭再次开庭。在法庭上，威蒂法官道，他对特区教育委员会的报告内容十分失望，该份报告并没有就如何实施米尔斯案的威蒂判决做出详细规划，也未能对资金问题提出令人满意的解决方法，更未表示今后将克服特殊教育资金短缺的问题。于是，威蒂法官表示，将不会撤销法院对被告“藐视法庭”的判决，同时，将进一步考虑原告关于指派特派导师的提议。

在威蒂法庭的强烈谴责和敦促下，特区教育委员会最终遵从了威蒂法官在 1975 年 3 月 27 日关于安置安德鲁的判决。安德鲁被安置在弗吉尼亚州温切斯特的利里学校（Leary School）接受住宿教育。之后，关于安德鲁的状况评估结果也被寄给了其法律代理人。评估结果显示，安德鲁进步状况非常良好。

虽然安德鲁的教育得到了安置，但关于如何解决特殊教育资金短缺的问题和如何执行 1972 年威蒂判决的问题，特区教育委员会始终没有给出明确的答复。1975 年 6 月 9 日，威蒂法官决定强制特区教育委员贯彻执行 1972 年的威蒂判决。威蒂法官签署了一份决议，要求指派一名特派导师协助法庭以贯彻实施威蒂判决。根据美国联邦地区法院民事诉讼程序的规定，法官有权在任何诉讼案中指派一位“特殊导师”，并可以在判决参考部分具体说明该位导师的权力。判决参考部分既可以命令导师去协助法庭判决，也可以指引导师采取某些特别行动，还可以要求导师仅仅负责接受和报告诉讼者的证据。此次米尔斯案的特派导师的职责是对特区教育委员会执行威蒂判决中的问题进行专门和详细的调查，并就如何贯彻威蒂判决一事制定出确切的建议。① 随着

① DUNN M, et al. Different and equal: the right to a special education[C]. Washington, D. C. : 9th and 10th Cycle Developmental Conference, 1975: 12-31.

特派导师的指派，米尔斯案终于落下帷幕。威蒂判决彰显了一种公平的教育精神，即无论是身体残障还是心智残障儿童，都有权利享受与其需求相匹配的义务教育。

五、为全美儿童提供公正且适宜的公共教育

随着PARC案和米尔斯案知名度的扩大，案件中的焦点问题引起了更为广泛的关注和争论。米尔斯案的胜诉令人深思。与PARC案相同，米尔斯案的一个重要意义就是提出教育中的程序公正问题，即正当程序。特殊儿童并非不完整的受造物，与任何心智躯体健全的儿童一样，有其独特需求。米尔斯案显示出，在特殊儿童及其家长、公立教育官员、学校教师、立法和司法界人士等各方利益殊异之时，诉求教育安置程序公正原则，实是在某种程度上给予被忽视群体表明其独特需求的契机。1974年，美国国会也认可了教育中的程序公正是极为重要的问题。国会修订了之前的《初等和中等教育法》，完善成一部《公法93-380》（*Pub. L. 93-380*）。该法除了要求对特殊儿童施行“最少限制环境”（the least restrictive environment）教育，还规定儿童教育安置、非歧视性考试和学校记录保密中的正当程序受法律保护。①

对于美国特殊教育来说，重要的转折点发生在1975年。这一年，美国国会通过了《全部残疾儿童教育法》（*Education for All Handicapped Children*）。该法案回应了米尔斯案等若干特殊教育诉讼案中的几个重要争论焦点。其一，该法案要求，但凡接受联邦资助的公立学校，都要为身心残障儿童提供平等的入学机会和每天的免费午餐。其二，该法案要求公立学校采取“最少限制环境”原则，即尽最大可能让残疾

---

① SILLIMAN B, ALEXANDER D. Legal and ethical considerations of school placement for exceptional children[C/OL]. Blacksburg: the Annual Career, Counseling and Vocational Education Conference on Placement, 1976[2023-07-01]. https://eric.ed.gov/?id=ED127772.

儿童在常规班级学习，以帮助特殊儿童通过更适宜的方式在公立学校获得学业成就。其三，该法案提倡正当程序原则。①

国会以联邦法的高度肯定特殊儿童应享有平等的教育权利，在一定程度上回应了威蒂判决的精神——必须以公正的方式花费有限的资金，不能让额外的孩子或残障儿童比正常儿童更多地承担哥伦比亚特区公立学校系统的资金不足或管理无效率等缺陷。《全部残疾儿童教育法》不仅从资金上保障特殊教育的开展，并且向地方公立学校指出，什么是“适宜的”义务教育和服务，更是用明文规定要求特殊教育决策程序的公正。

此外，威蒂判决中的不应让特殊儿童比正常儿童更多地承担公共教育资金不足的观点，其意义是深远的。一方面，威蒂判决进一步让人们重视少数群体在教育领域受歧视的问题；另一方面，威蒂判决指出了一个观点，即那些看似缺乏社会生产力和不符合“适者生存”原则的群体有权享受与正常群体同等的公共资源，也同样值得用法律坚定不移地捍卫其平等权利。

从布朗案到米尔斯案，美国公共教育资源一再开放其隐含的栅栏，不断抹去其潜在的界限和歧视。回顾美国教育史的变迁，可以说，其历史上的诸多微弱进步，与那些冗长的法庭辩论，与那些争取权益的不懈努力，皆相互交织，不可分离。

主要参考文献

［1］DUNN M，et al. Different and equal：the right to a special education［C］. Washington，D. C.：9th and 10th Cycle Developmental Conference，1975.

［2］GOLDBERG S S. Special education law［M］. New York：Plenum

① HURWITZ K A. A review of special education law［J］. Pediatric neurology，2008，39（3）：147-154.

Press,1982.

[3] HOBSON J. Educational policy and the courts: the case of Washington,D. C. [J]. The urban review,1978,10(1):5-19.

[4] HURWITZ K A. A review of special education law[J]. Pediatric neurology,2008,39(3):147-154.

[5] KIRP D, BUSS W, KURILOFF P. Legal reform of special education:empirical studies and procedural proposals[J]. California law review,1974,62(1):40-155.

[6] 斯普林. 美国学校：教育传统与变革 [M]. 史静寰，姚运标，张宏，等译. 北京：人民教育出版社，2010.

[7] 肖非. 美国特殊教育立法的发展：历史的视角 [J]. 中国特殊教育，2004 (3)：93-96.

[8] 杨民. 世界特殊教育研究 [M]. 大连：辽宁师范大学出版社，2004.

[9] 张福娟，马红英，杜晓新. 特殊教育史 [M]. 上海：华东师范大学出版社，2000.

第八章　自由与歧视之争——加州大学董事会诉巴基案（1978）

美国历史上，黑人与白人间的种族关系始终是一个关键且重大的棘手难题。20 世纪 60 年代，面对极端困顿的生活环境，黑人掀起了席卷全美的黑人民权运动。美国政府意识到冷战以来形成的“丰裕美国”可能只是个表象，其背后仍然存在着亟待解决的大量社会问题。因而，60 年代之后的历届美国政府均采取了一系列改革措施，意图缓解和解决国内阶级与种族矛盾。

“肯定性行动”（Affirmative Action）[①] 便是美国政府通过《1964 年民权法》（*Civil Rights Act of 1964*）后发布的一系列平权措施中的典型，其目的是通过给予在政治、教育、就业和其他方面长期遭受歧视的少数族裔和女性以优待，帮助其摆脱长久以来所处的劣势地位。然而，对少数族裔尤其是黑人群体是利好消息的“肯定性行动”政策在白人当中引起了很大争议。1978 年，加州大学董事会诉巴基案[②]的争

---

① 中文译著里没有针对“Affirmative Action”统一的译名，除了“肯定性行动”，还有学者译为“优先照顾行动”“赞助性行动”“扶持行动”和“积极行动”。本文采取“肯定性行动”的译名。

② Regents of the University of California v. Bakke，438 U. S. 265(1978). 该案经历了加州高等法院（1974）、加州最高法院（1976）及联邦最高法院（1978）的一系列诉讼。因为这些诉讼处理的核心在于围绕巴基的白人身份而受到的“反向歧视”（Reverse Discrimination）问题，故本文将这些诉讼统称为“巴基案”。

议焦点正是“肯定性行动”政策施行过程中针对白人的“反向歧视”(Reverse Discrimination)问题。本案中，加州大学依据“肯定性行动”在招生时为少数族裔学生保留一定数量的入学名额，而拒绝了白人巴基的入学申请。本案引发了广泛的社会讨论，联邦最高法院最终以 5∶4 判决加州大学的招生政策违反宪法，但同时，联邦最高法院支持高校将族裔背景列为“非唯一或者首要的”因素来筛选学生的做法。联邦最高法院支持联邦政府“肯定性行动”政策的判决符合当时复杂的社会状况，避免了社会动荡。

一、黑人民权运动催生的“肯定性行动”政策

巴基案是受美国政府“肯定性行动”政策直接影响的案件，该政策的施行与黑人等其他少数族裔在美国长久以来的艰难处境有着千丝万缕的关系。美国素以“民主的灯塔”自居，高扬“民主、平等、自由”旗帜，但种族问题深深根植于美国历史及社会。美国是典型的移民国家，但拥有不同民族习惯的移民们在美国并不能享受到“人人平等”的对待。美国社会的建立和发展历程就是一部白人歧视有色人种的血泪史，以黑人为典型代表的有色人种受到的压迫沉重而又深远，几个世纪以来有色人种一直遭受着白人的歧视，“种族主义是美国一个永久性和不可毁灭的组成部分”①。

美国国内严重的种族冲突源于罪恶的黑人奴隶制度。为此，历史上美国曾通过了一系列文件及法案来废除奴隶制度，保障黑人权利。美国南北战争期间，亚伯拉罕·林肯（Abraham Lincoln）政府通过的《解放黑人奴隶宣言》（“The Emancipation Proclamation”）标志着黑

① BELL D. Faces at the bottom of the well: the permanence of racism[J]. Vol. 106. Harvard law review association, 1993, 106(6): 1358.

人奴隶获得解放，黑人开始摆脱“财产”地位，拥有独立人格与尊严。南北战争结束后，为巩固战争胜利果实，美国通过宪法第 13 修正案（1865）、第 14 修正案（1866）与第 15 修正案（1869）以赋予黑人公民权利。宪法第 13 修正案正式宣布奴隶制非法，在美国或美国管辖下的任何区域内，除了用以惩罚已经正式定罪的罪犯外，不得存在奴隶制度或强迫劳役。宪法第 14 修正案承认黑人的联邦公民身份，任何一州都不得制定或实施限制合众国公民的特权或豁免权的任何法律。不经正当法律程序，不得剥夺任何人的生命、自由或财产。在州管辖范围内，也不得拒绝给予任何人以平等的法律保护。宪法第 15 修正案保证了黑人的选举权，任何州不得以种族、肤色或曾经为奴为由而拒绝或剥夺合众国公民的投票权。

《解放黑人奴隶宣言》及宪法修正案是漫长的反奴隶制度斗争史上艰难而伟大的胜利，尤其是被视为“第二次制宪”的宪法第 14 修正案赋予了黑人公民权，对美国社会产生了极大影响。然而，法律“应然”的“赋权”无法填补历史上对黑人长期的剥夺和压制所导致的“实然”上的不平等鸿沟，故迫于南北战争特殊形势下出台的法律并不能赋予黑人真正的平等与尊严。长久以来生活穷困导致的受教育程度低下，使得黑人很难依靠自身来获得经济独立。据相关资料显示，相同条件下，黑人受雇的机会仅是白人的一半，工资只有白人的五分之三。① 此外，大量黑人仍旧依靠白人的雇佣来维持生活，其地位与《解放黑人奴隶宣言》颁布以前并无二致，奴隶制“废而不衰”，广大黑人仍然遭受普遍存在的、深刻的种族歧视。

第二次世界大战期间以及战后的一段时期，针对军工国防领域雇佣活动中发生的严重排斥黑人工作机会和削减黑人福利的现象，联邦

---

① GLAZER N. Affirmative discrimination: ethnic inequality and public policy[M]. New York: Harvard University Press, 1978: 48.

政府采取了一系列补救措施以鼓舞士气和促进国家团结。研究认为，富兰克林·罗斯福总统（Franklin Delano Roosevelt）于1941年签发的第8802号总统令是“肯定性行动”的先声，其规定“在国防工业或政府部门雇佣工人，不得因种族、信仰、肤色或民族血统而有所歧视……；雇主和劳工组织有责任向所有工人提供参加国防工业的充分机会”①，同时成立“公平就业委员会”对承包商进行调查。在此之前，罗斯福总统已经签发了总统令以禁止针对联邦雇员的雇佣和晋升歧视。② 1948年，杜鲁门总统签署了第9981号总统令，要求军队取消种族隔离制度，向所有人提供平等的机会和待遇，积极争取广大黑人青年应征入伍。③

然而，与废奴文件出台后的政策执行情况相似的情形再次上演：同白人一样英勇地参与对外战争的黑人从战场上归来后，发现自己政治、社会和经济地位并没有得到实质性的提升。美国二战后持续的繁荣并未惠及黑人，他们在许多领域内仍然属于二等公民。例如，战后美国公共教育领域施行的黑人与白人“隔离但平等”。赋予这一原则合法性的是联邦最高法院对普莱西案的判决。依照该案判决结果，只要为不同种族提供了平等的教学设施，那么种族隔离就是合宪的。但实际情况是，黑人学校在教学质量、教育设施、人员经费等方面远远落后于白人学校，建立在“黑人是劣等种族”观念之上的种族隔离学校完全践行了“隔离”，根本达不到“平等”。

庆幸的是，对自由与平等的追求激励着人们前进的步伐，黑人和

---

① RICHARD F T, FAYE J C, SHARON D H. Affirmative action: the pros and cons of policy and practice[M]. Washington, D.C.: American University Press, 1996: 126.

② LOW W A, CLIFT V A. Encyclopedia of black America[M]. New York: Da Capo Press, 1984: 258.

③ National Archives. Executive order 9981: desegregation of the armed forces[EB/OL]. [2023-06-29]. https://www.archives.gov/milestone-documents/executive-order-9981.

部分有正义感的白人共同为黑人群体实现真正的自由而进行了不懈斗争。美国是典型的判例法国家，这些斗争的主要表现形式就是通过司法诉讼，以美国联邦最高法院的判决确认黑人的权利，从而实现平权目的。1954年，布朗案推翻了由普莱西案确立的“隔离但平等”原则。联邦最高法院裁决种族隔离违反了美国宪法第14修正案规定的平等保护条款，因此半个多世纪以来的白人和黑人必须分别就读于不同公立学校的种族隔离规定不具备合法性。此外，法院还确定通过学校与校区的整合，来实现所有人拥有平等的受教育权利。① 布朗案意味着此后美国任何种族隔离法律条款都可能会因违反宪法修正案所保障的平等保护权而被裁定违宪，从而保护了黑人不再受到旧有的和新颁布的带有种族隔离色彩的法律政策的潜在侵害。此后数年内，美国各州开始废除有关种族隔离与种族歧视的法律或政策。1955年，亚拉巴马州蒙哥马利市的黑人公民为反对该州《公共汽车种族隔离法》坚持抵制乘坐公共汽车达一年之久，史称“蒙哥马利巴士抵制运动”（Montgomery Bus Boycott），该运动最终促使美国联邦最高法院做出判决，认定蒙哥马利市《公共汽车种族隔离法》违宪。② 以“蒙哥马利事件”为肇端，以非暴力主义为指导方针，以抵制、静坐、游行等抗议行动为形式，以反对种族隔离与歧视为目的，争取非裔美国人各项民主权利的“美国黑人民权运动”（African-American Civil Rights Movement）拉开了盛大的序幕。

令人欣喜的是，美国黑人民权运动在各方的努力下成果斐然，也是从这一时期开始，美国联邦政府的政策出现明确的反歧概念。“肯定性行动”概念首次出现在肯尼迪总统于1961年签署的第10925号总统令中，该命令规定政府签订的合同中禁止歧视，例如“不得存在对雇

① MCUSIC M S. The future of Brown v. Board of Education: economic integration of the public schools[J]. Harvard law review, 2004, 117(5): 1334-1337.

② Gayle v. Browder, 352 U. S. 903(1956).

员或申请者的种族、信仰、肤色和民族等方面的歧视”，而且还要求承包商采取“肯定性行动”，以“积极的、有促进作用之行动、措施”为少数族裔提供更多的工作机会。①

然而，真正消除歧视不仅需要行政权的参与，还需要立法权及司法权三管齐下。1963 年，种族歧视历来严重的美国南方爆发 30 万黑人大游行，游行引发南部执法者对黑人和平请愿的残酷镇压，北部公众因此对种族问题的意见发生大转向，② 北方开始倾向支持黑人民权运动。当年 8 月，民权运动领袖马丁・路德・金（Martin Luther King, Jr.）在位于华盛顿的林肯纪念馆广场向聚集在那里的 25 万名与会者发表著名的反种族歧视演说《我有一个梦想》（“I have a dream”），从而把黑人民权运动推至高潮。马丁・路德・金领导的黑人大游行赢得了肯尼迪总统和林登・贝恩斯・约翰逊总统（Lyndon Baines Johnson）的支持，两位总统的努力间接促成了国会通过《1964 年民权法》。③ 该法案开篇点明了采取“肯定性行动”的条件和时机，即“一个社区或全部劳动力构成中，少数族裔和女性的就业、获得提升的机会应与其在社区或劳动力构成中的比例相一致，如果比例偏低即存在歧视，就应该采取肯定性行动”④。《1964 年民权法》还以立法形式继承并发展了第 10925 号总统令的精神，要求结束种族隔离、消除种族歧视。例如，第

---

① The American Presidency Project. Executive order 10925——establishing the President's Committee on equal employment opportunity [EB/OL]. [2023-06-30]. https://www.presidency.ucsb.edu/documents/executive-order-10925-establishing-the-presidents-committee-equal-employment-opportunity.

② 吕亚萍．反向歧视的平等意蕴：对巴基案的省思［J］．北大法律评论，2012，13（2）：404-421.

③ MINOW M. In Brown's wake: legacies of America's educational landmark [M]. Oxford: Oxford University Press, 2010: 22.

④ National Archives. Civil Rights Act (1964) [EB/OL]. [2023-06-30]. https://www.archives.gov/milestone-documents/civil-rights-act.

4 条规定“合众国中的任何人，都不会因为其种族、肤色、民族而被排除在由联邦资助的活动和项目以外，或禁止享有由联邦资助的项目所带来的利益”；第 7 条规定“禁止任何雇主、教育机构、职介机构、劳工组织或劳工管理培训计划的管理人，以种族、肤色、宗教信仰、性别或者民族为由……进行歧视或种族隔离”[①]。约翰逊总统于 1965 年签发的第 11246 号总统令是学界公认的、“肯定性行动”政策形成的正式和关键的政策文本。

但是，伴随而来的是政界、学术界和普通百姓中的巨大争议。以学术界的反对观点为例，学者们指出，联邦政府出台此政策的出发点完全是以“不再使良心受到谴责”以及“寻求道德上的慰藉”。“对于大多数白人来说，黑人生活在一个由完全不同的道德秩序所构造的社会中。但当黑人作为主体、作为道德秩序的一部分存在于白人生活的社会中时，对于黑人的歧视便会引起白人良心的自责。当种族关系达到一定程度，摩擦与冲突降至最低点时，种族问题便不会再引起白人良心上的不安”。[②] 反对者们对“肯定性行动”政策嗤之以鼻，他们认为，这项不公平的政策与《独立宣言》所宣扬的“人人生而平等，他们都从其‘造物主’那边被赋予了某些不可转让的权利，包括生命权、自由权和追求幸福的权利”[③] 背道而驰，也违背了美国宪法的平等原则。更何况，优待与歧视两者没有明确的界限，对少数族裔和妇女的优待必定造成对白人和男性的“反向歧视”，纠正过去不平等的同时，

---

① National Archives. Civil Rights Act(1964)[EB/OL]. [2023-06-30]. https://www.archives.gov/milestone-documents/civil-rights-act.

② MYRDAL G. An American dilemma: the Negro problem and modern democracy[J]. American journal of sociology, 1962, 59(3): 312-340.

③ National Archives. Declaration of independence: a transcription[EB/OL]. [2023-06-30]. https://www.archives.gov/founding-docs/declaration-transcript.

还造成了现在的新的不平等。①

然而支持者认为，以往的法律或政策从来都是偏袒白人新教徒和城市中产阶级的，现在施行“肯定性行动”是弥补过去种族歧视和性别歧视的罪孽，而并非要限制和剥夺整个白人群体依法应当享有的基本权利和自由。② 对于雇主和大学来讲，种族并不是决定某个人能否被雇佣和录取的决定性因素，因此有必要实行一种强制手段来保障弱势群体的利益。正如约翰逊总统 1965 年 6 月在著名的黑人大学霍华德大学毕业典礼上的演讲所言，“虽然有民法方面的进步……，但对于贫穷、失业、被剥夺了一切的绝大部分黑人来说，他们仍然生活在另一个国度。鸿沟仍然在扩大，高墙仍然在筑起……单有自由是不够的。我们不能为一个多年带着镣铐的人除掉镣铐，然后带他到赛道的起跑线旁对他说‘你现在可以自由地与其他人竞争了’，并理所当然地认为这是非常公平的做法。所以你怎样才会相信自己所做的是完全公正的？因此，开启机会之门是不够的，所有的公民都应该有能力穿越机会之门”③。

“肯定性行动”在美国社会影响甚广，除了最敏感的种族问题，还牵涉到宪法公正性、传统价值观和社会生活方式等问题。支持者和反对者两方都据理力争，联邦政府左右为难，“肯定性行动”实施受到很大的阻力。在艰难推行该计划的过程中，双方一致肯定对于妇女应给予优待，但始终未在“是否应该继续给少数族裔尤其是黑人以优待和

---

① NATHAN G. Individualism and equality in the United States[M]//LUEDTKE L S. Making America：the society and culture of the United States. Chapel Hill：The University of Carolina Press，1992：296.

② NATHAN G. Individualism and equality in the United States[M]//LUEDTKE L S. Making America：the society and culture of the United States. Chapel Hill：The University of Carolina Press，1992：296.

③ CURRY G E，WEST C. The affirmative action debate[M]. Reading Mass：Addison-Wesley Publishing Company，1996：16-24.

照顾”上达成一致意见。

20世纪70年代以来，“肯定性行动”是否导致“反向歧视”成为人们关注的焦点，并再次引发“肯定性行动”支持者与反对者之间的争议。起因是时任理查德·米尔豪斯·尼克松（Richard Milhous Nixon）政府劳工部长的乔治·普拉特·舒尔茨（George Pratt Shultz）开创的“种族定额制度”（racial quotas）。出生于1920年的舒尔茨是著名的经济学家、政治家以及商人，跨入政界之前，他是麻省理工学院的经济学教授、芝加哥大学商学院的院长。在担任劳工部长的1969—1970年，他实施了“费城计划”（The Philadelphia Plan），要求费城各个曾经拒绝过黑人申请者的建筑工会必须在强制期限之前通过一定数量的黑人申请者的申请，这是联邦政府首次使用种族定额制度。[①] 后来这一制度的涵盖范围进一步扩大，联邦政府要求由公共财政支持的公立大学在招生时必须接收一定比例的少数族裔和女性学生；政府部门必须雇佣一定比例的少数族裔和女性职员，以及政府在工程招标时应当有一定比例的工程合同给予少数族裔和女性投标人。除此之外，所有接受联邦政府财政支持以及所有与政府签订商业或工程合同的私人企业和私立大学，都必须提交一份“肯定性行动”计划。该计划必须提供少数族裔参与组织项目的报告，详细说明本企业（学校）现有的少数族裔雇员（学生）的数量，以及计划在多长时间内使少数族裔雇员（学生）达到何种比例。如果做不到以上要求，其将不会得到联邦财政支持和合同优待。种族定额制度改变了过去个人机会平等的原则，而寻求“结果的公平”。

对于高校来说，“肯定性行动”一方面是解决高校招生不公平问题的行之有效的办法，其降低少数族裔申请者的录取标准，增加高校少数族裔入学人数，改变了有史以来少数族裔不成比例地被排除在高等

① DAVID F. How we got here：the 70's[M]. New York：Basic Books，2000：243.

教育之外的状况。“肯定性行动”对于扩大少数族裔接受高等教育的机会发挥了重要的作用，促进了高等教育领域内的种族融合，越来越多的黑人毕业生进入美国政府部门，提升了黑人在政府各分支部门和社会管理部门的比例。[①] 但是另一方面，生硬地强调按比例而非能力来安排就学的原则会导致少数族裔比其他群体更容易进入大学，从而置其他群体于不利地位，这就是另一层面上的“反向歧视”。因此，20 世纪 70 年代全美出现的抗议“反向歧视”运动对采取“肯定性行动”相关措施的高校产生了很大的冲击，相关的诉讼案件也随之增多，本章讨的就是最著名的加州大学董事会诉巴基案。

二、白人对“反向歧视”的不满：巴基案的产生

本案的主人公艾伦·保罗·巴基（Allan Paul Bakke）是 1940 年出生于美国佛罗里达州的白人，1959 年考入明尼苏达大学（The University of Minnesota）后主修机械工程，同时加入海军后备军官训练队，以 3.51 的平均绩点（Grade Point Average，以下简称 GPA）[②] 毕业后，巴基正式加入美国海军陆战队，曾在越南担任防空部队指挥官。1967 年，以上尉军衔光荣退伍后的巴基进入美国国家航空航天局（National Aeronautics and Space Administration，简称 NASA）设在加利福尼亚州的一个高级研究中心，成为一名工程师。其间，巴基在 NASA 的资助下考入斯坦福大学攻读机械工程硕士，但因为对医学怀抱憧憬，巴基在繁忙的工作之余开始学习医学院预科课程，并着手准

① 吕亚萍. 反向歧视的平等意蕴：对巴基案的省思 [J]. 北大法律评论，2012，13 (2)：404-421.

② 平均成绩点数，美国四分制考试成绩的计算方法。普通课程 GPA 满分是 4 分，即 A=4，B=3，C=2，D=1。一些高级课程单科 GPA 满分可达 5 分或 6 分。巴基的成绩介于 A− 与 B+ 之间。

备医学院入学考试（The Medical College Admission Test，简称MCAT）[①]。顺利修完医学院预科课程后，巴基的医学院入学考试取得了72分的成绩，其中，科学知识部分（scientific knowledge）正确率为97%，语言能力部分（verbal ability）为96%，定量分析部分（quantitative analysis）为94%，常识部分（general knowledge）为72%。[②] 1972年，自信满满的巴基向一些医学院递交了入学申请，南加利福尼亚大学（The University of Southern California）和西北大学（Northwestern University）是巴基的首选，但当时的医学院招生中普遍存在着公开的年龄歧视现象，这两所医学院均以32岁的巴基超过学生最大入学年龄为由拒绝了他。巴基虽然不满这种年龄歧视政策，但也接受了这两所大学的处理结果，转而把目光投向了设在加利福尼亚州本地的加州大学戴维斯分校医学院（University of California Medical School at Davis）。

加州大学董事会管理下的戴维斯、洛杉矶、圣地亚哥等分校虽然是由政府资助的公立大学，但均名列全美著名学府之榜，且来自联邦、州政府的财政资助和补贴十分可观，并不逊色于哈佛、耶鲁、哥伦比亚等这些私立的常春藤名校。统计数字显示，该医学院每年的申请者都公布于众，1973年申请者总计2644名，1974年申请者总计2737名。巴基于当年年底正式向教学与科研质量优秀、学费便宜的加州大学戴维斯分校医学院递交了下一年度的入学申请。按理说，巴基是一个功勋卓著的退伍军人，同时又是NASA工程师、斯坦福大学硕士，凭借不错的GPA和MCAT成绩以及良好的综合素质理应是一个非常有竞争力的申请者，面试官西奥多·韦斯特博士（Dr. Theodore West）也

---

① 申请攻读北美医学类院校的学生必须通过的一项考试。

② O'NEILL T J. Bakke and the politics of equality: friends and foes in the classroom of litigation[M]. Middletown CT: Wesleyan University Press, 1987: 21-27.

对巴基评价颇高。然而出乎巴基的预料，加州大学拒绝了他的申请。起初，巴基认为医学院拒绝自己的原因可能与南加利福尼亚大学和西北大学拒绝自己的理由一样——年龄稍大，或者是自己的成绩在申请者中不是非常具有竞争力，但在决定放弃之前，巴基从戴维斯分校的学生事务办公室得知了自己被拒绝的真正原因——为少数族裔学生保留一定的入学名额。

在民权运动声势浩大的20世纪60年代，许多民权活动家对自主招生的高校选择的学生几乎都是白人这种做法感到不满和忧虑。他们认为，鉴于黑人长久因贫困而教育缺失以及只能选择次等或是师资力量不足的学校之史实，高校在招生时应该给予黑人和其他少数族裔一定程度的宽容政策，持这一立场者甚众。[1] 因而，新出台的"肯定性行动"政策得到了全美大多数公立或私立高等院校的积极响应，加州大学是参与度最高的大学，是全美高校中争取平权的排头兵和带头人。创校于1968年的戴维斯分校医学院最初招生时只有50个名额，首批学生全都是白人，1971年招生规模扩大到100名。[2] 在正常招生程序下，戴维斯分校医学院招生委员会根据候选学生的总平均成绩（包括医学院入学考试成绩、推荐信、课外活动、其他个人履历资料以及面试成绩）对申请人进行衡量，如果申请人的大学平均绩点低于2.5，则其申请一概被拒绝。"肯定性行动"政策出台后，戴维斯分校严格依照该政策来制定招生计划，特别设立了针对少数族裔的优惠和录取定额制度，此计划由一个多数成员为少数族裔的"特殊委员会"（Special Admissions Committee）实施，招生委员会审查申请者的面试分数，以决定是否录取，每年在招生总数中为此类考生保留相应名额，50人时为8个，100人时为16个。1973年开始，申请人应该满足自我鉴定为"经济上和

---

① DeFunis v. Odegaard, 416 U. S. 312(1974).

② Regent of the University of California v. Bakke, 438 U. S. 265(1978).

（或）教育上处于不利地位”的条件，不受正常招生程序规定的平均绩点的限制。如其在申请表中声明自己“愿意被考虑为少数族裔”的话，可以忽略成绩而直接进入面试环节，不久“黑人”“墨西哥裔美国人”和“印第安人”也被纳入该招生计划。因此，在医学院 1973 年的 100 个录取名额中，有 16 个名额被特意分配给了黑人等少数族裔学生，剩下的 84 个就读名额则经由正常的招生程序录取。

巴基还发现，在被录取的 16 名少数族裔学生中，很多人的 GPA 和 MCAT 成绩都不如自己，这让巴基觉得十分不公平。为此，他致信戴维斯分校医学院招生委员会主席乔治·劳里博士（Dr. George Lowrey），信中写道：“我比世界上所有人都渴望在贵校医学院就读，因此我将再一次提交我的入学申请。”① 但是巴基并没有收到任何来自校方的回复。抱怨归抱怨，巴基没有放弃，一个月后，他再次致信：“为了满足未来医疗健康事业的要求，医学界需要最有能力和最有献身精神的人才。我明白设置少数族裔录取的保留名额是为了补偿以往种族歧视的恶果，但是这种照顾措施实际上又开创了新的种族偏见。这不是一个公正的解决办法。”②

1974 年，巴基向加州大学戴维斯分校医学院又一次提出了入学申请，但面试主考官劳里博士对巴基的评价很差，巴基得到的仍旧是戴维斯分校不予录取的回信。虽然在 1971—1974 年共计有 272 名白人学生被医学院拒之门外，但被二度拒绝的巴基还是被激怒了，在与医学院交涉无果之后，他把管理加州大学戴维斯分校与洛杉矶分校、伯克利分校、旧金山分校等十所公立大学的加州大学董事会起诉至位于优洛县（Yolo County）的加利福尼亚州高等法院（Superior Court of

---

① LINDSEY R. The Bakke Case：male/caucasian—and rejected[N]. Chicago tribune，1977-05-07(44).

② LINDSEY R. The Bakke Case：male/caucasian—and rejected[N]. Chicago tribune，1977-05-07(44).

California)，控告学校针对少数族裔（黑人）的特殊招生政策构成了对白人的“反向歧视”。[①]

三、联邦地区法院的判决：“反向歧视”成立

巴基的律师是来自旧金山的雷诺·科尔文（Reynold H. Colvin），科尔文提出，特殊招生政策降低了巴基被成功录取的概率，以至于他最终被医学院拒之门外。[②] 律师列举巴基的成绩和医学考试分数作为证据，请求法院支持加州大学戴维斯分校医学院应该录取巴基的诉求，并裁判加州大学招生政策存在基于种族的“反向歧视”，违反了联邦宪法第 14 修正案的平等保护条款、加州宪法第 1 条的第 21 款，以及《1964 年民权法》第 6 条关于“禁止由联邦财政支持的公共机构采取种族歧视”的规定。面对巴基的上诉，加州大学戴维斯分校的律师唐纳德·瑞德哈（Donald L. Reidhaar）向加州高等法院递交反诉状（cross-complaint）[③]，声称学校的招生计划是与联邦民权法一致的，即使没有为少数族裔设置种族配额，巴基的入学申请也会因其不理想的排名（巴基取得了 600 分中的 549 分）被拒绝，故而请求法院裁定其招生政策的合法性。反诉状还证实了加州大学戴维斯分校将申请者的少数族裔身份作为招生工作中筛选学生的唯一考虑因素，且该特殊录取规定的目的在于扩大学生群体和医学事业从业者的多样性，增加经济或教育背景薄弱的弱势群体的医学教育机会。

---

① O'NEILL T J. Bakke and the politics of equality: friends and foes in the classroom of litigation[M]. Middletown CT: Wesleyan University Press, 1987: 21-27.

② MCGUIRE K T. The Supreme Court bar: legal elites in the Washington Community [M]. Charlottesville: University of Virginia Press, 1993: 2.

③ 反诉状指在已经开始的诉讼程序中，案件的被告以本诉的原告为被告，以抵销或吞并对方诉讼请求为目的，向同一法院提出与本诉有关的新的诉讼请求。

已经退休的67岁老法官莱斯利·曼科尔（F. Leslie Manker）被复职以审理该案，作为主审法官的曼科尔面前摆着两个尖锐的问题：其一，加州大学的招生政策是否合宪？其二，如果不合宪，巴基是否应该被医学院录取？[①] 裁判结果证明，他站在了巴基的一边。在1974年10月份的晚些时候，曼科尔法官裁判“该招生计划的实施大大降低了上诉人（巴基）被医学院成功录取的概率……1973—1974年，100个招生名额中共计有16个名额被保留给少数族裔。因此，上诉人并不是在争取这100个招生名额中的1个入学名额，而是在剩下的84个名额里竞争1个入学名额”[②]。因此，加州大学的招生政策是与宪法第14修正案平等保护条款相互冲突的一种种族定额制度，违反加利福尼亚州州宪法和《1964年民权法》第6条提出的“禁止由联邦财政支持的公共机构采取种族歧视”的规定。巴基律师提出的“法院应该下达强制令要求加州大学戴维斯分校录取巴基”之诉求，并没有得到法官支持，因为法院还认为巴基不能证明自己一定会被录取，曼科尔法官要求加州大学戴维斯分校招生委员会在不考虑申请人的族裔背景的条件下重新审查巴基的入学申请。

庭审结束后，败诉的戴维斯分校选择上诉。胜诉的巴基不满法庭没有裁判他应被录取也选择继续上诉。本来该案应该被移至加州上诉法庭审理，但加利福尼亚州最高法院（California Supreme Court）想直接审理此案。[③] 因此，继续作为加州大学董事会代理人的瑞德哈于1975年5月向加州最高法院递交了上诉状。加州最高法院是当时全美最开明

---

① GORDON-REED A. Race on trial：law and justice in American history[M]. Oxford：Oxford University Press，2002：202.

② GORDON-REED A. Race on trial：law and justice in American history[M]. Oxford：Oxford University Press，2002：202.

③ LINDSEY R. The Bakke Case：male/caucasian——and rejected[N]. Chicago tribune，1977-05-07(44).

和自由的州法院，许多人都预言加州最高院将会颠覆加州高等法院的裁判，而认定“肯定性行动”和校方招生政策的合宪性。事实却证明他们大错特错，法官们最终以 6∶1 的结果支持加州高等法院的裁决。① 1976 年 3 月，加州最高法院进行了口头辩论。舆论形势最初偏向于大学一方：8 个不同的公共组织以法庭之友的身份向法庭提交了意见书，包括全国有色人种协进会在内的 6 个民权组织支持大学一方，另外一些组织如美国犹太协会（American Jewish Congress）和美国教师联盟（American Federation of Teachers）则站在巴基的一方。

加州最高法院首席大法官斯坦利·莫斯克（Stanley Mosk）自诩为一个自由主义者，但莫斯克法官在本案中表现出了与他通常秉持的——种族可以作为入学考虑因素以增加民族多样性——观点相左的看法。② 莫斯克法官认为，当前面临的一个敏感而又复杂的法律问题是：加州大学制定的有利于弱势群体或少数族裔群体（即黑人）申请就读的特殊招生程序是否侵犯了其他族裔（即白人）合格申请者的宪法权利？③ 法官本人的答案是，学校不能把种族作为入学资格的考量因素来招收一些条件更差的申请人，不应有任何申请者因种族因素而遭到拒绝，故而裁定加州大学在今后的招生工作中不得将种族因素考虑在内。法庭从成本角度考虑，还拒绝了法庭之友提出的在本州境内开设更多的医学院来适应白人和少数族裔不同需求的建议，根据一个如此天马行空的猜测而拒绝少数族裔对医学界的参与，这是一个残忍的骗局，而建议州当务之急应该是消除医疗行业中的种族歧视、增加愿意为少数族裔提供医疗服务的医生，戴维斯分校医学院的招生政策并

---

① GORDON-REED A. Race on trial：law and justice in American history[M]. Oxford：Oxford University Press，2002：203.

② American Academy of Pediatrics v. Lungren，16 Cal. 4th 307(1997).

③ GORDON-REED A. Race on trial：law and justice in American history[M]. Oxford：Oxford University Press，2002：203.

不是把侵害他人的程度降到最低的一种方式。法庭因此裁定，由于巴基已经证明了加州大学对他的"反向种族歧视"，加州大学必须提出巴基在种族中立政策下也不会被录取的证据，证明即使本校没有设置此特别招生政策，巴基也不会被录取——加州大学自然无法提供这样的证据——法院遂下令校方接纳巴基入学。

莫斯克法官撰写的多数意见书（plurality opinion）写道，"平等保护条款适用于所有人，其平等对待所有人的崇高目标与以下假设不一致：某些种族相对其他种族而言，面临不平等时，受到保护程度更高"①。与此同时，坚定的异议者马修·托布莱纳（Matthew O. Tobriner）法官写了一份长达 57 页的意见书，表示被医学院录取的所有少数族裔申请者完全有资格学习医学，他坚信加州大学的招生政策并没有违反宪法，"两个世纪之久的奴隶制和种族歧视给我们的国家留下了无穷的后患和一个巨大的分裂社会，……丰富的教育资源应该被所有人共享，而不是被白人群体霸占就业机会"②。他补充说，戴维斯分校的招生政策至少已经减少了一些不公平现象，相反，要求中小学整合却反对高校这种自愿寻求整合的行为是与宪法第 14 修正案背道而驰的。③

二审败诉已成定局，加州大学董事会遂聘请前美国副检察长、水门事件特别检察官、哈佛大学教授阿奇博尔德·考克斯（Archibald Cox）为律师，于 1978 年向美国联邦最高法院申诉。

---

① GORDON-REED A. Race on trial：law and justice in American history[M]. Oxford：Oxford University Press，2002：203.

② GORDON-REED A. Race on trial：law and justice in American history[M]. Oxford：Oxford University Press，2002：203.

③ LINDSEY R. The Bakke Case：male/caucasian——and rejected[N]. Chicago tribune，1977-05-07(43).

四、联邦最高法院的妥协：罕见的“双重判决”

1978 年 6 月，美国联邦最高法院公布了对加州大学董事会诉巴基案的裁决，刘易斯·鲍威尔大法官（Lewis F. Powell Jr.）代表最高法院宣读了这个美国宪政史上非常少有的双重判决（Double Decision）：支持加州大学戴维斯分校践行“肯定性行动”政策，允许其在招生录取工作中将种族因素作为招生录取工作中的参考因素之一，同时又裁定加州大学将 100 个新生名额中的 16 个席位预留给少数族裔是不被允许的。鲍威尔大法官撰写了多数意见书，包括布伦南大法官、瑟古德·马歇尔大法官等在内的 4 位大法官则撰写了反对意见。9 位大法官对“肯定性行动”政策的合宪性与否存在严重分歧，大法官们起草的 6 份意见中没有任何一份意见得到多数大法官的支持。

（一）踌躇不前的联邦最高法院

联邦最高法院决定受理巴基案的过程充满了各方力量的博弈，巴基案并不是最早针对“反向歧视”的上诉判例，在此之前，德夫尼斯诉奥迪加德案是联邦最高法院参与的第一例有关“肯定性行动”政策和“反向歧视”的案件。①

1971 年，犹太裔白人学生马可·德夫尼斯（Marco DeFunis）申请就读华盛顿大学（University of Washington）法学院，华盛顿大学却两度拒绝了他的申请。德夫尼斯认为，自己的法学院入学考试成绩比所有进入法学院的黑人学生都高，华盛顿大学拒绝自己的入学申请是实施“肯定性行动”相关政策的结果。其招生委员会为了迁就黑人学生而降低学校的招生遴选标准，使得更多的黑人学生进入学校，减少其他族裔的学生的录取率，构成了对其他合格族裔学生的“反向歧视”，

① DeFunis v. Odegaard, 416 U. S. 312(1974).

违反了美国宪法第 14 修正案所保障的平等教育权。因此，德夫尼斯遂以“反向歧视”为由控告华盛顿大学的招生录取政策违宪。华盛顿州地方法院审理此案后，判决华盛顿大学败诉，裁定华盛顿大学招收德夫尼斯进入法学院学习。华盛顿大学不满一审判决，继续上诉，华盛顿州最高法院（The Supreme Court of Washington）推翻了初审法院判决，但支持了初审法院对华盛顿大学必须招收德夫尼斯的判决。

华盛顿大学遵照了二审判决，准予德夫尼斯进入法学院就读，当本案于 1974 年初上诉至联邦最高法院时，德夫尼斯已经在法学院度过了第三个年头。当时的舆论对此案件表示极大的关注，人们期盼联邦最高法院可以对这个案件有所决断。然而，联邦最高法院虽然对该案授予了移审令，命令华盛顿州最高法院移送该案卷宗，但却未对此案进行实质性审查。德夫尼斯案在审判中的议题“双方之间是否存在一个实际争议是能够被联邦最高法院所救济的”？法院的答案是“不”。法院认为联邦最高法院没有权力去决定没有实际影响到当事人权利的争议问题，这一论断源于联邦宪法第 3 条：司法权的行使取决于争议或者案件的存在。从联邦最高法院的角度来说，“肯定性行动”政策是否合宪这在当时是非常棘手的政治问题，而当事人即将毕业（德夫尼斯将于当年 5 月从法学院毕业）无疑给了法院一个绝好的理由来规避此案。首席大法官伯格认为，既然华盛顿大学已经遵守华盛顿州最高法院的裁定录取了德夫尼斯，并且无论诉讼结果如何都允许当事人毕业，所以双方的争议不再明确，该案的法律问题也已经不存在，那么审理该案则变得毫无意义，此案成为一个伪案（moot），联邦最高法院无权对此做出裁决。联邦最高法院拒绝对偏向少数族裔的招生政策进行合宪性审查，德夫尼斯诉奥迪加德案遂以 5∶4 的投票结果落下帷幕。本案中，大法官布伦南、威廉·道格拉斯、怀特以及马歇尔在少数意见中指责以首席大法官伯格为代表的多数派回避了这些将来必将回到联邦法院的问题。

事实果真如大法官们少数意见中所说的那样，从联邦最高法院拒绝对德夫尼斯诉奥迪加德案做出合宪性与否判决的那一刻开始，就注定了要在接下来的某一天面对更加复杂的新案件。仅仅 3 年之后，巴基案便被摆在了联邦最高法院法官们的面前，联邦最高法院不得不对高等教育领域内“肯定性行动”政策的存续和联邦政府“肯定性行动”政策是否违宪做出实质性裁决。美国社会各界对此案表示了极大的关注，有 120 个组织向联邦最高法院提交了 58 个法庭之友的辩护意见：有 83 个组织支持加州大学，32 个组织支持巴基，还有 5 个组织意图劝说联邦最高法院不要受理此案。

在当时的社会背景之下，联邦最高法院的犹豫不决是可以理解的，该案给最高法院出了一个大难题：法律层面的歧视早已被终结，但社会各方面的歧视依旧存在。本案不仅是一个法律问题，更是一个严肃的政治问题。具体来说，即高校依据“肯定性行动”政策而制定的招生政策是否违反了宪法修正案的平等保护条款？过去受到歧视的少数族裔群体现在是否应该得到优惠待遇作为补偿？这样的政策是否对白人进行了“反向歧视”？

（二）艰难的博弈

1976 年 12 月，加州大学向联邦最高法院递交了调卷令请愿书。巴基的代理律师仍旧是科尔文，他坚称学校的招生政策侵犯了宪法第 14 修正案保障的平等保护条款。加州大学的代理律师考克斯则声称：这场争论的结果将是决定黑人、墨西哥裔及其他少数族裔的后代能否获得有意义的高等教育的真正机会。副检察长韦德·汉普顿·麦克里（Wade Hampton McCree）代表联邦政府行政部门也参与该案。从 1977 年 1 月到 2 月，最高法院曾先后 3 次考虑是否要受理这个案件。2 月份的时候，经过深思熟虑的美国联邦最高法院终于下达了调卷令，正式受理巴基案。

庭审伊始，校方就声称本校招生政策的目的旨在改变传统上少数族裔在医学院和医疗行业领域的劣势，减少少数族裔受到的社会性歧视。校方重申了该校为了改善当前医疗服务行业欠缺社区医疗人员的情况（黑人是社区医疗人员组成部分的中坚力量），以及期盼从种族多样性的学生群体中获取教育上的收益。

首席大法官伯格和大法官斯图尔特、约翰·保罗·史蒂文斯（John Paul Stevens）、威廉·伦奎斯特（William Rehnquist）属于保守派阵营，倾向于支持巴基。4 位大法官认为，对于加州大学这个由公共财政支持的州立大学来说，其招生政策优待黑人申请者的同时也造成了对白人申请者的歧视。大法官们着重强调任何对种族的考量都违反了《1964 年民权法》第六条之规定，该条款“禁止由联邦财政支持的公共机构采取种族歧视”。凡是从联邦政府接受资助的机构，均不得基于种族因素排斥某公民的合法权利。大法官斯图尔特认为《1964 年民权法》禁止的是一切种族歧视，这包括了所有的种族——黑人、其他有色人种以及白人，而加州大学依照“肯定性行动”政策设立的特殊招生政策（配额制）实质上是倾向于黑人的录取政策。校方的招生政策违反了《1964 年民权法》，医学院应当录取巴基。

与此相反，作为自由派领军人物的布伦南大法官坚决支持“肯定性行动”政策和加州大学的招生政策，他极力劝说个别立场摇摆的同事支持“肯定性行动”，最后争取到了大法官怀特、马歇尔和哈利·安德鲁·布莱克门（Harry Andrew Blackmun）的支持，大法官们援引了格里格斯诉杜克能源公司案中确立的“差别性影响标准”（Disparate Impact Standard）原则，即如果某项法律或政策对某个群体产生差别性的负面影响，这项法律或政策就应当被宣布为非法；如果有证据证明这种差别性负面影响是由过去的种族歧视造成的话，“政府可以采取种族照顾计划，该计划用以纠正广泛存在的社会性隔离，且该计划应当在高等教育领域被暂时允许”[①]。因此，加州大学践行“肯定性行动”政策是合理且合法的。布伦南大法官的立场最为鲜明，他认为设置特殊招生政策旨在改变以前对一部分公民的歧视并防止将来可能有的歧视，高校这种反歧视努力是国家旨在铲除种族歧视努力的一部分，符合美国宪法第14修正案对公民平等保护之精神，且符合《1964年民权法》保护公民免受种族歧视伤害之目的。因此，在非故意伤害其他族裔利益的情况下，联邦政府可以把种族作为考虑因素，对以往受到歧视的少数族裔予以帮助。[②]

支持巴基的4位大法官与支持校方的4位大法官形成了4∶4的意见僵局，而最终打破这一局面的关键性人物是来自种族歧视历史悠久的弗吉尼亚州的鲍威尔大法官，他对巴基案的最终判决结果起到了决定性的作用。这位充满智慧的大法官采取了一种妥协的策略，通过对自己的意见加以微调来确保僵局双方都能够接受。

（三）模糊的判决结果

庭审过程中，鲍威尔大法官撰写了复数意见书（plurality opinion）[③]，其他大法官则各自起草自己的意见书，没有任何一份意见书得到多位法官的支持。4位大法官赞成鲍威尔意见书中判定校方招生政策违法、巴基应予入学的部分；另外4位大法官赞成鲍威尔意见书中判定在部分情况下可以允许“肯定性行动”政策的部分。1978年6月28日，鲍威尔大法官代表联邦最高法院宣读了由他主笔的双重判决。

割裂大法官阵营的意见书主要包括两个部分：一方面，裁定加州大学针对少数族裔的招生政策将种族多样性作为挑选学生的唯一标准，并划定了具体数额的做法不符合宪法对个人权利的保护，其招生政策

---

① Griggs v. Duke Power CO. ,401 U. S. 424(1971).

② 任东来，陈伟，白雪峰，等. 美国宪政历程：影响美国的25个司法大案［M］. 北京：中国法制出版社，2013：356.

③ 多数意见书得到了过半数的法官支持，而复数意见书没有。

的实质内容具有种族隔离的含义，且将针对少数族裔的社会性优惠政策用于招生录取工作，存在范围过宽之嫌，违反宪法第 14 修正案之“任何州不得拒绝为其辖区之内的任何人提供平等的法律保护”；另一方面，鲍威尔部分地支持医学院“维护种族多样性”的辩词：可以毫不过分地说，美国的未来取决于那些广泛接触过各个族裔学生的思想和道德的人，学校有权确定何种学生最有能力健全地交换思想。高等教育机构在招生过程中可以考虑多种因素，亦可以将种族作为诸多因素中的附加因素加以考虑。这部分裁决实际上又反过来支持了“肯定性行动”政策，肯定了种族因素作为就业就学申请中的一个考虑因素的合宪性。[①] 鲍威尔大法官还创造了“学术多元化”理论（Diversity Theory）为加州大学戴维斯分校的招生政策发声。他认为，根据宪法第 1 修正案中言论自由条款引申出的学术自由原则，大学有权为维护或达到其学术自由和学生来源多元化的目标而采取相关措施，即“通过多元化的教育促进种族公正”，多元化的学生群体才能促进教育的良好发展。

马歇尔大法官是美国最高法院历史上的首位黑人大法官，身为黑人的他对种族歧视有着深刻的体会，他单独写下了自己的意见，叙述了非裔美国人长期遭受歧视的历史，他表示“美国黑人的经历与其他族裔群体的差别不是程度上的，而是本质上的”，“我拒绝同意招生政策违宪。请牢记，在以往 200 年内的许多时刻，由最高法院解释的这部美国宪法并没有禁止针对黑人的种族歧视。现在，当一个州采取措施补偿种族歧视遗留的恶果时，我不认为这部宪法会成为优惠措施的拦路石”。[②] 布莱克门大法官也写下了单独意见，“我们必须首先把种族背景作为考虑因素才能克服种族主义，我们别无选择。为了平等待人，

---

① Regent of the University of California v. Bakke, 438 U.S. 265(1978).

② Regent of the University of California v. Bakke, 438 U.S. 265(1978).

必须待人有别”①。——这两句话日后更是成为支持“肯定性行动”政策的名言。

另一方的4位大法官伯格、史蒂文斯、斯图尔特和伦奎斯特共同表示，法院没有必要去判断基于种族的招生政策是否合宪，而只需要看到加州大学戴维斯分校歧视巴基这个事实就够了，该行为违反了《1964年民权法》第6条“禁止由联邦财政支持的公共机构采取种族歧视”之规定，加州大学应该录取巴基。②

鲍威尔大法官的意见加上布伦南等4位支持校方的大法官与另外4位支持巴基的大法官形成了5∶4的多数意见。最终，最高法院判决加州大学依照“肯定性行动”政策而实行的招生政策违法的同时，又裁定高校可以将族裔背景作为考虑申请入学的因素，但不能是唯一或者首要的因素。这个“既支持又反对”的双重判决，使得美国社会舆论哗然。应该明确的是，巴基案的判决彰显了联邦最高法院在对待此类问题的谨慎态度，最高法支持联邦“肯定性行动”政策符合当时的社会状况，避免了社会动荡。巴基通过自己的律师发表声明，表示自己对这个结果感到欣慰，并计划在秋天就读加州大学戴维斯分校的医学院。巴基如愿继续他的学业和梦想，美国高等教育领域得以获得某种程度上的一种安定秩序。但是对于当时的美国来说，“肯定性行动”政策的合宪性并没有得到联邦最高法院的法理层面上的明确，其他领域注定要在未来接受更为严峻的考验。

（四）判决书之外的考量

认真执行联邦“肯定性行动”政策的学校不止加州大学一家，但是与加州大学戴维斯分校不同的是，其他高校并没有制定如此“高调”

---

① Regent of the University of California v. Bakke, 438 U. S. 265(1978).

② Regent of the University of California v. Bakke, 438 U. S. 265(1978).

的针对少数族裔的特殊录取政策，也不会公然提供具体数额的预留名额。① 相对来说，许多高校会选择比较隐晦的方式来贯彻联邦政府的要求，从这个意义上讲，加州大学戴维斯分校的做法令人深思。

牛津大学法学会主席罗纳德·德沃金（Ronald Dworkin）认为，法院的这个判决使新闻界和绝大部分公众都如释重负。② 美国的报纸通常有不同的政治派别，在此影响下，在最高法院宣布结果前，美国的新闻界便对巴基案投以强烈的关注。美国《时代周刊》（*Time*）和《芝加哥论坛报》（*Chicago Tribune*）大幅刊登同一篇文章《巴基案：男性/白人——以及拒绝》，文章写道，“联邦最高法院的裁判结果不仅会影响到全美各个大学或学院的黑人、墨西哥裔美国人和其他少数族的就学情况，还会影响到‘肯定性行动’政策下的少数族裔在美国商业、工业和政府部门的利好地位”③。最高法院宣布判决结果后，保守派的发声筒《芝加哥太阳报》将法院准许巴基入学列为头条，同时指出法院允许部分条件下的“肯定性行动”政策；自由派《华盛顿邮报》（*The Washington Post*）则以加大字体刊印头条“肯定性行动获得支持”，并表明法院否定了高校招生的配额制，《华尔街日报》（*The Wall Street Journal*）则称巴基案实现了共赢。④ 代表联邦政府的司法部长格里芬·贝尔（Griffin Bell）称“‘肯定性行动’的相关政策得到了加强”。公平就业机会委员会主席埃莉诺·霍姆斯·诺顿（Eleanor Holmes Norton）也表示该案的结果不会对委员会今后的工作带来任何

① HERBERS J. A plateau for minorities[N]. The New York times, 1978-06-29(A1, A22).

② DWORKIN R. Bakke decision-did it decide anything[J]. New York review, 1978, 25(13): 20-25.

③ LINDSEY R. The Bakke Case: male/caucasian——and rejected[N]. Chicago tribune, 1977-05-07(43).

④ BALL H. The Bakke Case: race, education, and affirmative action[M]. Lawrence, KS: University Press of Kansas, 2000: 140-150.

改变。案件之外，联邦层面会继续推行该政策。

至于巴基，1978 年 9 月，他作为“全美最著名的新生”进入医学院学习。[①] 两年后，巴基还通过法庭拿回了自己被校方拖欠的 183 089 美元律师费。[②] 1982 年，从医学院毕业的巴基进入著名的梅奥诊所行医。

五、自由还是歧视：巴基案的意义与反思

巴基案充分说明了美国社会种族问题的复杂性。种族奴役和歧视造成了不可计数的恶果，被罪恶“黑奴贸易”贩卖来美洲大陆的黑人，在长达两个世纪里被剥夺了各项权利，始终被排除在主流社会之外，历来与先进的文化科技无缘。在轰轰烈烈的民权运动的推动和各界人士的努力下，黑人的权利得到了法律上的认可，从某种意义上说，黑人与白人“平起平坐”了，但历史造成的巨大的不平等忽略了黑人与白人之间实质差距，黑人几乎在所有的领域都处于不利的境地，“黑人具有更高的失业率、更低的家庭收入、更短的寿命预期、更高的婴儿死亡率、更高的犯罪受害率、更高的未成年怀孕率和单亲家庭比率。黑人在专业领域、学术领域和联邦政府中鲜有代表性人物”[③]。

不可否认，“肯定性行动”政策确实对美国社会的弱势群体产生了积极影响，使少数族裔学生获得了更多的接受高等教育的机会。但联邦政府在就业、晋升、就学等领域推行“肯定性行动”的方式尚显粗

---

① KUSHMAN R. Bakke enters UC Davis Medical School[N]. The California aggie, 1978-09-27(1,8).

② BALL H. The Bakke Case: race, education, and affirmative action[M]. Lawrence, KS: University Press of Kansas, 2000: 143.

③ ALEINIKOFF T A. A case for race-consciousness[J]. Columbia law review, 1991, 91(5), 1060-1125.

放，一定条件下的社会资源是固定的，以牺牲白人的利益来弥补黑人的利益应该是特定历史状态下的阶段性措施。在实践过程中，伴随着各种新问题的出现，如何处理它们之间的关系涉及美国社会的政治、经济、价值取向等重大问题，而毫无根据地剥夺白人某些权利也变得像毫无根据地奴役黑人数百年一样“罪恶”。

20 世纪 80 年代，“肯定性行动”政策开始式微。《华尔街日报》联手美国广播公司在 1992 年进行的一项民意调查显示，绝大多数美国人认为“肯定性行动”政策已经完成历史使命，今后的美国政府无须为补偿过去的事实而特别照顾黑人等少数族裔。① 1996 年，加州政府主动禁止本州内公立学校将种族作为招生政策中的一个考量因素。该州第 209 号提案（*California's Proposition 209*）规定，不得以种族、性别、肤色、族裔和民族出身为由在本州境内任何公共职务、公共教育和工程上对任何个人或团体予以歧视或给予优惠待遇。次年，加州大学董事会经过投票表决，宣布不再将种族作为招生时的考虑因素，开始招收全州高中成绩排名前 4%的学生。② 以加州为肇端，华盛顿州和密歇根州也相继加入了废除“肯定性行动”政策的队伍。

此外还应该注意到的是，抛却肤色和人种的变量，我们是否过于以考试分数论“英雄”，以至于采取得不偿失的补救措施了呢？有学者指出，“在种族的背后存在着以成绩和考试分数为基础的根深蒂固的偏见。那些出生在高收入家庭的幸运学生，高质量的教学资源和上层环境增加了他们获得优异成绩的可能性”③。在践行对个体的无差别法律

---

① 任东来，陈伟，白雪峰，等. 美国宪政历程：影响美国的 25 个司法大案［M］. 北京：中国法制出版社，2013：401.

② BALL H. The Bakke Case：race，education，and affirmative action［M］. Lawrence，KS：University Press of Kansas，2000：164.

③ 陈颐. 司法如何面对平等的两难（上）：评巴基案及其意义［J］. 中国审判，2014，105（11）：82-85.

保护的同时，如何不因积极平权措施损害个体应有的权利，美国这样一个崇尚自由与个人主义的国家在处理此类问题时的做法值得我们关注。

主要参考文献

[1] 胡锦山. 从巴基案到密歇根大学案：美国高校录取中种族优惠政策的演变 [J]. 厦门大学学报（哲学社会科学版），2012，213（5）：52-58.

[2] 吕亚萍. 反向歧视的平等意蕴：对巴基案的省思 [J]. 北大法律评论，2012，13（2）：404-421.

[3] 任东来，陈伟，白雪峰，等. 美国宪政历程：影响美国的25个司法大案 [M]. 北京：中国法制出版社，2013.

[4] GORDON-REED A. Race on trial：law and justice in American history[M]. Oxford：Oxford University Press，2002.

[5] BALL H. The Bakke Case：race，education，and affirmative action [M]. Lawrence，KS：University Press of Kansas，2000.

[6] SWAIN C M. Race versus class：the new affirmative action debate [M]. Lanham：University Press of America，1996.

[7] LOWERY C D，MARSZALEK J F. Encyclopedia of African-American Civil Rights：from emancipation to the Present[M]. Westport：Greenwood Pub Press，1992.

[8] DAVID F. How we got here：the 70's[M]. New York：Basic Books，2000.

[9] NATHAN G. Individualism and equality in the United States [M]//LUEDTKE L S. Making America：the society and culture of the United States. Chapel Hill：The University of Carolina Press，1992.

[10] MYRDAL G. An American dilemma：the Negro problem and

modern democracy[J]. American journal of sociology, 1962, 59(3): 312-340.

[11] MCGUIRE K T. The Supreme Court bar: legal elites in the Washington Community [M]. Charlottesville: University of Virginia Press, 1993.

[12] MINOW M. In Brown's wake: legacies of America's educational landmark[M]. Oxford: Oxford University Press, 2010.

[13] MCUSIC M S. The future of Brown v. Board of Education: economic integration of the public schools [J]. Harvard law review, 2004, 117(5): 1334-1337.

[14] GLAZER N. Affirmative discrimination: ethnic inequality and public policy[M]. New York: Harvard University Press, 1978.

[15] O'NEILL T J. Bakke and the politics of equality: friends and foes in the classroom of litigation[M], Middletown: Wesleyan University Press, 1987.

[16] RICHARD F T, FAYE J C, SHARON D H. Affirmative action: the pros and cons of policy and practice[M]. Washington ,D. C. : American University Press, 1996.

[17] ALEINIKOFF T A. A case for race-consciousness[J]. Columbia law review, 1991, 91(5): 1060-1125.

[18] THERNSTROM S, THERNSTROM A. America in black and white[M]. New York: Simon & Schuster, 2009.

[19] LOW W A, CLIFT V A. Encyclopedia of black America[M]. New York: Da Capo Press, 1984.

第九章　学术自由的边界——杰弗里斯诉哈勒斯顿案（1995）

学术自由是大学师生研究高深学问、探求真理的必备条件之一。在追寻自由、民主价值理念的历程中，来自德国的学术自由理念也在美国大学土壤中生根发芽，随着时代发展不断呈现出新的矛盾和问题，提供了众多值得思考和审视的法院判例。20 世纪末的杰弗里斯诉哈勒斯顿案（以下简称“杰弗里斯案”）便是其中一例，其风波一时为纽约舆论界所瞩目。该案在巡回上诉法院审理后上诉至联邦最高法院，最高法院同意复审要求并撤销二审判决，要求原巡回上诉法院依据最高法院沃特斯诉丘吉尔案（Waters v. Churchill，511 U. S. 661，1994）判例重审，历经 3 次判决后胜负逆转。该案虽未由联邦最高法院直接审理，却是在最高法院的要求与判例指导下进行了重审，是能够体现美国 20 世纪八九十年代身份政治和所谓“文化战争”（Culture War）愈演愈烈背景下大学教师学术自由争议的重要案例。①

① GLAZER N. Levin, Jeffries, and the fate of academic autonomy[J]. William and Mary law review, 1995, 36(2): 703-732.

一、社会变迁中的学术自由：杰弗里斯案的背景

英文中的学术自由一词“Academic Freedom”翻译自德语中的“Akademische Freiheit”，其传统意义上是指大学教师享有的教学自由和学生的学习自由。[①] 内战之前的美国大学主要承担了传授知识的职能，尚缺乏与学术自由紧密联系的高深学问研究，科学研究和社会服务的职能并不明显，人们还没有认识到学术自由在大学发展中的重要地位。[②] 随着现代大学研究职能的凸显、大学教师保障职业安全的需要以及德国学术自由思想的移植，美国大学普遍认识到学术自由是大学发展必不可少的条件之一。[③] 1900 年，斯坦福大学发生了著名的“罗斯事件”，大学教师的教学自由和研究自由成为人们争论的焦点。随着大学董事会及其管理者与大学教师之间的激烈冲突越来越频繁，大学教师进一步认识到维护学术自由的重要性。1915 年，美国大学教授协会（American Association of University Professors）成立并发表了关于学术自由与终身聘任制的声明，要求保护大学教师的教学自由和研究自由，并开始着手调查早期学术自由事件，为促进美国学术职业化做出了长期努力，使得人们逐渐理解了学术自由和终身聘任制的原则。这一阶段，美国学术自由的斗争主要集中在大学教师争取教学、研究、学术著述方面的自由，而二战之后美国学术自由的矛盾主要表现为由

---

① JOUGHIN L. Academic freedom and tenure[M]. Madison: The University of Wisconsin Press, 1967: 157.

② HOFSTADTER R. Academic freedom in the age of the college[M]. New York: Columbia University Press, 1955: 210.

③ 张斌贤，李子江. 大学：自由、自治与控制［M］. 北京：北京师范大学出版社，2005：92-108.

大学教师行驶公民自由权利而导致的学术自由冲突时有发生。[①] 在这种情况下，学术自由事件逐渐确立了受法律保护的地位，联邦法院于20世纪50年代开始介入。在1952年的阿德勒诉纽约市教育委员会案（Adler v. Board of Educ. of City of New York，342 U. S. 485，1952）的判决中，美国的联邦最高法院第一次使用学术自由一词，此后，学术自由便不断出现在联邦最高法院的判决中。[②]

杰弗里斯案则与美国20世纪60年代民权运动发展以来的形势背景密切相关。《1964年民权法》的颁布和随后联邦政府大力推行的"肯定性行动"，使得公民平等权益保障的举措越来越倾向于对少数族裔和女性的补偿性保障。不同于以往新政时期的自由主义左派，民权运动中兴起的新左派更倾向于在文化领域张扬自由主义的理念，多元文化主义的出现将"平等主义"（Egalitarianism）带入价值文化领域。作为一种语言表达上的多样性规范，"政治正确"（Political correctness 或 Politically correct）在20世纪八九十年代开始成为美国社会文化教育领域的一种重要的自由派语言行为规范。所谓"政治正确"，指的是一种在语言、思想、政策和行为的表达中，试图将社会和机构有关职业、性别、种族、文化、性取向、特定宗教、信仰或者意识形态、残疾和年龄相关内容的过失冒犯最小化的形式。"政治正确"也指多元文化的基本原则，旨在维护不同性别、种族、阶层之间的平等。[③] 而这对于许多主张多元文化的激进人士而言，"政治正确"的原则被扩大化，开始

① EMERSON T I, HABER D. Academic freedom of faculty member as citizen[M]// BAADE H W. Academic freedom: the scholar's place in modern society. New York: Oceana Publications, Inc, 1964: 95.

② HOLLINGSWORTH P J. Unfettered expression: freedom in American intellectual life[M]. Ann Arbor: The University of Michigan Press, 2000: 127.

③ 孙康宜. 耶鲁·性别与文化 [M]. 上海：上海文艺出版社，2000：106.

无端地抨击所谓“死的、白的欧洲男性”①。

20世纪80年代末90年代初，曾一度作为“规范”人们言论规则的“政治正确”逐渐受到广泛的质疑。加之多元文化主义的盛行，这在某种程度上为各种过去被视为偏激的、挑衅性的言论和思想的流行提供了土壤。最初左派分子的“政治正确”修辞成为保守主义者攻击和调侃的目标，在高校范围内流行的“政治正确”规范开始成为社会公众针对多元文化主义进行辩护和批判的对象，各种偏激的、“挑衅性”言论所引发的争端、冲突导致学术自由案件频发。本章所涉及的中心人物莱纳德·杰弗里斯（Leonard Jeffries）教授，其在演讲风波前后的仇恨言论（hate speech）和舆论关注本身就事关“政治正确”争论。杰弗里斯一直关注的纽约州公共教育中历史课程标准的多样性诉求，也在之后1994年《全国历史教学标准》（*National Standards for United States History*）所引发的美国历史上时间最长、程度最激烈的美国历史和历史教学大辩论中得到体现，所争议的问题和背景是一脉相承的。可以说，整个杰弗里斯案件的产生和发展，早已深陷美国20世纪八九十年代的这场文化战争之中，并不是一次偶然。

与同时期纽约城市大学城市学院的列文诉哈勒斯顿案②（以下简称“列文案”）相比，杰弗里斯案的主角是一位黑人教授，宣扬的是黑人至上的思想和对白人种族（特别是犹太人）的蔑视和仇视，整个案件审判过程一波三折、跌宕起伏，颇具“戏剧性”。由此也反映出随着时代条件的变化，学术自由问题和对学术自由的保护面临着更为纷扰、多变和复杂的形势。

---

① 王璞. 文化战争中的美国大学［M］. 北京：北京师范大学出版社，2008：89.

② Levin v. Harleston 770 F. Supp. 895(S. D. N. Y. ,1991); Levin v. Harleston 966 F. 2d 85(2nd Cir. ,1992).

二、社会舆论中的教师言论：杰弗里斯案的起因

该案例的中心人物是在纽约舆论界饱受争议的杰弗里斯。1972年，杰弗里斯开始任教于纽约城市大学城市学院，在极短的时间内获得了该院黑人研究的终身教职，并成为当时新成立的黑人研究所（the Black Studies Department）主任。关于杰弗里斯终身教职的获得，《美国当代黑人传记》（*Contemporary Black Biography*）不吝赞美之词，认为是"很多人一般需要通过数年累积的论文和专著成果（侧重于学术作品而非教学能力）才能获得的一项重要荣誉，杰弗里斯因其备受认可的黑人研究成果、富有活力的教学风格以及在非洲的经历，成为了这一规则的例外"①。从1972年9月到1992年7月1日，杰弗里斯一直连任城市学院黑人研究所的主任。

然而使杰弗里斯名噪一时的不是他的黑人研究，而是其所奉行的"黑人至上主义"或多元文化言论。受已故塞内加尔学者谢赫·迪奥普（Cheikh Anta Diop）的影响，杰弗里斯认为黑人是"炎族"（sun people），具有温暖、合作、富有创造力和集体性的特征，而白人是"冰族"（ice people），冷酷、区域性的和富有侵略性。杰弗里斯认为皮肤的黑色素与高智力和创造力相联系，是黑人成就的一个首要因素。②

杰弗里斯的言论虽引起了部分同事和学生的不满，但校方长久以来并未就其言论采取相应严厉果断措施。1984年10月，杰弗里斯在城市学院国际研究项目（The College's International Studies Program）主管职位候选人的面试会上发表了反犹太和种族主义言辞。受这些言论

---

① MABUNDA L M. Contemporary black biography [M]. Vol. 8. Michigan: Gale Research Inc, 1992.

② MABUNDA L M. Contemporary black biography [M]. Vol. 8. Michigan: Gale Research Inc, 1992.

影响，候选人没有参与这场面试。然而对这种对于研究所主任职务而言完全不可接受的行为，城市大学校方只是向其寄发了一封谴责信。[①]由于杰弗里斯在课堂上经常发表不合时宜的言论，很多学生拒绝上他的课，或要求退课。根据一位学生的回忆，杰弗里斯教授在课堂上经常“滔滔不绝地讲些极具种族主义色彩的废话”[②]。1988 年，由一位白人学生介绍杰弗里斯教学情况的文章在学院报纸《校园》（*The Campus*）刊登后，杰弗里斯教授的行为受到了校方的关注。时任城市学院校长的伯纳德·W. 哈勒斯顿（Bernard W. Harleston）为此组建了一个调查委员会。但由于这位学生拒绝作证，调查不得不终止。杰弗里斯只是因为上课多次迟到而受到谴责，此时的教授评议会（Faculty Senate）也没有采取任何行动。[③]

因参与纽约州的一个教育评估项目，杰弗里斯开始受到纽约公众舆论的关注。1987 年，纽约州新上任的教育专员（Commissioner of Education）托马斯·索伯尔（Thomas Sobol）成立了一个促进少数族裔公平与卓越的工作小组（Task Force on Minorities: Equity and Excellence），目的是对纽约州教育局（The New York State Department of Education）提交的公共教育课程和教学指导进行评价，从而判定它们是否充分反映了美国社会的多样性特征，并指出哪些方面的内容需要修改或者添加。该工作小组为每个有色人种族群分别聘任了一位顾问，其中非裔族群公共教育的顾问便是杰弗里斯。1989 年，该工作小组的最终报告《包容性课程》（“A Curriculum of Inclusion”）发表。杰弗里斯参与报告的执笔，并为该报告做出了主要的贡献。报告批评了公立学校中的欧洲中心主义，要求对历史课程进行修订，从而能够

---

① Jeffries v. Harleston, 828 F. Supp. 1066, 1097 n. 50(S. D. N. Y. , 1993).

② Jeffries v. Harleston, 828 F. Supp. 1066, 1097(S. D. N. Y. , 1993).

③ BERGER J. Professors' theories on race stir turmoil at City College[N]. New York times, 1990-04-20.

包括前奴隶时代的非裔历史，进一步强调非裔美国人的成就。工作小组最后提出了9项改革学校课程材料与指南的建议。[①] 这份报告受到美国新本土主义者（Neo-nativist）、《纽约邮报》（*New York Post*）等媒体以及保守主义的州议员的批评，[②] 认为该报告充满煽动性的言论，并且暗含了所有族群都做出同等贡献这一不符合美国历史事实的观点。[③] 作为主要执笔人的杰弗里斯在由该报告引发的媒体关注和公众争议中逐渐成为焦点人物。[④]

真正将杰弗里斯和纽约城市大学城市学院推上风口浪尖的，是1991年7月20日杰弗里斯在奥尔巴尼举行的纽约黑人艺术文化节（The Empire State Black Arts and Cultural Festival）上发表的演说。这个活动与纽约城市学院没有任何关系，杰弗里斯演讲的主题也主要是讨论基于少数族裔的差异化教育改革，是对1989年《包容性课程》报告所引发的广泛批评的回应。在演讲中，杰弗里斯批评了他在公立学校所感受到的种族偏见，并对特定的个人进行了尖锐批评，对特定族群进行了带有贬损性质的评论。例如，他说犹太人是“邪恶的、令人厌弃的”，认为时任州教育局助理局长（Assistant Education Secretary）的戴安·拉维奇（Diane Ravitch）是一个“终极的、最高级的、世故的、文绉绉的种族主义者”和一个“世故的德州犹太人”。[⑤] 杰弗里斯指责犹太人在历史上曾迫害黑人，指责那些“富裕的犹太人”

---

① MABUNDA L M. Contemporary black biography[M]. Vol. 8. Michigan: Gale Research Inc, 1992.

② MABUNDA L M. Contemporary black biography[M]. Vol. 8. Michigan: Gale Research Inc, 1992.

③ CORNBLETH C, WAUGH D. The great speckled bird: Education Policy-in-the-Making[J]. Educational researcher, 1993, 22(7): 31-37.

④ BROOKHISER R. Fear and loathing at City College[N]. National review, 1990-06-11.

⑤ STEINBERG J. CUNY professor criticizes Jews[N]. New York times, 1991-08-06.

曾经资助过黑奴贸易，并一直与黑手党头目联手通过在好莱坞电影中塑造黑人的消极形象，有预谋地败坏黑人。① 在当时美国社会的语境中，这些言论就是所谓的"仇视言论"。

1991 年 8 月 5 日，杰弗里斯的演讲内容在《纽约邮报》首次披露，随后演讲录像带在纽约的一家有线电视台（WNBC-TV）播出，遂引起广泛争议。时任纽约州州长马里奥·M. 科莫（Mario M. Cuomo）的发言人达伦·杜普（Darren Dopp）表示，州长被杰弗里斯教授的言论给激怒了，"州长拒绝承认这些言论，这些该是我们冷眼旁观和谴责的"②。科莫州长的黑人事务咨询委员会执行理事安德烈·霍金斯（Andre Hawkins）也认为杰弗里斯的演讲明显地表达了种族的偏见。③ 纽约州教育专员索伯尔也对杰弗里斯的言论表示遗憾，表示再也不会允许杰弗里斯参与州教育部的工作。纽约民权联盟（The New York Civil Rights Coalition）执行主管迈克·迈尔斯（Michael Meyers）对政府组织和民权倡导者在文化节论坛开始前没有对杰弗里斯的观点进行审查表示失望。迈尔斯认为即使宪法第 1 修正案赋予的权利允许杰弗里斯发表自己的观点，但其过激的言论迫使更多的人提出批评。④ 在纽约州的奥尔巴尼地区，对杰弗里斯言论的反对超越了党派界限。继一些共和党议员在 8 月 6 日谴责国家基金给予杰弗里斯这样一个平台之后，4 位民主党议员呼吁免去杰弗里斯黑人研究所主任的职务。民主党议员 G. 奥利弗·科贝尔（G. Oliver Koppell）表示他和其他三位同事在寄给所有议员的信中督促通过一项决议来要求城市学院开除杰弗里斯。他

---

① Jeffries v. Harleston, 828 F. Supp. 1066(S. D. N. Y. ,1993).

② STEINBERG J. CUNY professor criticizes Jews[N]. New York times, 1991-08-06.

③ STANLEY A. City College professor assailed for remarks on Jews[N]. New York times, 1991-08-07.

④ STANLEY A. City College professor assailed for remarks on Jews[N]. New York times, 1991-08-07.

说：“我不认为终身教职是来保护邪恶言论的传播者。我不认为有谁喜欢这些毒害我们年轻一代心灵的人还在课堂里出现。”①

纽约城市学院对该风波的应对显然十分谨慎。1991 年 8 月 7 日晚，城市学院发言人表示，根据大学章程，任何纪律行为都必须由哈勒斯顿校长发起，并且表示任何行为都不得违反学术自由规定和宪法第 1 修正案权利。但纽约州州长的施压显然使城市学院意识到这次风波不同寻常。8 月 8 日晚，科莫州长在答复记者的问题时表示，虽然他不能命令城市学院如何去做，但面对如此过分的言论，城市学院本应采取措施或解释自己为什么没有采取措施。② 来自州长、两党议员和相关团体的指责，使得城市学院面临着很大的压力，事态的发展迫使哈勒斯顿校长做出反应。在致纽约城市学院同事的信中，哈勒斯顿表示，杰弗里斯的言论中包含“十分明显的反犹太偏激结论”。他指出，“我们理所当然必须保证我们的教师和学生在教室内外都能无惧机构审查制度而表达自己观点的权利。然而，自由表达的权利，即使是学术自由，不是也不能是绝对的。自由必须承担责任。因此，为了使你们安心，在秋季学期开始时，我会着手审查这一事件。这次审查将会咨询教师和职员，尊重学术自由原则，并保证程序正当”③。

校方的调查程序直到 9 月份才真正开始，由城市学院的罗伯特·费弗尔（Robert Pfeffer）教务长负责。哈勒斯顿校长对于这次调查的缘由和目的的阐述是值得注意的。在 9 月 12 日给费弗尔教务长的信中，他指出：“对杰弗里斯作为黑人研究部主任的领导能力进行调查，以此决定杰弗里斯教授能否继续有效地承担起部门管理者以及学院广泛利

---

① STANLEY A. City College professor assailed for remarks on Jews[N]. New York times,1991-08-07.

② VERHOVEK S H. Cuomo urges CUNY to act on professor[N]. New York times, 1991-08-08.

③ Jeffries v. Harleston,828 F. Supp. 1066(S. D. N. Y. ,1993).

益和政策规划、发展、阐释的参与者的职责。”① 接着，哈勒斯顿又说：“然而，他所表达的观点，包括他最近在奥尔巴尼发表的言论，跟本次调查没有密切关系。”② 也就是说，调查的目的不是直接针对杰弗里斯的言论，而是关于其言论对其履行管理职务能力的影响。哈勒斯顿校长显然希望回避直接针对言论本身观点评价的问题。

此后，费弗尔教务长领导了一次几乎是敷衍了事的调查。这一点成为之后纽约南区联邦地区法院一审判决认定城市学院作为管理方存在的一个重大纰漏。按照此后的法庭陈述，整个调查过程仅仅包括与城市学院社会科学学院院长（Dean of the Division of Social Sciences）杰弗里·罗森（Jeffrey Rosen）的两次交谈，以及与黑人研究所和社会科学学院政治科学与黑人研究委员会（Social Sciences Department P & B Committee）教师群体的一次会谈。罗森教授根据自己的个人观察和感受，先后两次提交了分别只有两页和三段的报告。他认为杰弗里斯教授十分胜任其主任职责，并且将其与教授的交往关系描绘为富有创造性的和合作的。在与教师们的会谈中，与会者广泛认可杰弗里斯教授的工作能力。1991 年 10 月 4 日，费弗尔教务长向哈勒斯顿提交了调查报告，结论是：“我对杰弗里斯教授自 1991 年 7 月 1 日以来担任黑人研究所主任的领导能力评估表明，他履行了在《纽约城市学院章程》第 9 条第 3 款所规定的主任职责。”③

这一调查结果并未平息风波。1991 年 10 月 18 日，来自校园报刊《哈佛深红》（*Harvard Crimson*）的学生记者艾略特·摩根（Elliot Morgan）对教授进行了采访。采访结束后，摩根声称受到了杰弗里斯的死亡威胁，表示杰弗里斯教授在采访期间发表了对非裔美国人研究

---

① Jeffries v. Harleston, 828 F. Supp. 1075 (S. D. N. Y., 1993).

② Jeffries v. Harleston, 828 F. Supp. 1075 (S. D. N. Y., 1993).

③ Jeffries v. Harleston, 828 F. Supp. 1076 (S. D. N. Y., 1993).

领域的其他学者以及同性恋者的轻蔑言论，还威胁说他如果将采访内容公布于众的话，就将“杀死”他。在采访结束后，杰弗里斯还没收了他的录音带。[①] 10月30日，城市学院校方发表声明，表示针对这一指控开展调查。[②] 但就在该声明发表的两天前（10月28日），根据哈勒斯顿校长的提议，纽约城市大学董事会已就杰弗里斯的黑人研究所主任的任期限制进行了投票，决定将杰弗里斯教授的任期限定为1年（即1991年7月1日至1992年7月1日），而不是实行多年的3年任期。第二天，哈勒斯顿校长将董事会的决定告知杰弗里斯。

对于校方这一决定，杰弗里斯极为不满。在1991年10月底给罗森院长的信中，杰弗里斯充满火药味地写道：“我现在向你们发去一份正式的警告，你、教务长还有校长：如果这个学院想要发起战争的话，它会实现的——适可而止吧。我们会以牙还牙的！”[③] 11月12日，当费弗尔、罗森劝说其主动辞职时，杰弗里斯教授威胁要把城市学院变成“皇冠高地”（Crown Heights）[④]。11月15日，当与哈勒斯顿校长在城市学院行政大楼的大厅相遇时，因哈勒斯顿前一天在电视节目上对自己的消极评价，为发泄不满，杰弗里斯与之发生直接冲突。[⑤] 当得知城市学院已经确定黑人研究所新的主任人选，并即将取代自己的位置时，杰弗里斯最终决定在法庭上向校方“宣战”。1992年6月5日，杰弗里

---

① ROTHSTEIN M. CUNY to hear charges of Jeffries death threat[N]. New York times, 1991-10-31.

② ROTHSTEIN M. CUNY to hear charges of Jeffries death threat[N]. New York times, 1991-10-31.

③ Jeffries v. Harleston, 828 F. Supp. 1077(S. D. N. Y. , 1993).

④ 皇冠高地位于纽约市布鲁克林区，是查巴德-卢巴维奇哈希德派（Chabad-Lubavitch Hasidic Jewish）犹太社团全球总部，也是犹太人聚居地之一。1991年8月曾经在纽约历史上爆发过为时3天的“皇冠高地大骚乱”（Crown Heights Riot），属于反犹种族情绪大爆发，造成暴力冲突，并且造成了深远的影响。

⑤ Jeffries v. Harleston, 828 F. Supp. 1066(S. D. N. Y. , 1993).

斯向纽约南区联邦地区法院正式提起诉讼，指控校方[①]缩短其黑人研究所主任3年完整任期的举动侵犯了联邦宪法第1和第14修正案所赋予的权利。

三、事关言论自由的雇员权利：前两次判决与杰弗里斯胜诉

杰弗里斯的诉讼由纽约南区联邦地区法院的约瑟夫·康伯伊（Joseph Conboy）法官主审。在诉讼中，陪审团认为：第一，杰弗里斯教授在奥尔巴尼的言论是其3年任期限制的根本原因和推动因素。第二，没有足够证据表明，即使杰弗里斯教授没有发表那番言论，校方也会限制其3年完整任期。第三，校方没有证据证明杰弗里斯教授的言论损害了黑人研究所、学院及大学的有效运转。第四，校方采取限制任期的决定是基于这样的合理预想，即教授的言论会对大学、学院、研究所的有效正常运转产生损害。第五，校方未经法律正当程序剥夺了教师的职务所有权。据此，陪审团认为校方解除完整任期的做法侵犯了杰弗里斯教授的宪法第1修正案赋予的言论自由权利。另外，在校方个人责任方面，陪审团认为作为城市学院校长的哈勒斯顿和城市大学校长的雷诺兹侵犯了杰弗里斯教授的宪法第14修正案所赋予的正当程序权利，而学校董事会的6名成员（包括作为学校董事的哈勒斯顿和雷诺兹）侵犯了杰弗里斯教授的宪法第1修正案权利。法院认可陪审团的意见，并做出了总额40万美元的惩罚性赔偿的裁决。[②]

根据法院的裁决，杰弗里斯进一步要求法院发布永久性强制命令（Permanent injunction），以恢复其黑人研究所主任职务的完整任期。

---

① 作为校方，本案的被告有：纽约城市学院校长哈勒斯顿、城市学院归属的纽约城市大学校长W.安·雷诺兹（W. Ann Reynolds）以及纽约城市大学董事会成员。

② Jeffries v. Harleston,828 F. Supp. 1066(S. D. N. Y. ,1993).

而与此同时，校方则认为法院举证的证据不充分，反对裁决结论。基于有限豁免权（qualifiedly immune）和陪审团关于校方动机的判断的矛盾性，校方质疑法院惩罚性赔偿的合法性。为此，双方就以下焦点问题进行辩论。

首先，关于证据的充分性问题，主要集中在校方此举构成侵犯言论自由权利的证据充分性。本案判决主要参照先前阿玛利亚·莱尔·吉尔斯（Amalya Lyle Kearse）法官在两个判决中的理由：作为雇员，如要证明他是以公民身份就公共事务发表言论，并由此被解聘的话，就必须同时说明他的言论在一定程度上是造成其被解聘的根本原因或动机因素。如果原告杰弗里斯能够同时说明这两点的话，作为雇主的校方就不能免责。[①] 法庭根据双方举证材料说明，杰弗里斯教授的言论是其职务被解聘的根本原因或者动机因素；如果没有他的那番言论，这样的解聘可能就不会发生；并且也没有证据表明杰弗里斯教授的言论会对黑人研究所、学院以及大学的有效运转造成损害。也可以说，就校方举证职责而言，对于这一言论造成的损害所进行的举证并不充分。此外，1992 年 3 月 23 日的董事会投票直接造成了杰弗里斯教授的免职，参与投票的董事会成员不能仅仅因为学校管理人员的建议而将杰弗里斯免职。

其次，在校方所质疑的杰弗里斯教授经选举就拥有主任职务所有权利益（Property Interest）问题及宪法第 14 修正案权利问题上，法院支持校方的观点。根据 1972 年佩里诉辛德曼案（Perry v. Sindermann，408 U. S. 593，1972）的判例，“假如有这样的法则规定或者是双方相互明确的协议来支持某人受益的主张或者权利，并且某人可能引发听证的话，某人基于受益的权益就被称为‘所有权利益’”[②]。按照这一

---

① White Plains Towing Corp. v. Patterson, 991 F. 2d 1049 (2d Cir., 1993); Frank v. Relin, 1 F. 3d 1317 (2d Cir., 1993).

② Jeffries v. Harleston, 828 F. Supp. 1084 (S. D. N. Y., 1993).

定义，所谓的所有权利益并不为一方（雇主或者雇员）所有，而必须是双方共同协议的一部分。在本案中，法院认为唯一关于纽约城市大学任命主任的传统或者实践经验是，被部门所推举的教授通常会受到校董事会和校长的支持。基于此，法院认为没有证据表明杰弗里斯教授在当选主任后就有所有权利益，而且杰弗里斯教授也没有必要用所有权利益来支持其第 1 修正案权利被侵犯的诉求。此外，根据纽约城市大学的章程，校长和学校董事会可以选择不同意部门主任推选人选。由此，支持杰弗里斯教授保障宪法权利而复职的“主观期望”就会同纽约城市大学的学校章程相抵触，因此杰弗里斯教授的宪法第 14 修正案权利主张不受法院采纳。不过，杰弗里斯基于宪法第 14 修正案权利所诉求的恢复任期主张虽然不能成立，但这并不意味着他不能提出受宪法第 1 修正案权利保护的恢复任期的主张。

最后，关于有限豁免权问题。有限豁免权主要用于保护政府公务人员免于承担侵犯公民个人联邦宪法权利的责任。校方认为基于其所具备的有限豁免权，惩罚性赔偿应予撤销。法院认为校方提出这一要求可能与该法院 1991 年 9 月 4 日所判决的列文案有关。这个案件可能使校方意识到针对教授并没有影响学校运行的校外言论做出的报复是不合宪法的。校方在本案中针对杰弗里斯教授的宪法第 1 修正案权利，校方诉诸于有限豁免权是基于主任职务与教授职务之间性质的不同。校方认为，主任职位相对于教授而言，承担着更大的责任，并在学术层级中处于较高地位。基于此，校方之前并没有意识到这样做会侵犯宪法权利。对此，法院不予接受，驳回有限豁免权诉求。

根据上述辩论，法院最终于 1993 年 8 月 4 日做出判决：撤销杰弗里斯教授的宪法第 14 修正案权利主张；除了两位校长的罚金减少以外，校方对于陪审团宪法第 1 修正案主张质疑，有限豁免权和惩罚性赔偿的辩护被法院否决；强制校方执行恢复杰弗里斯剩余两年任期的主任职务。不过，法院最后还是对“合法”的学校解聘进行了肯定，这个命令允许校方和城市学院的相关部门根据教授将来任何不在宪法保护范围之内的行为发起对教授主任职务或者终身教职的解除程序。[①]

校方对此结果很不满意，基于以下四个理由将本案上诉至联邦第二巡回上诉法院（United States Court of Appeals，Second Circuit）：第一，校方并没有侵犯杰弗里斯教授的言论自由权利。第二，基于有限豁免权，校方免于惩罚性赔偿。第三，使杰弗里斯教授复职是不恰当的。第四，由于和陪审团特定的裁决结果存在不一致性，惩罚性赔偿应该撤销。经过 1994 年 1 月 21 日的辩论，联邦第二巡回上诉法院于 1994 年 4 月 18 日做出终审判决：维持一审关于校方侵犯杰弗里斯第 1 修正案权利的判决；被告不受有限豁免权保护；强制执行恢复杰弗里斯教授职位；但对惩罚性赔偿问题暂时搁置，就此单独进行重审。[②]

四、无涉学术自由的雇主方权利：第三次判决与杰弗里斯败诉

二审判决一个月后，联邦最高法院的最新判例沃特斯诉丘吉尔案为纽约城市大学校方提供了一个改变判决结果的有利机会。在该案的判决中，最高法院主张政府可以在不考虑其雇员实际说了什么的情况下，基于自身对于雇员说了什么的合理信念，针对雇员的破坏性言论而解雇该员工。另外，在衡量雇员的言论会对政府机构造成的干扰时，在雇员可能接受惩罚前，政府雇主仅仅需要说明言论可能具有破坏性。[③] 校方因此提请联邦最高法院复审。

1994 年 11 月 14 日，联邦最高法院同意复审要求，撤销二审判决，并发回原巡回上诉法院重审，要求根据沃特斯诉丘吉尔案的判例重新审核案情。在巡回上诉法院的重审过程中，纽约城市大学校方力图证

① Jeffries v. Harleston, 828 F. Supp. 1066(S. D. N. Y. ,1993).

② Jeffries v. Harleston, 21 F. 3d 1238(2d Cir. ,1994).

③ Jeffries v. Harleston, 52 F. 3d 9(2d Cir. ,1995).

明，校方正是基于杰弗里斯教授的言论将会对大学运行造成破坏的合理预期，从而做出了限制杰弗里斯教授主任任期的决定。联邦巡回上诉法院据此推翻了纽约南区联邦地区法院的一审判决。

在判决过程中，法院首先梳理了前两次判决的一个基本原则，即：除非一个政府雇员的言论确实损害了雇主方的正常运转，否则该雇员对于公众利益事务发表言论的权利受宪法第1修正案保护，不能被雇主免职。在先前的判决中，法院基于证据认为杰弗里斯教授的职位并不是政策制定者的位置，造成的影响不会太大。而校方并未给出实际证据来表明杰弗里斯教授言论对校方的实际影响。所以前两次判决都主张杰弗里斯的言论自由宪法权利受到侵害。援引沃特斯诉丘吉尔案，法院重审认为，政府雇主有权解聘对公众事务发表言论的雇员是基于以下情况的发生：其一，雇主对言论损害的预期是合理的。其二，潜在的损害已经足够超过言论本身的价值。其三，雇主是基于言论的损害对雇员采取行动而非对其言论的报复。根据这样三个层次，法院基于证据论证了校方的合法性。①

虽然如此，法院最后还是特别考虑了一位法庭之友提出的校方行为的合法性。这位法庭之友认为，与沃特斯诉丘吉尔案判例中护士对医院妇产科部门的抱怨不同，杰弗里斯教授作为公立大学的教授，更应该在政府干预的情况下保护其言论自由。因此，法院应当承认学术自由是宪法第1修正案权利的一个重心。但法院认为，本案中杰弗里斯教授的学术自由权利并未受到侵犯，因为杰弗里斯教授所被免去的主任职务是带有行政事务性的（ministerial），并不比一个普通教授职位具有更多的公众联系。同时杰弗里斯教授仍然是纽约城市学院的一名终身教授，校方并没有使其保持沉默，或者限制他进入课堂这个“思想市场”（Marketplace of Ideas）。

---

① Jeffries v. Harleston, 52 F. 3d 9(2d Cir., 1995).

1995 年 4 月 4 日，联邦第二巡回法院做出三审判决：纽约城市大学董事会投票限制任期合乎宪法，杰弗里斯教授的宪法权利并未受到剥夺。地区法院的判决被最终撤销，重审做出了有利于被告方的判决，杰弗里斯教授因此败诉。1995 年 10 月 2 日，杰弗里斯提请最高法院再次进行复审，请求被否决。至此，历时 3 年的漫长诉讼结束。杰弗里斯最终失去了黑人研究所主任的职务，但仍保留了纽约城市学院的终身教职。在法院最终判决结果公布的 1 年之后，纽约城市学院决定关闭黑人研究所，代之以一个更为广泛的研究部门。这个举动似乎为杰弗里斯案画上了一个句号。① 学校的管理利益在这场学术自由的纷争中最终获胜，但这场争议所涉及的言论自由或学术自由问题，并不能通过此类宣判明确解决。

五、学术自由的边界：杰弗里斯案的意义

综观前后 3 次判决，在案件审理过程中，法院并没有特别强调杰弗里斯的教授身份及其学术自由权利，最后一次明确提出也是为了搁置本案所涉及的学术自由问题。相反，由纽约城市大学的公立性质所决定，在判决文书中屡屡援引的判例都是涉及教授作为“公职人员”（public employee）和校方作为“公共雇主”（public employer）之间的法律关系。因此，法院判决至少从书面表达上显示出其所关注的问题其实是公职人员的言论自由问题。同时，在处理作为雇主和雇员二者之间的法律关系时，法院判决所尊重的是契约法。② 基于此，杰弗里斯教授所主张的宪法第 14 修正案权利（正当程序及其相关的所有权）遭到了法院的否决。因为根据纽约城市大学的章程，校长和学校董事会

---

① STOUT D. City College closing black studies dept[N]. New York times，1996-03-19.

② 余雅风. 从美国教育法制看公立大学教师学术自由的原则与界限 [J]. 比较教育研究，2006（7）：17-21.

具有不同意部门主任推选人选的权力。另外，法院也援引判例，说明所有权利益并不是单方面的，而必须是双方共同协议的一部分。也就是说，基于校方与教师的契约关系，杰弗里斯教授主张的宪法第 14 修正案权利并不能成立。

法院之所以巧妙地“回避”了学术自由的问题，原因非常复杂。彼得·伯恩（Peter Byrne）指出，美国宪法对应该保护哪些方面的学术自由，以及宪法为什么要保护学术自由的问题，并没有进行充分的阐述。[①] 同样，对于学术自由也难以有明确的限定。这其中实际上隐含着一个非常棘手的两难问题。不仅是难以寻找到一个具有合法性与合理性的个人或机构为学术自由设定边界，也不可能明确区分哪些言论属于学术自由保护的范围，哪些言论在学术自由保护之外。更为重要的是，如果能够确定学术自由的边界，那么学术自由就将是有限的、有条件的自由。如果是这样，实际上就不可能存在真正的学术自由。也许正如沃尔特·P. 梅兹格（Walter P. Metzger）所言，“学术自由的学界捍卫者们对这样划定学术自由界限的尝试往往感到不安，对这一脆弱的领域猛烈打下界标的举动造成了学术自由保护的明显下坡，这已为人所知”[②]。美国宪法未对言论自由提出明确界定，看似无奈之举，实际上包含了非常巨大的智慧。

事实证明，随着现代大学与社会联系的不断加深，大学已日益陷入错综复杂的社会力量网络之中，大学也因此受到政府和各种社会力量的深刻影响。不仅大学如此，大学教师也是这样，越来越多的大学教师逐渐摆脱象牙塔式的消极自由，转而谋求公共利益表达的积极自由。在这种情况下，大学教师作为教师、学者和公民这三种身份之间

---

① 李子江. 学术自由在美国的变迁与发展［M］. 北京：北京师范大学出版社，2008：125.

② METZGER W P. Professional and legal limits to academic freedom[J]. Journal of college and university law,1993,20(1):1-14.

的界限变得比以往任何时候都更加模糊、不确定。美国大学教授协会早在1915年的原则声明就指出，大学教师对其校外言论具有特别的义务，避免进行匆忙的、不实的、夸张的陈述，克制过激或耸人听闻的表达。① 但是，随着大学教师参与社会活动频率的增加和程度的加深，所谓校外的言论与教师作为专业人员的言论之间的界限越来越难以区分。杰弗里斯案和同时期的列文案无一例外都是由大学教师的校外言论所引发的。这些言论无一例外地都与他们自身的专业无关，无一例外地都涉及敏感话题或存在偏激、仇视言论。这与20世纪前期学术自由案例具有显著差异。在这种情况下，就更难人为地限定学术自由的界限。正如小哈里·卡尔文（Harry Kalven）所说的那样，对于言论自由，"人们永远不可能找到一个最终的、公认的答案，这个过程必将随着一个又一个问题的提出而继续下去"②。

主要参考文献

[1] BAADE H W. Academic freedom:the scholar's place in modern society[M]. New York:Oceana Publications,Inc. 1964.

[2] CORNBLETH C,WAUGH D. The great speckled bird:Education Policy-in-the-Making[J]. Educational researcher,1993,22(7):31-37.

[3] GLAZER N. Levin,Jeffries,and the fate of academic autonomy [J]. William and Mary law review,1995,36(2):703-732.

[4] HOFSTADTER R. Academic freedom in the age of the college [M]. New York:Columbia University Press,1955.

[5] HOLLINGSWORTH P J. Unfettered expression: freedom in American intellectual life[M]. Ann Arbor:The University of Michigan

---

① 王国均. 美国高等教育学术自由传统的演进 [M]. 上海：学林出版社，2008：268.

② 卡尔文. 美国的言论自由 [M]. 李忠，韩君，译. 北京：生活·读书·新知三联书店，2009：23.

Press, 2000.

[6] JOUGHIN L. Academic freedom and tenure[M]. Madison: The University of Wisconsin Press, 1967.

[7] 李子江．学术自由在美国的变迁与发展［M］．北京：北京师范大学出版社，2008.

[8] 卡尔文．美国的言论自由［M］．李忠，韩君，译．北京：生活·读书·新知三联书店，2009.

[9] 余雅风．从美国教育法制看公立大学教师学术自由的原则与界限［J］．比较教育研究，2006（7）：17-21.

[10] 张斌贤，李子江．大学：自由、自治与控制［M］．北京：北京师范大学出版社，2005.

[11] 张弛，王慧敏．学术自由的界限：列文案始末［J］．清华大学教育研究，2013（1）：64-72，86.

第十章　学校选择的法理之争
——俄亥俄州教育券案（2002）

20 世纪下半叶，美国的公共教育系统面临着来自多方面的批评。这些批评声音包括公立学校学生的学业表现低下、不同地区学校水平差异显著、学校中宗教教导缺乏或错误、性教育课程不符合需求，等等。在此背景下，20 世纪七八十年代，美国教育界兴起学校选择运动（School Choice Movement），以应对公共教育的衰落，尤其是众多城市学校（Urban Schools）的失败。包括美国两党议员、商业精英、教育界人士和少数族裔家长等在内的多种利益团体试图在传统公共教育之外寻求解决之道，推动各种形式的学校选择机制来促进教育改革。虽然不同群体支持学校选择的原因各异，但随着一大批新学校形式的出现，美国基础教育的版图也被彻底改变。

学校选择机制所涉及的非传统学校形式包括特许学校（charter schools）、磁石学校（magnet schools）、在家教育（homeschooling）以及政府通过发放教育券（vouchers）资助家长自行选择公立或私立学校，等等。在传统美国公共教育中，联邦、各州政府和学区的税收支持是办学的重要保障，而这些新的学校形式无疑为政府教育经费的分配带来了新的挑战。例如，在此之前，传统公立学校和带有宗教背景的私立学校之间隔着一堵公共经费使用之“墙”，根据联邦宪法和各州相关法律规定，后者无法获得政府教育资助。而在学校选择机制不断丰富的情况下，传统的公私之分正在逐渐模糊，公共教育经费正通过税收减免或教育券等方式流向私立学校，且其中宗教性学校占很大比重。这种趋势蕴含着各种法律、财政方面的风险，并且给教育公平带来挑战。

2002年，美国联邦最高法院审理并判决的俄亥俄州教育券案①处理的正是政府公共经费用于宗教学校的合宪性问题。俄亥俄州通过发放教育券支持克利夫兰市的家长送孩子进入公立学校或参与教育券计划的私立学校，该计划中80%以上的私立学校带有宗教背景。最高法院最终以5∶4判决该计划符合宪法，这一判决在教育券的合宪性问题上具有里程碑意义，也象征着最高法院在学校选择问题上的风向变化。同时，这种变化背后体现了美国自20世纪六七十年代以来法律精神、政治与宗教文化的变迁。

一、教育券诉讼的背景

一般认为，现代意义上的教育券概念起源于新自由主义经济学家米尔顿·弗里德曼（Milton Friedman）于20世纪中期提出的理论构想。弗里德曼认为，为限制政府在初等和中等教育中的角色，可以设计一种学校体系，允许家长自由选择将孩子送入何种学校，政府以发放教育券的形式提供资助，以促进教育的市场化，实现自由竞争。② 自20世纪七八十年代以来，在美国兴起的学校选择运动进一步将教育券

① 该案经历了在联邦地区法院、上诉法庭及最高法院的一系列诉讼，本章将这些诉讼统称为“俄亥俄州教育券案”，因为这些诉讼处理的核心问题在于俄亥俄州通过的针对克利夫兰市学区的教育资助政策是否符合宪法。国内有学者将此案译为“克利夫兰市教育券诉讼案”，但此译法似乎不妥，因为被指控的政策来自俄亥俄州政府而非克利夫兰市，且最高法院判决书中也将其简称为“俄亥俄州教育券计划”（The Ohio Voucher Program）。

② FRIEDMAN M. Capitalism and freedom[M]. Chicago: The University of Chicago Press, 1962: 75-92.

由理论变为了现实。但由于涉及公共税收、党派政治、法律界限等复杂问题，教育券计划始终饱受争议。包括全美教育协会、全美教师工会（National Federation of Teachers）、地方性教育团体以及一些天主教团体等在内的许多组织历来坚决反对教育券的推行。例如，1993年加利福尼亚州的教师工会动用1200多万宣传资金反对该州通过一项教育券议案，该计划最终未得到通过。类似的议案也分别于1990年在俄勒冈州、1992年在科罗拉多州告于失败。① 一直到20世纪末，教育券计划只在小范围内得到推行，如威斯康星州的密尔沃基市、佛罗里达州以及本案所涉及的俄亥俄州克利夫兰市。即使在上述地区，这些计划也不断受到来自各方面的挑战。

除了有关政治、经济与教育方面的考虑，教育券在美国的实施还受到法律层面的制约。由于教区学校（parochial school）及其他带有宗教背景的私立学校在教育券经费所流向的机构中占有相当大的比重，这意味着政府的公共资金被用于带有宗教目的的机构，可能触犯美国宪法第1修正案中的政教分离条款。宪法第1修正案规定“国会不得制定有关确立国教或禁止自由信奉宗教的法律”。该条款一般被分解为“国教条款”（Establishment Clause）和“自由信奉条款”（Free Exercise Clause），前者要求政教分离，后者保护宗教自由。不仅如此，除联邦宪法外，美国有38个州的州宪法也包含有关政教分离的条款，这些法律俗称布莱恩修正案（Blaine Amendment），它们被写入各州宪法。与19世纪美国的反天主教潮流有关，在20世纪，这些条文大部分被保留下来，致使美国半数以上的州仍然严格禁止将公共财政用于教会学校。② 因此，无论在州还是联邦层面，教育券计划的实施都面临着

① VITERITTI J P. School choice: how an abstract idea became a political reality[J]. Brookings papers on education policy, 2005(8): 137-173.

② JEFFRIES J C, Jr, JAMES E R. A political history of the establishment clause[J]. Michigan law review, 2001, 100(2): 279-370.

法律上的障碍。

自学校选择运动兴起以来，其推动者和反对者都不断试图在法律层面为各自立场争得更多筹码，宪法第1修正案的政教分离条款是众多与教育券和学校选择相关的诉讼所普遍使用的法律依据，如何在学校选择日益多元化的背景下重新阐释并运用这一原则，自然也成为人们争论的焦点之一。从1947年到1996年，美国联邦最高法院审理了52件与政教分离条款相关的案件，其中半数以上是教育诉讼，在这些案件中有6件涉及高等教育，26件涉及初等和中等教育。[①] 20世纪中期，联邦最高法院在这类教育诉讼中确立了较为明确的“分离主义”（separatist）立场——若公共财政用于支持带有宗教背景的私立学校，则判定其违反了政教分离原则。然而，判定政教是否分离的标准一直是司法难点，最高法院在20世纪下半叶通过一系列案例尝试明确这一判定标准。与此同时，传统的公共教育概念也发生了变化，新的教育资助形式进一步模糊了公与私的界限。政府通过教育券这一形式所进行的教育经费投入是否仍适用于传统的分离主义判定标准？这一问题迟迟没有定论。

在俄亥俄州教育券案之前，类似的教育券案例已在其他地区出现，但这些案件都停留在州最高法院或联邦上诉法庭，始终未得到联邦最高法院的受理。例如，1989年威斯康星州通过全美最早的教育券政策，推出了密尔沃基市家长选择计划（Milwaukee Parental Choice Program），允许一定数额的家长免费将孩子送入除内城公立学校之外的其他私立非宗教学校。1995年，这一计划中的“非宗教”要求被移除，意味着政府教育经费可用于资助家长选择宗教性的学校，可能违反政教分离条款，因此面临违宪诉讼。1998年，威斯康星州最高法院

① JEFFRIES J C,Jr,JAMES E R. A political history of the establishment clause[J]. Michigan law review,2001,100(2):279-370.

终审判定该政策并不违宪，[①] 上诉请求未得到联邦最高法院的受理。

在20世纪末的几个相关判例中，联邦最高法院对涉及宗教因素的政府开支合宪性判决已经透露出对早先分离主义原则的动摇。但直到俄亥俄州教育券案之前，最高法院并未对其原则是否变化给出定论。在联邦最高法院相继拒绝受理威斯康星、亚利桑那、缅因等州与教育券相关的几个案件后，无论学校选择的支持者还是反对者都在等待一个契机，使最高法院在教育券的合宪性问题上给出更加明确的判决意见。法庭是否会最终打破教育经费使用中的公或私、世俗或宗教之分，成为决定教育券及更加普遍的学校选择机制的未来命运的一个关键因素。正是在这种背景下，20至21世纪之交有关俄亥俄州教育券计划的诉讼受到了广泛关注。

二、俄亥俄州教育券案始末

1995年3月，克利夫兰市所在的学区被宣布处于危机之中，联邦法官下令由俄亥俄州督学（State Superintendent of Schools）接管该学区。截至当年，该市已超过10年未通过增长教育经费的议案，其学区在学年过半时已耗尽5亿美元的年度预算，且负债1.25亿美元。[②] 该市小学和中学生中只有十分之一能通过基本能力测验，三分之二的中学生肄业或无法通过毕业考试。[③] 克利夫兰学区所面临的情况反映了众多美国内城的通病。自20世纪50年代以来，克利夫兰市的人口由80多万锐减至50万以下，且离开该市的白人是黑人的两倍以上，这与布朗案判决后的“白人逃离”有关。自1965年以来克利夫兰市的公立学

---

① Jackson v. Benson, 218 Wis. 2d 835, 578 N. W. 2d 602, 119 S. Ct. 466(1998).

② JOHNSON D. State will try to shore up Cleveland's shaky schools: judge addresses "crisis" of cash and culture[N]. New York times, 1995-03-14(A10).

③ Zelman v. Simmons-Harris, 536 U. S. 639(2002).

校入学人数减少了一半，学生常年处在贫困与暴力的困扰之中，而内城中最好的学生仍在源源不断地被本市甚至美国东部的私立中学挖走。①

在州政府接管克利夫兰学区后，俄亥俄州立法机构立即推动了一项试点资助计划（Pilot Project Scholarship Program），该计划面向本州所有在联邦法庭命令下由州政府接管的学区，实际上只有克利夫兰市落入这一范围。试点资助计划向克利夫兰学区的家长提供一定额度的教育券，他们可自主选择让孩子进入非传统学校，即私立学校或相邻学区的公立学校。1996 年 1 月，两个包括学生家长、牧师和俄亥俄教师工会成员在内的诉讼团分别将俄亥俄州及当时的州督学告上法庭，称该教育券计划违反了数条俄亥俄州宪法，以及联邦宪法第 1 修正案的政教分离条款。俄亥俄州法院将两起案件合并审理，1999 年 5 月，州最高法院判决该项目并未违反联邦宪法，但违反了俄亥俄州宪法中的"单一主题规则"（one-subject rule）②，因而对其令行禁止。③

1999 年 6 月，俄亥俄州立法机构迅速纠正了之前的程序性问题，又通过了一项基本与 1995 年试点计划相同的教育资助计划。该计划分为两部分，第一部分是由州政府拨款向克利夫兰学区的家长提供教育券，家长可自主选择让孩子进入本市公立学校，或者参与该计划的私立学校及相邻学区的其他学校；第二部分资助是给那些选择留在公立学校的学生提供的学业辅助经费（Tutorial Aid）。在即将开学的 1999—2000 学年，有 56 所学校报名参与教育券计划，其中 46 所学校（占总数 82%）带有教会背景（church-affiliated）。该学年 3761 名学生

① Zelman v. Simmons-Harris, 536 U. S. 639(2002).

② 单一主题规则即单一议案中不得出现毫无联系的多个议题。这一判决结果的主要依据是技术性的，即指出在议案通过的程序上出了问题，该项目当初在众议院因被夹带在其他不相关议案中才得以通过，因此违反了单一主题规则。

③ Simmons-Harris v. Goff, 86 Ohio St. 3d 1, 711 N. E. 2d. 203(1999).

将参与教育券计划，其中 60%来自收入低于贫困线的家庭。在这 3761 名学生中 96%以上将进入宗教性学校。[①]

此前状告 1995 年试点计划的两个诉讼团主体人员于 1999 年 7 月再次将新的计划告上俄亥俄北区联邦地区法庭（United States District Court，Northern District of Ohio），只是由于人事更迭，此次被告中的州督学换成了新上任的苏珊・T. 泽尔曼（Susan T. Zelman）。[②] 由此开始了俄亥俄州教育券案从联邦地区法院、联邦巡回上诉法庭到联邦最高法院的审理征程。1999 年 12 月，联邦地区法庭判决俄亥俄州教育券计划违宪，[③] 被告立即提起上诉，2000 年 12 月，联邦第六巡回上诉法庭（the Sixth Circuit Court of Appeals）宣布维持原判，[④] 被告再次上诉，案件最终来到了联邦最高法院。2002 年 6 月，最高法院大法官以 5∶4 投票判定俄亥俄州教育券计划未违反宪法，驳回了之前的判决。[⑤]

有趣的是，早在该案仍处于联邦地区法庭初审阶段，联邦最高法院就曾短暂介入过案件审理。由于当时案件审理恰逢新学年开学之际，涉及新入学的孩子须决定进入何种学校，以及尚留在 1995 年试点资助计划学校的孩子孰去孰留的问题，联邦地区法庭在初步审理案件后，认为原告胜诉可能性大，便于 1999 年 8 月 24 日颁布了一项临时禁令（Preliminary Injunction），禁止新的教育券项目实行。[⑥] 但这一禁令激怒了大批学生家长，因为它意味着已经在教育券计划中的学生须迅速

---

① Simmons-Harris v. Zelman，72 F. Supp. 2d 834(1999). 在严格意义上，教会学校和带有教会背景（如接受教会捐资）的学校是有区别的，但在本案中，这些学校一律被视为带有宗教性质，因此在法庭文件中相关用语包括 church-affiliated schools，sectarian schools，religious schools 等所指涉的学校都属于广义上的宗教性学校。

② Simmons-Harris v. Zelman，72 F. Supp. 2d 834(1999).

③ Simmons-Harris v. Zelman，72 F. Supp. 2d 834(1999).

④ Simmons-Harris v. Zelman，234 F. 3d 945(2000).

⑤ Zelman v. Simmons-Harris，536 U. S. 639(2002).

⑥ Simmons-Harris v. Zelman，54 F. Supp. 2d 725(1999).

撤出，而公立学校凭空多出了几千名须即刻入学的新生。于是 3 天后，法庭又决定有保留地施行禁令，宣布在最后判决之前，允许在教育券计划最后一年的学生完成该学年，刚刚进入的新学生继续一个学期的学习。与此同时，被告向联邦第六巡回上诉法庭提起上诉，要求撤销地区法庭的临时禁令。在上诉法庭迟迟未见回复之际，被告又向联邦最高法院提出了撤销临时禁令的动议。11 月，最高法院大法官以 5∶4 投票赞同被告方（俄亥俄州及其督学）的动议，取消之前的禁令。① 值得注意的是，这一次大法官们的投票与最后本案在最高法院审理时每位法官的投票结果一致，可谓预示了案件的最终走向。那么，最高法院与下级法院的判决结果为何相反？各处依据为何？争议何在呢？

三、联邦地区法院判决依据

虽然联邦宪法第 1 修正案中的政教分离条款在原则上为政府公共机构与宗教机构之间划了一道界限，但在实践中，这条界限往往不甚清晰。尤其在学校问题上，带有宗教背景的学校往往被认为在培养学生方面具有一定的世俗性功能（如读书认字、学习技能、文化陶冶等），这部分世俗性功能与公立学校并无二致，因此理应与公立学校一同分享政府教育经费。然而，要明确区分教育的宗教或世俗性质本身就十分困难。20 世纪中期以来，联邦最高法院在相关判例中不断尝试明确政教分离条款的判定标准。70 年代以后，大多此类判决采用所谓的“莱蒙法则”三步骤。这一检验原则源自 1971 年的“莱蒙诉库兹曼案”，最高法院在该案判决中提出三步骤检验某法令是否违反政教分离原则：第一，该法令必须具有世俗的立法目的。第二，其原则或首要效果必

---

① Zelman v. Simmons-Harris 99 A 320 U. S. 120 S. Ct. 443, L. Ed. 2d(1999); Simmons-Harris v. Zelman, 72 F. Supp. 2d 834(1999).

须既不促进也不限制宗教。第三，该法令不得促使政府过度卷入宗教事务。[①] 在实行检验过程中，大部分涉及联邦宪法第 1 修正案政教分离条款的教育诉讼能够轻松通过第一个标准，即世俗性目的，主要争端一般集中于第二个标准，即首要效果或主要影响上。

判定某立法或行政命令是否达到促进或限制宗教的效果需要具体问题具体分析，在俄亥俄州教育券案之前，最高法院曾在多个不同判例中处理过这一问题。那么，根据美国的判例法传统，本案与哪个先例的情况类似，联邦地区法院就应该参考该案例的判决。在此问题上，原告与被告律师所持的意见相左。原告方认为，本案应依循 1973 年公共教育与宗教自由委员会诉奈奎斯特案（Committee for Public Education & Religious Liberty v. Nyquist，413 U. S. 756，1973，以下简称"奈奎斯特案"）的判决，被告方则认为，本案应参照近期最高法院对米勒诉艾伦案（Mueller v. Allen，463 U. S. 388，1983，以下简称"米勒案"）等的判决。如何辨别这两组不同判例与俄亥俄州教育券计划的异同成为本案在地区法院判决的关键问题，从某种程度来说，也是日后联邦最高法院判决反转的关键因素之一。

（一）奈奎斯特案及其意外后果

1973 年的奈奎斯特案涉及纽约州政府的一个教育资助项目，该项目以不同形式向非公立学校提供经费支持，其中包括向非公立学校的家庭困难学生提供教育补贴（小学生每人 50 美元；中学生每人 100 美元）。在纽约州 2000 余所非公立学校中，85%左右具有教会背景。根据莱蒙检验原则，奈奎斯特案法官判定，虽然该资助服务于世俗目的，但从其效果来看，为这些学生提供的教育补贴针对非公立学校，大部分流向了宗教性机构，因而违反了宪法政教分离条款。在当时的判决中，法官明确指出，虽然这些补贴是通过家长间接流向宗教性学校的，

① Lemon v. Kurtzman，403 U. S. 602(1971).

但这并不能改变该项目违宪的事实。因为这些补贴旨在减轻家长负担，使他们仍能够选择将孩子送入宗教性学校，其效果无疑是为非公立的宗教性机构提供了财政支持。[①] 倘若参照奈奎斯特案这一先例，俄亥俄州教育券计划显然也违反了政教分离原则。正如前文所述，在参与计划的学校中82%具有宗教背景，俄亥俄州的公共支出也通过教育券流向了这些宗教性机构。

然而，在奈奎斯特案的判决书中，大法官在第38条脚注中表达的意见却为日后的众多争端打开了闸门。这条脚注写道："由于我们如此解决（纽约州资助项目中的）学费资助问题（即通过'莱蒙法则'第二步来判定其效果），我们无须进一步决定该项目受惠方的显著宗教性是否将本案与其他涉及公共援助的案件区分开来，后者在提供公共援助时一般不考虑其受惠机构的世俗或非世俗（sectarian-nonsectarian）、公共或非公共（public-nonpublic）性质。"[②] 在这条脚注中，法庭显然区分出了另一种公共援助的形式，政府在提供这些资助时不区别对待任何性质的机构，因此具有合宪性。比如《退伍军人法案》（*G. I. Bill*），虽然享受资助的退伍军人可能到具有教会背景的大学或学院就读，但由于法案出台时并不考虑其资助可能流向的机构公共与否，该法案也并不具有促进或限制宗教的效果。这条脚注被奈奎斯特案以后涉及政教分离原则的案件广泛引用，可以说是该案判决的一个意外后果。俄亥俄州教育券案的辩方律师也正是抓住了其中举出的不区分世俗非世俗、公共非公共性的政府援助类型来为被告辩护。

（二）米勒案等判例的新依据

辩方律师坚持俄亥俄州教育券案应参考最高法院在近期几个类似案件中的判决。这几个判决都援引了前述奈奎斯特案判决书中的第38

① Committee for Pub. Educ. & Religious Liberty v. Nyquist, 413 U. S. 756(1973).

② Committee for Pub. Educ. & Religious Liberty v. Nyquist, 413 U. S. 756(1973).

条脚注，所涉教育政策都被判定符合宪法。

在1983年的米勒案中，明尼苏达州颁布的一项法令允许本州纳税人在上报个人所得税时扣除其为孩子支付的基础教育部分学费、交通费和其他教育支出。虽然这项法令意味着本应属于公共税收的部分资金通过家长送孩子进入非公立学校而可能间接流向宗教性机构，但法庭认为，该法令的本质是通过减免个人所得税来补贴家长的教育支出，其所提供的福利不区分受惠机构的世俗非世俗、公共非公共性，正如奈奎斯特案判决第38条脚注所言，判定其符合宪法政教分离原则。[①]

在威特斯诉华盛顿州育人服务部案（Witters v. Washington Department of Services for the Blind，474 U. S. 481，1986，以下简称“威特斯案”）中，华盛顿州的一项政策为盲人提供特殊教育或职业培训补助以支持残疾人实现最大程度的自助，原告拉里·威特斯（Larry Witters）希望将这笔资助用于他在一所私立宗教学院的学习，以便将来从事牧师或类似工作，最高法院判定对于该政策的这种延伸运用并不违反宪法的政教分离原则。大法官认为，这一职业教育补助与奈奎斯特案中的资助项目不同，它并不构成对于宗教机构的直接资助，因为在华盛顿州项目中，任何最终流向宗教机构的资助都是“接受援助者真正独立而私人的选择”（genuinely independent and private choices），他们的选择范围包括大量可能的职业，这其中只有一小部分是宗教性职业。[②] 因此，这项政策也符合奈奎斯特案判决第38条脚注中所述的标准——所提供资助不考虑世俗非世俗、公共非公共性之分。同时，该判决中“真正独立而私人的选择”这一表述从此在类似案件的判决中反复被引述，它也是俄亥俄州教育券案日后在最高法院判决结果的重要组成部分。

---

① Mueller v. Allen, 463 U. S. 388(1983).

② Witters v. Washington Department of Services for the Blind, 474 U. S. 481(1986).

（三）俄亥俄州教育券案的合宪性问题

为判定俄亥俄州教育券计划是否违宪，联邦地区法院需要在上述两组判例中辨别本案的情况究竟与哪一组先例更加类似。在联邦地区法院的初审以及后来第六巡回上诉法庭的审理中，法官都认为，该案应依循奈奎斯特案的判例，判定俄亥俄州教育券计划违宪。首先，虽然该计划适用于公立和私立学校，但事实上只有私立学校选择参与该计划，且其中绝大多数是宗教性学校。其次，该计划并未限定所提供的学费资助只能用于世俗性的教育功能而非宗教性的。因此，从莱蒙检验的效果判定来看，该计划具有促进宗教的效果。对于上面提到的另一组案例，法官认为俄亥俄州教育券计划与米勒案中的个税减免政策，以及威特斯案中的职业教育补助都存在很大不同，后两者中的家长或学生能够在公立和私立学校中做出真正独立的选择，而前者并没有提供充分的选择机会，因为家长只能在参与教育券计划的学校中选择，而这些学校又大部分是宗教性的。①

针对俄亥俄州教育券计划是否为家长提供了“真正独立而私人的选择”机会这一问题，辩方律师还提出了另一个极其重要的反驳意见。他们认为，如果考虑俄亥俄州所提供的“整个教育选择体系”（entire universe of educational alternatives），那么对于家长而言，参与教育券计划的这类学校只不过是众多选择中的一个，其他选择大部分还是非宗教性质的，除公立学校外还包括社区学校（Community School）② 和磁石学校。从这个角度看，教育券计划完全符合著名的奈奎斯特案判决第 38 条脚注中所述的标准，而那些间接流向宗教性学校的公共经费完全是家长私人选择的结果。

辩方的这个意见被初审法院坚决驳回，法官认为，无论是第 38 条

---

① Simmons-Harris v. Zelman, 72 F. Supp. 2d 834(1999).

② 本案中的社区学校指的是公共财政资助但由本社区学校委员会自行管理的中小学校，在克利夫兰市，这类社区学校的生均教育经费是教育券计划下学生获得资助的两倍。

脚注中所提到的那些制定时不考虑世俗非世俗、公共非公共区分的政策法规，还是威特斯案中所提到的出于“真正独立而私人的选择”，这两条标准都必须用在案件所指涉的政策、项目、计划本身，就事论事地讨论，而非扩大讨论的范围，将审查的对象无限放大到俄亥俄州整个教育体系。如果辩方的论证成立，那么任何一个被指控为违反政教分离条款的教育券计划，都可以被认为仅仅是这整个教育选择体系中的一个选择而已，到头来鲜有这类计划将受到违宪的指控。法官回顾了联邦最高法院的相关判决，认为大法官们始终是在被指控违宪的政策或项目的范围内来考查“选择”问题的，并指出“最高法院从不至于像辩方那样分析（选择问题）”①。在该案上诉到联邦第六巡回上诉法庭时，法官也拒绝将社区学校、磁石学校等其他选择纳入考虑范围，认为这种做法将极大超出本案的审理范围。② 初审与上诉法庭的法官们大概没有料到，正是由于接受了这个在他们看来不甚实际的论点，联邦最高法院最终否定了下级法院的判决。

四、联邦最高法院的判决意见

在 2000 年联邦第六巡回上诉法庭维持俄亥俄州教育券计划的原判之后，联邦最高法院决定审理此案。2002 年 6 月，最高法院以 5∶4 判定该教育券计划合宪，首席大法官伦奎斯特撰写了法庭主要判决意见，包括大卫·苏特（David Souter）等在内的 4 位大法官纷纷撰写了反对意见。从主导判决意见和几份独立的反对意见来看，9 位大法官在相关问题上的看法存在极大差异，其中最为突出的差异在于如何将“私人

---

① Simmons-Harris v. Zelman, 72 F. Supp. 2d 834(1999).

② Simmons-Harris v. Zelman, 234 F. 3d 945(2000). 由于本案在联邦第六巡回上诉法庭的判决与初审判决结果一致，判决依据也大致相同，本章不再具体考察上诉法庭的判决意见。

选择”作为一项判断标准用于本案判决。具体而言，俄亥俄州教育券计划中家长是否拥有真正的私人选择？而更普遍地看，如何判断何谓真正的私人选择？

（一）主导判决意见

首席大法官伦奎斯特在主导判决意见中指出，俄亥俄州的教育券计划显然是出于世俗的教育目的，那么判决的关键问题在于其是否具有促进或限制宗教的效果。为了讨论这一问题，大法官明确区分了两种不同的政府资助计划——直接援助宗教性学校的计划和出于“真正独立而私人的选择”而使政府资助间接流向宗教性学校的计划。他认为，俄亥俄州教育券计划属于后一种情况，因而不违反宪法政教分离条款。① 伦奎斯特大法官就后一种情况所列举的案例主要包括前文所述的米勒案、威特斯案等。也就是说，与下级法院的判决意见相反，最高法院的主导意见支持将俄亥俄州教育券计划视为与这组判例类似，而非奈奎斯特案。首席大法官给出的主要判决理由如下。

首先，伦奎斯特大法官认为俄亥俄州教育券计划对于宗教持中立态度。因为它是俄亥俄州为业已失败的学区学生提供教育机会的综合性举措的一个部分；它所提供的教育援助面向所有克利夫兰学区的学龄儿童，与宗教无关；它允许该学区所有学校参与，邻近学区的公立学校也可以参与。其次，大法官认为，该计划中不存在向宗教性学校倾斜的经济激励因素，其资助政策建立在中立、世俗的标准上，未存在对宗教有利或不利的标准。同时，该计划事实上对于家长选择宗教性学校具有“经济抑制”作用，因为选择进入私立学校所获得的资助将是进入社区学校的一半，是进入磁石学校的三分之一。再次，没有证据表明教育券计划未能给克利夫兰市的家长提供选择非宗教性学校的机会。因为该市学生享有众多教育选择，包括留在公立学校、选择

① Zelman v. Simmons-Harris，536 U. S. 639(2002).

进入宗教学校、选择进入私立的非宗教学校、选择进入社区学校或磁石学校，等等。最后，针对此案在下级法院审理时所依据的主要判例——奈奎斯特案，大法官指出，本案与奈奎斯特案的性质并不相同。后者所涉及的纽约州教育资助计划为进入私立学校的学生提供专门补贴，公立学校被排除在外，因为该计划的起源就在于私立的宗教性学校面临的日益严峻的财政问题。因此，这项计划给宗教性学校提供了直接的经济资助，具有明确的促进宗教的效果，而俄亥俄州的教育券计划不具备这些特征。另外，伦奎斯特大法官还指出，奈奎斯特案判决第 38 条脚注所提出的有关中立的（即不区分世俗非世俗、公共非公共）教育援助判决意见历时已久，其后出现的一系列诸如米勒案、威特斯案等判决进一步更新了最高法院对中立的教育援助计划之合宪性的判决准则，俄亥俄州教育券案的判决应与这些判例保持一致。[1]

针对本案中 82%的参与学校都具有宗教背景这一事实，大法官认为，这个数据与本案的判决基本无关。因为“一项中立的教育援助的合宪性并不会仅因以下因素而改变：在特定时段，特定地区，大部分私立学校是否且缘何由宗教性机构运行，或者大部分受资助者是否且缘何选择将这笔资助使用于宗教性学校”[2]。这些都属于私人选择的范畴，而不是政府可以直接控制的。同时，这些数据必将随时间的变化而浮动。也就是说，随着教育券计划进一步推行，可能会有更多或更少的非宗教性学校参与进来，若以此比例为依据进行判决，那么判决结果可能要逐年改变，这显然是不实际的。退一步来看，即使当年选择参与教育券计划的 3000 多名学生中 96%进入了宗教性学校，但这些学生只占整个克利夫兰适龄学生人数的一小部分，在 1999—2000 学年，有超过 1900 名学生在社区学校就读，有超过 13 000 名学生在磁石学校

① Zelman v. Simmons-Harris，536 U. S. 639(2002).

② Zelman v. Simmons-Harris，536 U. S. 658(2002).

就读，有超过1400人在传统的公立学校就读。如果算上所有这些学生，那么该学年克利夫兰市进入宗教性学校的学生所占比例不到20%。[①]

从最高法院主导意见中对这些事实的分析可以看出，法庭在最终判决中基本上接受了初审阶段辩方所提出的论点，将教育券视为整个教育选择机制的组成部分。如伦奎斯特大法官提到，“对于任何一个熟悉其完整历史背景的观察者而言，俄亥俄州教育券计划都将被理性地视为扶助失败学校贫困学生的广泛举措的一个方面”[②]。正是由于其将教育券计划置于更广阔的背景中，大法官才有理由认为这是一项中立的、其效果基于私人选择的政策，而这一观点在初审和上诉阶段都被认为是不合理的。

（二）反对意见对于“选择”问题的看法

关于俄亥俄州教育券计划是否提供真正的私人选择这一问题，此次联邦最高法院判决中投出另外4票反对票的大法官明确反对主导判决意见中的观点。在由苏特大法官领衔撰写、其他3位大法官附议的反对意见书中，上述伦奎斯特大法官所认定的私人选择受到了严厉批评。苏特大法官认为，主导意见对所谓“私人选择”的定义，严重混淆了“使用教育资助的选择”与“从所有可能的教育机构中所进行的选择”。

苏特大法官指出，本案处理的问题在于个人在教育券计划中是否具有真正的自由，得以将所获资助用于宗教或非宗教性的机构，如果有，那么政府经费流向宗教机构完全是出于私人选择的结果，并不违反政教分离原则。然而，法庭主导意见将该问题转换为“个人是否具有决定送孩子去哪里上学的自由”[③] 这个问题。把“在哪里使用教育券”偷换为“去哪里上学”，意味着俄亥俄州教育体系中其他不适用于教育券的学校类型，如社区学校、磁石学校等，也被纳入考虑的范围，

① Zelman v. Simmons-Harris, 536 U. S. 658(2002).

② Zelman v. Simmons-Harris, 536 U. S. 655(2002).

③ Zelman v. Simmons-Harris, 536 U. S. 698-699(2002).

而政府在这些学校投入的财政经费与对俄亥俄州教育券计划的财政投入实际上分属不同的渠道，他们的共同点只在于——同属政府的教育经费支出。那么，案件对教育券本身的审查已经扩大到对政府各种形式教育经费支出的考查。这种做法极大地影响了判决的结果。

苏特大法官评价说，法庭的这种分析方式将“选择本身稀释到一个无法排除任何情况的程度，其结果将永远是通过列举其他的所谓‘选择’来达成判决”①。在这种逻辑下，几乎所有涉及政府资助宗教性学校的教育券诉讼都可以顺利通过合宪性审查，因为在任何地方的教育体系中总会有其他形式的公立学校或私立非宗教学校存在，且这些学校的学生总数一般比宗教性学校的人数多得多。比如在上文伦奎斯特大法官使用的数据中，克利夫兰市在该计划下进入宗教性学校的学生比例为 96%，而一旦把分母换为该市学生总人数，比例立刻降到 20%以下。那么，在其看来，“私人选择”作为一个判定标准并无实际操作性，因为基本不存在家长不拥有这种意义上的“私人选择”的情况。

在其反对意见中，苏特大法官对最高法院自 20 世纪中期以来审理政教分离条款相关案件所运用的原则之变迁进行了历史梳理。他指出，最高法院处理的相关诉讼分为三个主要阶段：第一阶段从 1947 年到 1968 年，1947 年的埃弗森诉尤因镇教育委员会案（Everson v. Board of Education，330 U. S. 1，1947，以下简称“埃弗森案”）确立了现代政教分离条款判决的标准，其基本原则是“不援助”原则（no-aid principle），即禁止学校经费流向宗教机构。第二阶段由 1968 年的第一学区教育委员会诉艾伦案（Board of Education v. Allen，392 U. S. 236，1968）开始，最高法院意识到宗教性学校具有世俗和宗教的双重教育目标，因此试图在二者之间划出界线，允许政府就世俗性的教育事务

① Zelman v. Simmons-Harris，536 U. S. 701(2002).

提供援助。由于这一界限十分模糊，最高法院主要考查经费的“可转移性”（divertibility），看提供给宗教学校的政府援助是否可能转化为宗教目的之用。其关注点在于政府经费最终如何使用，而非其通过家长间接流向学校还是政府直接拨给宗教学校（注意这里与俄亥俄州教育券案判决的对比）。第三阶段由1983年的米勒案开始，之前的“可转移性”标准逐渐处于边缘地位，相关判决中更关注的是中立性和私人选择，而非政府经费是否为宗教目的所用。在苏特大法官看来，至俄亥俄州教育券案判决，“可转移性”标准最终被主导判决意见彻底无视，标志着法庭立场完成了从现实主义到形式主义的转变。[①]

那么，如何理解不同大法官在政教分离条款诉讼所应依据的法律原则上的争议？联邦最高法院的立场在20世纪后半叶发生了何种变化？原因何在？是否如苏特大法官所言，由所谓司法现实主义彻底转向了形式主义呢？

（三）判决书之外——变迁中的法律精神与政治语境

事实上，法律现实主义与法律形式主义本是美国法律界共同存在的司法理论，不同大法官因其所持法律哲学及政治观念的不同，完全有理由站在不同的司法立场上。因此，苏特大法官的批评从某种程度上反映了大法官们在这些问题上的差异。同时，20世纪后半叶联邦最高法院在涉及政教分离条款的一系列判例中所反映的原则，并不能简单概括为苏特大法官所谓的现实主义与形式主义之分，而涉及更为复杂的政治与宗教因素。

有学者认为，即使在早先所谓“不援助”原则下，最高法院的判决也隐含着两种原则之间的张力——“不援助”与“非歧视”（nondiscrimination）。在1947年的埃弗森案中，法庭一方面强调任何数额的税收都不得被用于支持任何宗教活动或机构，另一方面也指出，

---

① Zelman v. Simmons-Harris, 536 U. S. 688-693(2002).

各州不得因为个人的宗教信仰或无宗教信仰而将其排除于公共福利政策之外。因而此后最高法院的一系列判决实际上是在这两种原则之间不断平衡和妥协的结果，从纵向上也经历了由早期以不援助原则为主导到后期非歧视原则占上风的过程。后期法庭在判决中经常使用的中立与私人选择原则实际上都可被视为“非歧视”原则的延伸。从政治与宗教语境变化的角度来看，产生这种变化的外部原因涉及多个方面。

首先，在很长一段时间里，美国非公立学校中的很大一部分属于天主教的教区学校，在这种情况下，处理公共财政用于宗教性学校的问题基本被等同于公共财政资助天主教学校问题。而一直到 20 世纪 60 年代，反天主教的声音才真正在美国社会消退，因此 20 世纪中叶在处理政教分离相关诉讼中占主导地位的“不援助”原则，可以视为是美国社会自 19 世纪以来反天主教传统中的一贯立场。而随着反天主教潮流的消退，整个政治风气中对于私立宗教性学校的敌意也渐趋缓和。

其次，曾经在美国宗教与社会生活中占据主导地位的新教各派系在 20 世纪经历了复杂的内部演变。以往几乎新教各宗派都支持公共教育（美国公共教育在很长一段时间里本身就充斥着新教元素①），并强烈反对公共财政支持私立宗教性学校（在他们看来等同于天主教学校），但新教关键几支派别的立场发生了变化。这与 20 世纪基要主义（fundamentalism）的兴起和福音教派（evangelicals）的嬗变、② 美国公共教育的去宗教化，以及布朗案后私立学校的大规模兴起等因素相关。简要说来，20 世纪中期以后，随着公立学校中祈祷等宗教实践被禁止以及种族融合的逐渐施行，大批属于政治与宗教保守主义阵营的福音派和基要派新教徒选择从公立学校出走，创建了大批基督教学校

① KAESTLE C F. Pillars of the Republic: common schools and American society, 1780-1860[M]. New York: Hill & Wang, 1983.

② MARSDEN G M. Fundamentalism and American culture[M]. Oxford & New York: Oxford University Press, 2006.

(Christian academies)。有学者统计，在1961—1962学年，全美只存在250—300所基督教学校，而到了1982—1983学年，这个数字上升到将近10 740所。1985年，全美近五分之一的私立学校学生上的是基督教学校。① 可见，整个美国基础教育中私立学校数量及其宗教构成在20世纪后半叶发生了剧烈变化，新的基督教学校在短短几十年间实现了快速增长，这一背景对于讨论公共财政资助宗教学校问题具有极其重要的意义，因为它意味着新的基督教学校加入了争取公共经费的队伍，私立宗教性学校的多样化使得法庭判决的天平渐渐倾向了“非歧视”与中立性原则。

最后，从不同时期联邦最高法院所面临的种族形势来看，在“不援助”原则为主导的时期，即20世纪中叶，最高法院同时也在处理如何审慎地废除公共机构中的种族隔离问题，而在当时，宗教性的私立学校在事实上成了许多“白人逃离”进而避免种族融合的选择。在这种情况下，资助宗教学校相当于间接助长了白人逃离。而时过境迁，虽然私立学校依然是许多白人避免种族融合的手段，但对于少数族裔，尤其是身处衰败内城的非裔美国人而言，表现低下的公立学校并没能为他们的孩子提供真正平等的教育条件。在这种情况下，许多非裔美国人家长转而寄希望于学校选择运动，争取使孩子受到更好的教育。由此，“不援助”原则也不再具备通过维护公立学校中的种族融合而促进教育公平的作用了。

五、俄亥俄州教育券案的意义与影响

联邦最高法院对于俄亥俄州教育券案的判决结果，一方面是其对

---

① JEFFRIES J C,Jr,JAMES E R. A political history of the establishment clause[J]. Michigan law review,2001,100(2):279-370.

20世纪80年代以来一系列判例所确立的中立性和私人选择原则的运用；另一方面，通过把对单一教育券计划的审查放到更大的教育选择体系中，视为多种选择中的一种，法庭实际上放宽了对于类似计划的法律约束。依照这一逻辑，正如苏特大法官所言，几乎所有涉及宗教性学校的教育券计划都可较为轻易地通过违宪审查。只要在政策制定时保持政策条文上的中立性，即不约束参与学校的世俗非世俗、公共非公共之分，无论最终参与进来的宗教性学校比例有多大，其结果都可被视为是出于家长的私人选择，并不违反政教分离原则。对于支持教育券和学校选择运动的人来说，这一判决结果无疑是极大的利好信息，也因此被支持者称为“继布朗案后最为重要的教育判决”[①]。

进入21世纪，美国的学校选择运动迎来了发展的高潮，在俄亥俄州教育券案判决出台前后，只有少数几个州未通过特许学校相关立法（charter school laws），由私人开办的特许学校集团，如KIPP（Knowledge is Power Program）集团旗下的学校网络已遍布美国各州。2001年，由小布什总统签署的《不让一个孩子掉队法》（*No Child Left Behind*）出台。该法案可谓学校选择运动在联邦层面的胜利，其中规定对公立学校进行定期绩效考核，若无法通过则须为学生提供转到本地区更好学校的机会，政府须对相应学校选择机制提供资助。由于特许学校在性质上仍属公立学校，因此在法律和现实层面受到的阻力一直都小于教育券计划。而俄亥俄州教育券案在联邦最高法院的判决进一步确认了公共教育经费在一定条件下用于资助非公立学校的合宪性，为学校选择运动的扩展提供了某种程度的司法后盾。在此之后，美国

---

① BOLICK C. Voucher wars: waging the legal battle over school choice [M]. Washington, D. C.: Cato Institute, 2003: front flap. 需要注意的是，此书作者及其所在的卡托研究所（Cato Institute）直接参与到了俄亥俄州教育券案以及更早的威斯康星教育券诉讼等50多例学校选择诉讼中，因此其对俄亥俄州教育券案的评价只代表支持教育券一方的意见。

多州的立法机构也陆续开始酝酿类似的教育券议案。根据美国学校选择联盟（Alliance for School Choice）的一项统计，截至2015年，共有12个州设有不同形式的教育券项目，除威斯康星、俄亥俄、佛罗里达3个州之外，其余州的教育券政策都是俄亥俄州教育券案判决之后出台的，此外，许多州都存在与教育券计划异曲同工的税收减免政策（Tax Credit）、教育储蓄金（Education Savings Account）等变相资助非公立学校的政策。①

不过，联邦最高法院的判决对于教育券计划在更大范围的推广来说只是一个开端。正如前文所述，美国半数以上的州宪法中布莱恩修正案严令禁止公共财政资助宗教学校。而美国教育素来奉行地方自治传统，因此，教育券案计划的支持者下一步须解决的问题在于，如何使用俄亥俄州教育券案判例来挑战各州宪法中的相关规定，从而将最高法院的判决原则运用于各州法。同时，俄亥俄州教育券案判例的使用范围局限于涉及政教分离条款的相关教育诉讼，但教育券计划以及其他学校选择机制还可能受到其他联邦宪法和州宪法条款的法律挑战。例如，佛罗里达州最高法院于2006年判定一项教育券计划违反该州宪法中的“统一”（uniformity）条款，该条款规定政府须提供“统一、有效、安全而高质量的免费公共学校体系”②。据调查，至少有15个州存在类似“统一”条款。③ 可见，教育券计划的真正推广仍有很长一段路要走。

在俄亥俄州教育券案判决出台之后，许多支持者将其与布朗案联系起来，称赞该案将如布朗案一样，促进少数族裔学生学业水平的提

---

① Alliance for School Choice. School choice yearbook 2014-2015[M]. Washington, D. C.: The Alliance for School Choice, 2015: 15.

② Bush v. Holmes, 919 So. 2d 398(2006).

③ DAVIS W N. Vouchers tested: school vouchers are facing a different set of legal challenges in state courts[J]. American Bar Association journal, 2006, 92(6): 16-17.

升和教育机会的平等。而实际上，该案的确与布朗案存在微妙的联系。首先，布朗案判决及其后续发展直接关系到本案的背景——20 世纪后半叶"白人逃离"后美国内城公共教育体系的衰败，以及少数族裔学生在学业水平上与白人学生的鸿沟。其次，布朗案解决的是种族隔离是否导致不平等的问题，从某种程度上说，本案所涉及的是另一种形式的隔离与教育机会平等问题——传统公立学校与宗教性私立学校在政府教育经费分配上的隔离，以及解除这种隔离是否有利于学生得到更多选择，获得更好的教育。人们对这一问题的看法存在极大差异。

教育券的支持者们认为，这种方式有利于扩大教育选择的范围，家长和学生能够拥有除本学区公立学校之外的其他选择，从而为经济和教育落后地区的学生提供更好的教育，同时这种方式也鼓励学校间的竞争，促使学校自我改进。反对者则对这种论调持怀疑态度。研究发现，不仅教育券计划，整个学校选择机制都存在这样一种风险：相比于中产阶级家庭，贫困家庭在信息和资源获取上处于劣势，并不能很好地知晓并把握摆在他们孩子面前的各种教育选择。因此，恰恰是中产阶级家庭将从学校选择机制中获益，为他们的孩子选择进入那些办学条件良好的私立学校，从而使弱势学生日益集中于低效能的公立学校。美国教育研究界将这种现象称为"撇脂"（Skimming）或"分层"（Creaming）现象，它将加剧教育不公平。① 此外，美国教育界的左翼批评者们将教育券及学校选择运动视为 20 世纪末美国新保守主义与新自由主义政治、经济诉求的一部分，认为这种政策取向将最终危害教育与社会的发展。②

除了上述俄亥俄州教育券案与布朗案的微妙联系之外，这两个案

① VITERITTI J P. Choosing equality：school choice，the constitution，and civil society [M]. Washington，D. C.：Brookings Institution Press，1999：9.

② APPLE M W. Educating the "right" way：markets，standards，God，and inequality [M]. 2nd ed. New York & London：Routledge，2006：32.

件更大的不同在于，布朗案的法官们将解决教育不公平现象的希望寄托于美国公共教育的改进；而在教育市场化日益加深的21世纪，教育券及更广泛的学校选择机制则试图打破公共教育的围墙，寄希望于私有化、“自由选择”与商品化的教育服务，这种观念和实践给本已危机重重的美国公共教育带来了更加严峻的挑战。从这种意义上来说，俄亥俄州教育券案的判决从侧面反映了新形势下“学校选择”观念已进入美国教育政策的核心，而这种趋势的未来如何，市场又究竟能否解救美国公共教育的衰落，仍是个未知数。

主要参考文献

[1] APPLE M W. Educating the “right” way: markets, standards, God, and inequality[M]. 2nd ed. New York & London: Routledge, 2006.

[2] BOLICK C. Voucher wars: waging the legal battle over school choice[M]. Washington, D. C.: Cato Institute, 2003.

[3] DAVIS W N. Vouchers tested: school vouchers are facing a different set of legal challenges in state courts[J]. American Bar Association journal, 2006, 92(6): 16-17.

[4] JEFFRIES J C, Jr, JAMES E R. A political history of the establishment clause[J]. Michigan law review, 2001, 100(2): 279-370.

[5] JOHNSON D. State will try to shore up Cleveland's shaky schools: judge addresses “crisis” of cash and culture[N]. New York times, 1995-03-14(A10).

[6] SUTTON L C, KING R A. School vouchers in a climate of political change[J]. Journal of education finance, 2011, 36(3): 244-267.

[7] TUSHNET M. Vouchers after Zelman[J]. The Supreme Court review, 2002: 1-39.

[8] VITERITTI J P. Choosing equality: school choice, the constitution,

and civil society[M]. Washington, D. C.: Brookings Institution Press, 1999.

[9] VITERITTI J P. School choice: how an abstract idea became a political reality[J]. Brookings papers on education policy, 2005(8): 137-173.